WISSENSCHAFTLICHE BEITRÄGE
AUS DEM TECTUM VERLAG

Reihe Sozialwissenschaften

WISSENSCHAFTLICHE BEITRÄGE
AUS DEM TECTUM VERLAG

Reihe Sozialwissenschaften

Band 44

Philipp Metzger

Die Werttheorie des Postoperaismus

Darstellung, Kritik und Annäherung

Tectum Verlag

Philipp Metzger

Die Werttheorie des Postoperaismus.
Darstellung, Kritik und Annäherung

Wissenschaftliche Beiträge aus dem Tectum Verlag:
Reihe: Sozialwissenschaften; Bd. 44

ISBN: 978-3-8288-2573-4

ISSN: 1861-8049

Umschlagabbildung: © Tobias Frindt

Besuchen Sie uns im Internet
www.tectum-verlag.de

Bibliografische Informationen der Deutschen Nationalbibliothek
Die Deutsche Nationalbibliothek verzeichnet diese Publikation in der Deutschen Nationalbibliografie; detaillierte bibliografische Angaben sind im Internet über http://dnb.ddb.de abrufbar.

Für meine Familie, Gisela, Joachim, Bassi

Philipp Peter Metzger ist als Dipl. Soziologe Mitarbeiter des Institut für Kategoriale Analyse

www.inkatan.de

Danksagung: Antenbrink, Kendra Briken, Natalia Goldberg, Hark Machnik, Jonas Meurer, Anja Muhr, Saskia Müller, Sandro Mezzadra, Jan Schlemermeyer, Jacques Schuhmacher, Attila Steinberger, Tobias Frindt

Und ganz besonders danke ich meiner Mutter Gisela Metzger, Sonja Buckel, Anna Kern, Stephan Reichhard

„Die Zukunft kommt von allein, der Fortschritt nicht." Georg Lukács

Inhalt

Vorwort

Postoperaistische Texte, insbesondere die Trilogie von Michael Hardt und Antonio Negri, sind im Handgemenge sozialer Bewegungen entstanden. Philipp Metzger mischt sich mit dem vorliegenden Buch aus einem politisch-theoretischen Interesse in diese Debatten ein. Er hat sich zum Ziel gesetzt, der verrätselten Aussage auf die Spur zu kommen, dass das Wertgesetz im postfordistischen Kapitalismus seine Gültigkeit verloren habe, weil die Arbeitszeit nicht mehr gemessen werden könne. Dahinter steht die Auffassung, dass die gegenwärtige Form der kapitalistischen Vergesellschaftung sich strukturell verändert und zentrale Marxsche Kategorien zu ihrer Analyse neu gefasst werden müssen.

Indem der Autor zunächst die Marxsche Werttheorie noch einmal rekonstruiert, sie daraufhin an Hardt und Negris These der ›immateriellen Arbeit‹ und dem Ende des Wertgesetzes überprüft sowie schließlich dieses Ergebnis wiederum mit der Kritik der ›Werkritik‹-Schule an Hardt und Negri konfrontiert, ist das Ergebnis nicht nur eine Darstellung aktueller Debatten über die Werttheorie, sondern zugleich eine Analyse des gegenwärtigen Kapitalismus in seiner zentralen Kategorie des Wertes.

Um sich dieser Thematik zu nähern, werden die Konzepte der ›abstrakten Arbeit‹, des ›Tauschwerts‹ und der ›gesellschaftlich notwendigen Arbeit‹ sowie der ›Profitrate‹ und des ›Fetischcharakters‹ rekonstruiert, sowie darauf aufbauend der Kampf um die Ware Arbeitskraft und damit die Relevanz des Klassenkampfs in Marx' Kapital dargestellt. Im Anschluss sucht Philipp Metzger die theoretischen Vorannahmen der These des Endes des Wertgesetzes auf und bringt auf diese Weise Licht in die verschlungenen, über Jahrzehnte geführten operaistischen und postoperaistischen Debatten - er betreibt gewissermaßen eine Art Archäologie der postoperaistischen Werttheorie. Was hat es auf sich mit dem Übergang von der ›formellen‹ zur ›reellen Subsumtion‹? In welcher Weise ist in diesen Diskurs sogar einer der zentralen Protagonist_innen der Frankfurter Student_innenbewegung von 1968 und Schüler Adornos, Hans-Jürgen Krahl, verstrickt? Welche Bedeutung haben Konzepte wie das des ›gesellschaftlichen Arbeiters‹, des ›general intellects‹ und der ›immateriellen Arbeit‹?

Die so rekonstruierte These wird zum Schluss mit einer Art theoretischer Gegenbewegung, der ›Wertkritik‹ konfrontiert, um auch darüber ihrer Gültigkeit auf die Spur zu kommen. Philipp Metzger schließt sich mit guten Gründen keiner der beiden Positionen an sondern plädiert für eine Erweiterung beider Perspektiven. Das Buch besticht durch große Kenntnisse der Debatte sowie durch das theoretisch Engagement, angetrieben von einem emanzipativen Erkenntnisinteresse, welches danach strebt, eine Frage großer gesellschaftlicher Relevanz (der strukturellen Veränderung des aktuellen Kapitalismus') verstehen zu wollen. Der Verfasser unternimmt eine detektivische Arbeit, die der geheimnisvollen These vom Ende des Wertgesetzes auf die Spur kommen will. Das Ergebnis liest sich daher wie ein fesselnder Kriminalroman. Sein Resümee überzeugt und wird der schwierigen Aufgabe gerecht, die postoperaistische Theorie, die von vielen Autor_innen reflexartig abgefertigt wird, Ernst zu nehmen und sie zugleich kritisch zu durchleuchten.

Denn ihre Faszination besteht gerade darin, dass sie einerseits aktuelle Veränderungen des Kapitalismus seismographisch erfasst und diese Veränderungen für eine emanzipative Theorie fruchtbar macht, sie andererseits aber gerade in theoretischen Überhöhungen verdunkelt. Philipp Metzger ist es gelungen, sich davon nicht abschrecken zu lassen, sondern diesen Prämissen auf den Grund zu gehen.

Frankfurt am Main, 1. September 2010 *Sonja Buckel*

Einleitung

In den letzten Jahrzehnten spielte die Wissenschaft, die mit den Marxschen Kategorien[1] arbeitete, eine immer kleiner werdende Rolle, sowohl in wissenschaftlicher Forschung als auch in gesellschaftlichen Debatten.[2] Ein Umstand, so scheint es, der sich im Zuge der aktuell noch anhalten Krise des Kapitals erfreulicherweise verändern könnte. Eine allerdings schon vor der Krise viel beachtete Veröffentlichung, die damit eine Ausnahme darstellt, ist das gesellschaftstheoretische Werk „Empire" aus dem Jahre 2000[3]. Diese wurde global in der Wissenschaft und darüber hinaus in der Gesellschaft im Allgemeinen breit diskutiert.[4] Der Philosoph Slavoj Žižek bezeichnete es beispielsweise als *„kommunistisches Manifest des 21. Jahrhunderts."*[5]

Ziel meiner Arbeit war es, den Postoperaismus[6] bei Berücksichtigung der an ihm geübten Kritik darzustellen, um so zu prüfen, wie hoch die Qualität dieser Theorie tatsächlich ist. Um dies zu ermöglichen, wird in dieser Arbeit die Kategorie des Werts den zentralen Platz einnehmen. Dies erscheint angebracht, da die Kategorie des Werts bei Karl Marx als die wichtigste Grundkategorie der kapitalistischen Gesellschaft angenom-

---

1 Natürlich ist Marx kein Garant für Wahrheiten und auch die meisten Kategorien, mit der er selbst arbeitet, stammen ursprünglich aus der Nationalökonomie. Deshalb macht es auch wenig Sinn, von einer Marxschen Forschung zu reden, da sich jede wissenschaftliche Theorie an der Realität beweisen muss und nicht an einem anderen Wissenschaftler. Ich bin mir daher bewusst, dass es zweifelhaft ist, von „Marxistischer Wissenschaft" zu sprechen. Deshalb rede ich von Wissenschaft, die Marxsche Kategorien beachtet. Ich bin mir aber auch bewusst, dass es bei dieser Bezeichnung Probleme gibt, weil es keine reinen Marxschen Kategorien gibt. Sie stellen nur eine Interpretation der realen Welt von Marx dar, aber aus Ermanglung eines besseren Begriffes schreibe ich von Marxschen Kategorien, wenn auch mit gedacht werden muss, dass es sich dabei um eine sprachliche Vereinfachung handelt.

2 Belegen lässt sich dies durch die quantitative Abnahme von Wissenschaftlern, die mit marxistischen Kategorien Arbeiten und damit verbunden eine geringere Anzahl von Publikationen. Dies scheint sich mit der gesellschaftlichen Bedeutung dieser Forschung zu überschneiden vgl. Francis Fukuyama (1992) (der vom „Ende der Geschichte" nach dem Zerfall der UDSSR sprach).

3 Vgl.: Negri/Hardt, 2002.

4 Siehe den Anhang meiner Arbeit

5 http://www.links-netz.de/K_texte/K_wissel_empire.html, rev. 4.06.2009

6 Die Arbeit Empire kann als Hauptwerk des Postoperaismus bezeichnet werden. Der Postoperaismus stellt eine spezifische Theorie innerhalb der Wissenschaft, die von Marx beeinfluss ist, dar.

men wird, aus der sich der Rest der Theorie entwickelte.[7] Einigkeit besteht darin, dass der Postoperaismus als neo-marxistische Theorie einzustufen ist, weshalb die Neuinterpretation der Kategorie des Werts in den meisten Diskursen einen wichtigen Stellenwert einimmt. Um die Kausalität einer Theorie zu überprüfen, muss man sie überhaupt erst einmal an ihren eigenen Kriterien messen, um sie kritisieren zu können. Die Werttheorie bei Marx stellt dabei nicht nur eine Kritik der politischen Ökonomie dar. Sie ist auch zu begreifen als Struktur- und Handlungstheorie. Aus einer Analyse des Werts ergibt sich eine Strategie für eine mögliche gesellschaftsverändernde Praxis, was ich in dieser Arbeit noch zeigen werde. Der Postoperaismus ist deshalb an der Kategorie des Werts zu messen. Aus den eben schon beschriebenen Gründen stellt dieser wahrscheinlich den wichtigsten Prüfstein dieser Theorie dar. Bei der Neuinterpretation des Werts vom Postoperaismus kommt es zu einer Ausweitung dieser Kategorie: alles ist Wert, da es durch die immaterielle Arbeit unmöglich ist, nicht Wert - produktiv zu arbeiten. Es scheint als ein Paradox, dass gerade dadurch, dass alles Wert geworden ist und man den Wert nicht mehr messen kann: „im Empire findet die Konstruktion von Wert jenseits des Maßes statt“[8]. Dies heisst, Wert ist von einem messbaren quantitativen Mass (z.B. der Zeit) zu einem nicht mehr messbaren qualitativen sozialen Verhältnis geworden. Durch diese Interpretation, wonach die immaterielle Arbeit der wichtigste Faktor geworden ist, ist man erstaunlich nahe an der nicht mit marxistischen Kategorien arbeitenden Volkswirtschaftlehre und hat so einen Anknüpfungspunkt für die sogenannte „nicht kritische Theorie“. Denn in der ökonomischen Forschung wird Marx kaum noch beachtet, weil einige Ökonomen der Ansicht sind, dass Marx an einer Lösung des „Transformationsproblems“ gescheitert ist.[9] Ich werde das Transformationsproblem noch behandeln. Wichtig an dieser Stelle ist nur zu wissen, dass es sich um die Fragestellung handelt, wie sich die Werte der Waren in Preise transformieren. Bei der Beantwortung dieser Frage ist Marx angeblich daran gescheitert, den Wert empirisch zu beweisen, so zumindest die Analyse einiger Ökonomen. Durch die theoretische Negierung des Wertgesetzes durch Hardt/Negri erscheint auch das „Transformationsproblem“ für ihre Theorie unbedeutend zu sein.

Ob deshalb die Veröffentlichung der Arbeit „Empire“ diese relativ grosse Resonanz hervorgerufen hat, lässt sich, wenn überhaupt, nur mutmaßen. Fakt ist jedenfalls, dass einige Thesen der Arbeit „Empire“ von einigen sich sonst widersprechenden wissenschaftlichen Theorien geteilt

---

7 Vgl.: Kößler/Wienold, 2001, S.97.

8 Hardt/Negri, 2002, S. 364.

9 Heinrich, 2006, S.196-S. 252.

werden. All diesen Theorien ist gemeinsam, dass sie davon ausgehen, dass der Kapitalismus, mit dem es noch die Theorie der Nationalökonomie zu tun hatte, nicht mehr so ohne Weiteres vorhanden ist, sondern sich ein neuer Kapitalismus in der Postmoderne herausgebildet hat. Dieser neue Kapitalismus zeichnet sich dadurch aus, dass Wissen die wichtigste Ware geworden ist. Dies behaupten auch andere Wissenschaftler, wie der Sozialphilosoph André Gorz in seiner Arbeit „Wissen, Wert und Kapital"[10]. Um diese historisch spezifische Situation zu beschreiben, wurden verschiedene Begriffe eingeführt, die alle zum Ausdruck bringen sollen, dass die wichtigsten Waren immaterielle sind, so z.B. „Wissensgesellschaft", „Informationsgesellschaft" oder „Informationszeitalter" u.v.m. So kommt auch Manuel Castells in seiner Arbeit „Das Informationszeitalter"[11] zu dem Fazit, dass Wissen bzw. Informationen die sind, welche den gegenwärtigen Kapitalismus kennzeichnen. Dies stellt die Gesellschaft vor neue Chancen und Risiken, so Castells. Auch der Soziologe Luc Boltanski und die Wirtschaftswissenschaftlerin Ève Chiapello sprechen sogar von einem angeblich *„neuen Geist des Kapitalismus"*[12]. Dieses Fazit stößt sowohl auf grosse Zustimmung, als wie auch auf grosse Ablehnung. Das Interessante für diese Arbeit aber ist, dass die Theorie Castells, die keine Marxsche Traditionen, ebenfalls zu ähnlichen Beobachtungen kommt wie Hardt/Negri. Damit ist zwar nichts über die Plausibilität der Theorie eines neuen Kapitalismus in der Postmoderne gesagt, aber doch darüber, dass es ein wissenschaftliches Interesse daran gibt, diese Frage, die sich durch die neuen Informationstechnologien stellt, zu beantworten. Für eigene Theorien stellt sich in der Postmoderne nicht die Frage einer neuen Werttheorie, sondern nur einer juristischen Beantwortung, die durch immaterielle Waren aufgeworfen werden. So ist auch die „Property Right Theory"[13] in der Wissenschaft weit verbreitet. Diese nimmt an, der Wert hat nichts mit der Arbeitszeit zu tun. So z.B. der Wert eines Gutes, der sich aus ökonomischer Sicht nicht nur aus dessen Substanz bestimmt, sondern vor allem daraus, was man mit dem Gut anfangen kann (*was darf ich damit machen*). Der Wert einer Ware steht deshalb auch nicht zur Debatte, er muss nur juristisch durchgesetzt werden. Im Falle von immateriellen Waren würde dies bedeuten, zwischen Nutzern und Eigentümern dieser Ware zu unterscheiden und dies mit entsprechenden Institutionen durchzusetzen.

Es reicht nicht, die Werttheorie von Hardt/Negri darzustellen, viel mehr muss gefragt werden, warum wurde überhaupt die Marxsche Werttheo-

---

10 Vgl.: André Gorz, 2004.

11 Vgl.: Castel, 2003.

12 Boltanski/Chiapello, 2006.

13 Nuss, 2006 S. 11-S.35.

rie aufgegeben? Daher werde ich die Marxsche Werttheorie darstellen und versuchen zu überprüfen, ob sie aufgrund der Kritik von Hardt/Negri, revidiert werden muss. Dadurch lässt sich auch Hardt/Negris Werttheorie besser darstellen, indem gezeigt wird, warum diese nicht mehr zutreffen soll. Hardt/Negri leisten leider selbst keine genaue Darstellung des Wertgesetzes von Marx. Dies stellt ein Problem dar, weil so nicht genau nachvollzogen werden kann, warum das Wertgesetz aufgegeben werden musste. Daher stelle ich auch verschiedene Interpretationen der Marxschen Werttheorie dar, um in einer Auseinandersetzung mit Hardt/Negris Kritik an dem Wertgesetz ihre Interpretation des Marxschen Wertgesetzes einzugrenzen. Nachdem ich die Interpretation des Marxschen Wertgesetzes von Hardt/Negri bestimmt habe, werde ich, warum sie dies aufgegeben haben. Damit ist die Frage unmittelbar verbunden: Muss das Wertgesetz angesichts der immateriellen Arbeit aufgegeben werden oder ist es nur ihre spezielle Interpretation der Marxschen Werttheorie, die nicht mehr haltbar ist? Auch wird dargestellt, was das Besondere der immateriellen Arbeit ist. Wie konnte es dazu kommen, dass sich der Kapitalismus so grundlegend verändert hat? Diese Frage ist für Hardt/Negri verknüpft mit den Klassenkämpfen im Kapitalismus, denn Hardt/Negris Werttheorie ist eine, in der die Dynamiken von sozialen Konflikten zentral ist. Daher werde ich auch die theoretische Entwicklung der verschiedenen Arbeitertypen von Negri vorstellen[14], denn das Ende des Wertgesetzes war auch das Ende der Untersuchung der unterschiedlichen Arbeitertypen. Daraus folgte der Beginn einer neuen klassentheoretischen Figur, die Geschichte machen kann, der Multitude[15].[16]

Am Ende meiner Arbeit wird die Werttheorie von Hardt/Negri mit der Wertkritik[17] konfrontiert. Diese geht davon aus, dass der Wert der Motor der Geschichte ist und nicht die sozialen Auseinandersetzungen.[18] Daher

---

14 Ich spreche an dieser Stelle nur von Negri, weil er erst später mit Hardt zusammenarbeitete.

15 Vgl.: Hardt/Negri, 2004, S.123.

16 Vgl.: ebd., 2004, S.121-134.

17 Vgl.: Postone, 2003.

18 Während die einen Theoretiker der Wertkritik dabei insistieren, dass dies nur für die kapitalistische Gesellschaft gelte und diese überwunden werden kann (vgl.: Postone, 2003). Kommen die anderen zu dem ernüchternden Fazit, dass eine postkapitalistische Gesellschaft ein Akt der Unmöglichkeit sei - aufgrund der Analyse, dass der „Wert automatisches Subjekt" sei, dies sei auch nicht mehr durch das Handeln und die Reflexion der Akteure zu negieren (vgl.: Breuer, 1985). Auch an dieser Debatte zeigt sich, welche enorme Bedeutung einer Analyse des Wertes für eine Theorie von Struktur und Handlung innewohnt.

eignet sich die Wertkritik für eine grundsätzliche Überprüfung der Werttheorie von Hardt/Negri. Es wird aber auch nach Gemeinsamkeiten und evtl. Möglichkeiten für Erweiterungen von Hardt/Negris Werttheorie gefragt.

Frankfurt a. Main, 16. September 2010 *Philipp Metzger*

I. Wertgesetz

1. Einleitung

Michael Hardt und Antonio Negri sind die bekanntesten Vertreter der Theorie des Postoperaismus, eine Theorie, die aus der Weiterentwicklung des Operaismus (eine Marxsche Theorie der 1970er-Jahre aus Italien, in welcher der Klassenkampf im Zentrum der Analyse stand) entstanden ist, indem sie diese mit der Theorie des Poststrukturalismus[19] verbunden haben.

Der zentrale Punkt in der Werttheorie von Hardt/Negri bzw. im Postoperaismus ist die Analyse, wonach das Wertgesetz, das Marx untersucht hat, heute nicht mehr auf die kapitalistischen Verhältnisse zutrifft, weil die immaterielle Arbeit[20] nicht mehr - wie noch die materielle Arbeit des Industriezeitalters - durch Arbeitszeitquanta bestimmt werden kann und deshalb das Wertgesetz nicht mehr existiert. Hardt/Negri gehen davon aus, dass das Wertgesetz nur auf die industrielle Produktion, nicht aber auf die immaterielle Produktion angewendet werden kann. Aufgrund der getroffen allgemeinen Aussagen von Hardt/Negri konzentriere ich mich bei der Darstellung des Wertgesetzes auf den ersten Band des Kapitals und werde die spezifischen Erweiterungen des zweiten und des dritten Bandes nur am Rande besprechen. Dies ist deshalb sinnvoll, weil die Kritik von Hardt/Negri am Wertgesetz so grundlegend ist, dass es wichtig ist, sich auf den ersten Band des Kapitals zu konzentrieren, weil hier das Problem der Arbeitszeit fundamental analysiert wird.

Zwei Punkte sind besonders wichtig, um die Werttheorie von Hardt/Negri darstellen, analysieren und kritisieren zu können: die abstrakte Arbeit und der Kampf um die Ware Arbeitskraft. Hardt/Negri konzentrieren sich in ihrer Analyse besonders auf die abstrakte Arbeit. Ihrer Ansicht nach hat die immaterielle Arbeit, die an sich abstrakte Arbeit ist, eine hegemoniale Stellung im Produktionsprozess.

Die abstrakte Arbeit steht im Zentrum der Analyse des Wertgesetzes. Ein Abschnitt zum Kampf um die *„Ware Arbeitskraft"* scheint mir deshalb wichtig, weil Hardt/Negri davon ausgehen, dass der Kapitalismus ein

---

19 Eine sozialwissenschaftliche Theorie, die im Gegensatz zum Strukturalismus, Strukturen und Diskurse nicht als statisch, sondern Brüche und historischen Diskontinuitäten hervorheben. Vertreter und Vertreterinnen dieser Strömung sind z.B. Michel Foucault, Gilles Deleuze, Judith Butler u.a.

20 Nicht materielle Arbeit: darunter fallen z.B. kooperative, kommunikative und affektive Arbeiten (etwa in der Kulturindustrie). Sie produziert immaterielle Dinge, wie z.B. Software, Informationen, Gefühle, soziale Netzwerke usw.

von sozialen Kämpfen durchzogenes Verhältnis ist und dass diese Kämpfe um die Arbeit dieses soziale Verhältnis stark verändern bzw. die immaterielle Arbeit erst möglich gemacht haben.

Um die Werttheorie Theorie von Hardt/Negri zu rekonstruieren, überprüfen und kritisieren zu können, wird in dieser Arbeit und in diesem Kapitel auf andere Theorien Bezug genommen, die sich auch mit dem Marxschen Wertgesetz auseinandersetzen wie z.B. die Wertkritik[21] oder die monetäre Werttheorie[22], um so vergleichen zu können, ob nur die Interpretation des Wertgesetzes von Hardt/Negri nicht mehr gilt oder andere ebenfalls. Das Wertgesetz ist eine komplexe Theorie der sozialen Verhältnisse, daher kann im ersten Kapitel nur auf einige wesentliche Aspekte eingegangen werden. Wichtig scheint mir aus den zum Teil schon erwähnten Gründen, die Kategorien Ware, Wert, Fetisch, Mehrwert und abstrakte Arbeit darzustellen.

2. Der Wert der Ware

Die Analyse der kapitalistischen Gesellschaft beginnt bei Karl Marx im Kapital mit der theoretischen Auseinandersetzung mit der Ware, aus der er dann seine Theorie des Werts entwickelt. Reinhart Kößler und Hanns Wienold stellen dazu fest: „[...] die Theorie des Wertes steht im Zentrum der Marxschen Gesellschaftstheorie und wurde von Marx selbst als seine besondere wissenschaftliche Leistung angesehen."[23] Marx stellt schon auf der ersten Seite des Kapitals fest, dass die Ware im Kapitalismus zweierlei ist: Sie ist Gebrauchswert und Wert (Wertsubstanz und Wertgröße). Der Gebrauchswert ist der stoffliche Inhalt des Reichtums und befriedigt menschliche Bedürfnisse, welcher Art auch immer - z. B. als Lebensmittel, d.h. als Gegenstand des Genusses oder als Produktionsmittel. Aber in welchem Zusammenhang stehen der Wert und die Ware? Es scheint so zu sein, als ob der Wert einer Ware zufällig bzw. aus der Luft gegriffen ist. „Der Tauschwert scheint daher etwas Zufälliges und rein Relatives, ein der Ware innerlicher, immanenter Tauschwert (valeur intrinseque) also eine contradictio in adjetictio."[24] Der Wert aber einer Ware erscheint nur, wenn sie ins Verhältnis zu anderen Waren gesetzt wird. Man kann einer Ware den Wert nicht ansehen, aber man kann sie ins Verhältnis zu anderen Waren setzen. Arbeitsprodukte sind Tauschwerte (also Waren), deren Wert sich nur mit anderen Waren ausdrücken lässt. Wenn z. B. x Gold den gleichen Wert hat wie y Weizen, dann müssen

21 Vgl.: Postone, 2003 u.a., da ja nicht nur Postone ist, der hier von Belang ist.

22 Vgl.: Heinrich, 2006.

23 Kößler/Wienold, 2001, S.97.

24 MEW 23, 2001, S.50 f.

diese beiden Waren etwas ein drittes Gemeinsames haben. „Beide sind also gleich einem Dritten, das an für sich weder das eine, noch das Andere ist. Jedes der beiden, soweit es Tauschwert, muß also auf dies Dritte reduzierbar sein."[25] Aber was ist das Dritte, was die Waren miteinander gemeinsam haben? Diese Gemeinsamkeit ist weder sichtbar, noch ist sie geometrisch, physikalisch, chemisch oder wird durch eine andere Eigenschaft der Ware ausgedrückt. Die Frage nach der Gemeinsamkeit der unterschiedlichen Arbeitsprodukte führt deshalb zur menschlichen Arbeitszeit, die für die Herstellung der Waren aufgebracht werden muss. „Mit dem nützlichen Charakter der Arbeitsprodukte verschwindet der nützliche Charakter der in ihnen dargestellten Arbeiten, es verschwinden also auch die verschiedenen konkreten Formen dieser Arbeiten, sie unterscheiden sich nicht länger, sondern sind allzusamt reduziert auf gleiche menschliche Arbeit, abstrakt menschliche Arbeit."[26] Die Arbeitszeit bestimmt also den Wert einer Ware. Dies lässt sich auf die einfache Gleichung bringen: Je mehr Arbeit in eine Ware investiert werden musste, desto mehr wert ist sie. „Je größer die Produktivkraft[27] der Arbeit, desto kleiner die zur Herstellung eines Artikels erheischte Arbeitszeit, desto kleiner die in ihm kristallisierte Arbeitsmasse, desto kleiner sein Wert. Umgekehrt, je kleiner die Produktivkraft der Arbeit, desto größer die zur Herstellung eines Artikels notwendige Arbeitszeit, desto größer sein Wert."[28] Die Gleichung ist aber nicht so zu verstehen, dass die Ware eines Produzenten, der bei deren Herstellung langsamer gearbeitet hat, mehr wert ist als die Ware eins Produzenten, der schneller gearbeitet hat. Der Wert einer Ware wird an der notwendigen gesellschaftlichen durchschnittlichen Arbeitszeit gemessen, die nötig ist, um diese Waren herzustellen. Als z.B. in England der Dampfwebstuhl eingeführt wurde, benötigte man danach vielleicht halb so viel Zeit, um diese Waren herzustellen. Die Menschen, die nicht mit dem Webstuhl produzierten (z.B. der normale Handwerker), arbeiteten jetzt, verglichen mit der notwendigen gesellschaftlichen Arbeitszeit, doppelt so lange, um den gleichen Wert der Ware wie vorher zu produzieren. „Es ist also nur das Quantum gesellschaftlich notwendiger Arbeit oder die zur Herstellung eines Gebrauchswertes gesellschaftlich notwendige Arbeitszeit, welche

---

25 Ebd., S.51.

26 Ebd., S.52.

27 Die Kategorie Produktivkräfte, fasst die menschlich Arbeitskraft sowie alle natürlichen, technischen, Arbeitsmittel (wie z.B. Maschinen), organisatorischen und geistig-wissenschaftlichen Fähigkeiten, die einer Gesellschaft in der jeweiligen Historisch-Spezifischen-Produktionsweise zur ihrer Reproduktion und evtl. möglichen Steigerung zur Verfügung stehen.

28 MEW 23, 2001, S.55.

seine Wertgröße bestimmt."[29] Der Wert einer Ware ist aber nie konstant, er verändert sich, weil z.B. bessere Maschinen entwickelt werden, die die menschliche Arbeitszeit verkürzen, die zur Herstellung einer Ware notwendig ist. Wie Marx bemerkte: „Der Wert einer Ware verhält sich zum Wert jeder anderen Ware wie die zur Produktion der einen notwendigen Arbeitszeit zu der für die Produktion der anderen notwendigen Arbeitszeit."[30] Aber nicht alles, was produziert wird, wird zur Ware, das heisst, es kann durchaus sein, dass es Dinge gibt, die nicht zu Waren werden. „Ein Ding kann Gebrauchswert sein, ohne Wert zu sein."[31] So z.B. Produkte für den Eigenbedarf oder Gebrauchswerte, die nicht produziert werden müssen wie Luft, Wasser, fruchtbarer Boden usw. Damit Produkte überhaupt zu Waren werden können, müssen sie Produkte voneinander unabhängiger Produzenten sein, nur so können sie getauscht werden.[32]

Auf der bis hierher dargestellten Ebene wurden nur Waren gegen Waren getauscht. Da Waren gegen Waren im Kapitalismus aber nur sehr selten getauscht werden, geht die politische Ökonomie davon aus, dass die Akteure aus rationalen bzw. Bequemlichkeitsgründen Geld selbst eingeführt hatten, um den Tauschhandel zu vereinfachen.[33] Ingo Elbe insistiert hingegen: „bei Marx dagegen wird Geld als notwendiges Moment des Austauschprozess von Waren entwickelt, deren Wert unbewusstes Resultat eines spezifisch gesellschaftlichen Verhältnisses von Sachen ist, das sich wiederum in Sachen darstellen muss."[34]

Es ist eine Ware, die ausgesondert werden muss, um allgemeines Äquivalent bzw. Geld zu sein. „Anderseits befindet sich eine Ware nur in allgemeiner Äquivalentform [...], weil und sofern sie durch alle andren Waren als Äquivalent ausgeschlossen wird [...] Die spezifische Warenart nun, mit deren Naturalform die Äquivalentform gesellschaftlich verwächst, wird zur Geldware oder funktioniert als Geld."[35]

Damit es also zur vollständigen Bildung von Waren, Tauschwerten, Geld usw. kommt, müssen Produktionsverhältnisse vorherrschen, in denen Produzenten nicht für den Eigenbedarf produzieren, sondern für den „Markt", damit aus Gebrauchswerten Tauschwerte bzw. Waren werden können. Das geht aber nur, wenn eine bestimmte historisch-gesellschaft-

---

29 Ebd., S.54.

30 Ebd., S.54.

31 Ebd., S.55.

32 Vgl.: ebd., S.57.

33 Vgl.:, Elbe, 2008, S.593.

34 Ebd., S.593.

35 MEW 23, 2001, S.83.

liche Entwicklung eingetreten ist, nämlich die Vorherrschaft der kapitalistischen Produktionsweise, wie Kößler/Wienold feststellen: „[...] die Ware als ‚Form' wird zwar von Marx im Folgenden allgemein analysiert, jedoch stellt Marx fest, dass diese Analyse unter bestimmten historischen - gesellschaftlichen Voraussetzungen erfolgt, nämlich die Herrschaft der kapitalistischen Produktionsweise."[36] Dazu bedarf es formeller und reeller rechtlicher und technischer Voraussetzungen oder wie Marx sich seiner Schrift „Das Elend der Philosophie" vereinfacht ausdrückt: „[...] das die Handmühle eine Gesellschaft mit Feudalherren ergibt, die Dampfmühle eine Gesellschaft mit industriellen Kapitalisten."[37] [38] Die neu eintretende Produktionsweise schafft die kapitalistischen Produktionsverhältnisse. Dies verändert die gesamte Gesellschaft. Während vorher in kleinen Gemeinschaften für den Eigenbedarf produziert wurde, ist es für die kapitalistische Produktionsweise notwendig, diese zu beseitigen. Kößler/Wienold bemerken dazu: „[...] zugleich setzt die Herrschaft der kapitalistischen Produktionsweise bereits eine weitgehende Auflösung der Gemeinschaften, in der eine unmittelbare Abstimmung der Arbeiten erfolgen kann, voraus bzw. sie beseitigt progressiv die Reste solcher Gemeinschaften."[39] Durch das Zerfallen der Gemeinschaften entsteht eine formelle Unabhängigkeit der Produzenten. „Die Allseitigkeit der Vergesellschaftung der Arbeit fällt mit der formellen Unabhängigkeit der Produzenten, ihrer Vereinzelung oder Individualisierung zusammen."[40]

---

36 Kößler/Wienold, 2001, S.97.

37 MEW 4, S.130.

38 Diese Aussage ist vereinfachend, weil sie einen automatischen Zusammenhang zwischen Produktivkräften und Produktionsverhältnissen nahelegt. Ingo Elbe konstatiert verweisend auf Helmut Reichelt, bei diesem Zitat von Karl Marx „...werde die Gegenwartsdiagnose eines Widerspruchs zwischen Produktivkräften und Produktionsverhältnissen zur universalgeschichtlichen Entwicklungshypothese ausgebaut."(Elbe, 2008, S.539.).Es war zwar richtig darauf zu verweisen, dass kapitalistische Verhältnisse gewisse technische und wissenschaftliche Voraussetzungen hatten, aber es darf daraus nicht der Fehlschluss gezogen werden, dass es ein automatisches Verhältnis von gesellschaftlichem Fortschritt und Produktivkräften gibt. Dies wurde von Helmut Reichelt auch als „Erbe bürgerlich-fetischistischer Evolutionstheorien" analysiert. Diese Kritik trifft auch die sich auf Marx berufenden Theoretiker des traditionellen- und östlichen Marxismus, z.B. Lenin, Stalin u.a., die auch an einer sozialistischen Warenproduktion festhielten (vgl.: Elbe, 2008). Ob Hardt/Negris Theorie der immateriellen Arbeit, von der Kritik getroffen werden, Teil eines „Erbe[s]bürgerlich-fetischistischer Evolutionstheorien" zu sein, muss an anderer Stelle dieser Arbeit geprüft werden.

39 Kößler/Wienold, 2001, S.101.

40 Ebd.

Diese formelle Freiheit wird von der kapitalistischen Produktionsweise gebraucht, um gewisse „technische Verkehrsformen" zu gewährleisten. Es muss Vertragsrechte geben, um z.B. den Warentausch (Handel) zu gewährleisten, aber auch, um Verträge zwischen Produktionsmittelbesitzern und Lohnarbeitern zu schliessen. Dazu braucht man formell freie Vertragspartner. Das Recht muss sich also mit Eintreten der kapitalistischen Verhältnisse gezwungenermaßen verändern, wie Kößler/Wienold bemerken: „Die kapitalistische Produktionsweise impliziert modellhaft die Anerkennung bestimmter Rechtsverhältnisse in Form von Eigentumstiteln und Verträgen zwischen den Warenbesitzern, den Eigentümern von Produktionsmitteln und Lohnarbeitern, die nur über ihre Arbeitskraft verfügen."[41]

Im Grossen und Ganzen ist damit der Wert der Ware des Kapitals beschrieben, aber diese Beschreibung reicht nicht aus, um den Kapitalismus als Gesamtprozess zu analysieren.

Denn noch ist nicht hinreichend klar geworden, wie das Verhältnis von Wert, Preis und Profitrate zueinander bestimmt ist. Es wird deutlich werden, dass der Preis einer Ware nur als ihr Wert erscheint. Ein Problem, das für das Wertgesetz und immaterielle Waren von entscheidender Bedeutung ist, denn damit wird z.B. klar, dass es alleine nicht ausreicht, nur ein Abweichen von Wert und Preis einer immateriellen Ware festzustellen, um das Wertgesetz für obsolet zuhalten, da die Abweichung von Wert und Preis vielmehr „normal" ist. Noch im ersten Band des Kapitals beschreibt Marx, dass Preise nur sehr selten mit dem Wert einer Ware identisch sind, aber dennoch nicht beliebig voneinander abweichen. Denn z.B. durch Angebot und Nachfrage kann es dazu kommen, dass die Ware zu einem Preis unter oder über ihrem Wert verkauft wird. Aber durch die Konkurrenz werden diese Schwankungen im Laufe der Zeit ausgeglichen. Eine Firma, die z.B. auf lange Sicht versucht, Waren über ihrem Wert zu verkaufen, wird von der Konkurrenz verdrängt. Das gilt auch für eine Firma, die versucht, ihre Waren zu einem Preis unter ihrem Wert zu verkaufen. So oszillieren die Preise der Waren nur um ihren Wert. Dass heisst auch, dass der Preis in einer Beziehung zur abstrakten Arbeit steht. Soweit die Ausführungen von Marx im ersten Band des Kapitals zu Preis und Wert.

Aber auch damit ist das Verhältnis von Wert und Preis immer noch nicht hinreichend analysiert. Zu einer wirklichen Darstellung des Kapitals als Gesamtprozess muss nicht nur das Verhältnis von Preisen innerhalb derselben Branche geklärt werden, sondern auch das Verhältnis aller Branchen und damit aller Waren zueinander.

---

[41] Ebd.

Dies leistet Marx im dritten Band des Kapitals, indem er erläutert, wie es zu einem Ausgleich zwischen den Profitraten der unterschiedlichen Branchen kommt. Da sich in jeder Branche eine andere organische Zusammensetzung[42] der Kapitale bildet, produziert auch jede Branche eine unterschiedliche Mehrwertrate und damit eine andere Profitrate, aber durch die Konkurrenz bildet sich die allgemeine Profitrate heraus.[43] Denn sobald eine Branche eine höhere Profitrate aufweist als eine andere, investieren logischerweise die Kapitalisten in diese, weshalb es zu einer Angleichung der Profitraten der unterschiedlichen Branchen kommt. Es kommt so durch die Konkurrenz zu einer Umverteilung des gesellschaftlichen Gesamtwerts und der Bildung eines Durchschnittspreises, den Marx auch Produktionspreis[44] nennt. Rudolf Hilferding[45] expliziert, dass auch der Produktionspreis einen Wert darstellt, auch wenn dieser von dem tatsächlichen Wert der Waren abweicht. Auf gesellschaftlicher Ebene weicht also der Durchschnittspreis einer Ware von dem tatsächlichen Durchschnittswert einer Ware ab. Diese Abweichungen sind nicht beliebig, sondern die Preise können nur um den Wert der Waren schwanken und stehen damit aus den eben geschilderten Gründen in einem Verhältnis. Damit macht Marx im dritten Band des Kapitals deutlich, was er im ersten Band nur an einigen wenigen Stellen angedeutet hat.[46] Die strukturelle Indifferenz von Wert und Preis, damit von Wertsubstanz und Wertgröße - die aber dennoch im Verhältnis zueinander stehen, was sich darin zeigt, dass der Preis einer Ware um ihren Wert oszilliert -, was auch als Transformationsproblem bezeichnet wird. Darin sahen gerade einige Ökonomen wie z.B. Eugen Böhm Ritter von Bawerk Ende des 19. Jahrhunderts, auf den sich ganze Generationen von

---

42 Ich habe bereits in dieser Arbeit dargestellt, dass im kapitalistischen Produktionsprozess Rohstoffe und Maschinen bzw. konstantes Kapital [c] mit menschlicher Arbeitskraft [v] zusammen kommen. Dies bezeichnet Marx als organische Zusammensetzung des Kapitals. Diese ist in jeder Branche unterschiedlich, z.B. haben eine Computerfabrik und ein landwirtschaftlicher Betrieb nicht das gleiche Verhältnis von c zu v. Weil aber nur abstrakt menschliche Arbeitskraft [v] Mehrwert [m] bildet, haben beide Branchen eine unterschiedliche Mehrwertrate und damit auch eine ungleiche Profitrate.

43 MEW 25, 2001. S.33 bis S.151.

44 Mit der Kategorie der Produktionspreise wird beschrieben, wie der Preis einer Ware zu ihrem Wert schwankt. Die Kategorie Produktionspreise wird bei Marx synonym mit dem Wort Preis verwendet, während Theoretiker der politischen Ökonomie, wenn sie von Preis reden, nicht die Kategorie Produktionspreise meinen. Ich werde im Folgenden, wenn nicht anderes gekennzeichnet, die Marxsche Analyse dieser Kategorie meinen.

45 Vgl.: Hilferding, 1971.

46 Vgl.: Löhnberg,1975, S.207.

Ökonomen gegen Marx berufen[47], einen Widerspruch in der Marxschen Werttheorie, während an Marx orientierte Wissenschaftler darin einen Widerspruch zwischen Wesen und Erscheinung der kapitalistischen Verhältnisse selbst konstatierten. So bemerkt Moishe Postone beispielsweise: „die Abweichung der Preise von den Werten sollte also eher als integraler Bestandteil der Marxschen Analyse verstanden werden, statt als ein ihr innewohnender logischer Widerspruch: er will keine Theorie des Preises formulieren, sondern zeigen, wie der Wert eine Erscheinungsebene erzeugt, die ihn verschleiert."[48]

Denn die einzelne Kapitale bekommen auf dem Markt nicht den Wert ihrer Waren, sondern konkurrieren mit ihren jeweiligen Waren um einen möglichst großen Teil an der globalen Wertmasse. Deshalb hängt auch der Durchschnittsprofit vom Mehrwert des gesellschaftlich notwendigen Mehrwerts ab. „Tatsächlich hängt aber auch der Durchschnittsprofit vom Mehrwert ab: nicht vom Mehrwert des *einzelnen* Kapitals, sondern vom Mehrwert, der in der gesamten Ökonomie produziert wurde, d.h. vom Mehrwert des *gesellschaftlichen Gesamtkapitals*. Der Ausgleich der Profitraten zu einer allgemeinen Profitrate bedeutet nichts anderes, als eine Umverteilung des gesamtgesellschaftlichen Mehrwerts."[49]

Aus den bisherigen Ausführungen wird klar, dass ein wesentlicher Aspekt, um zu prüfen, ob das Wertgesetz nach Marx noch gilt, die Untersuchung ist, ob Arbeitszeit noch wertbildend ist oder nicht.

Interessanterweise analysiert Marx schon am Anfang seiner Werttheorie, dass Wert und Rechtsverhältnisse in einem Zusammenhang stehen. Es ist deshalb interessant, weil Hardt/Negri mit der Entwicklung der immateriellen Arbeit und dem Ende des Wertgesetzes auch andere Rechtsverhältnisse analysieren. So bemerken sie: „Wir haben zudem gesehen, in welch hohem Maße sich Privateigentum mit Hilfe von Patenten, dem Copyright und anderen Rechtsinstrumenten auf Lebensbereiche ausdehnt, die früher allen gemeinsam gehörten."[50] Sie analysieren, dass es mit Hilfe des Rechts möglich wird, die Kontrolle über das ganze Leben bzw. dem gemeinsam produzierten *„Parasitär" (Hardt/Negri)* anzueignen.[51] Ohne diese wäre das Ende des Wertgesetzes gar nicht möglich. Erst diese erlauben die Aneignung der neuen immateriellen Arbeit. Hardt/Negri argumentieren, dass es so zu einem neuen Kapitalismus gekommen ist, einem postindustriellen, in dem die immaterielle Arbeit

47 Vgl.: ebd., S.200.

48 Postone, 2003, S.210.

49 Heinrich, 2004, S.146.

50 Hardt/Negri, 2004, S.229.

51 Hardt/Negri, 2002, 2003, 2010.

Hauptproduktivkraft geworden ist. In Anlehnung an das oben schon erwähnte Zitat aus *„Das Elend der Philosophie"* bin ich der Ansicht, dass Hardt/Negri sagen könnten: „Die Dampfmühle führt zum industriellen Kapitalismus, die Erfindung des Computers zum post(industriellen) Kapitalismus."[52] Aber ist das überhaupt schon ein ausreichender Beweis, um einen völlig anderen Kapitalismus zu analysieren als Marx es getan hat? Ein Kapitalismus, in dem nicht einmal mehr die Grundkategorien wie z.B. das Wertgesetz Bestand haben? Unterstellt diese Aussage nicht einen automatischen Zusammenhang zwischen Produktivkräften und Produktionsverhältnissen und bewegt sie sich deshalb nicht auch im Kanon einer „bürgerlich-fetischistischen Evolutionstheorie"?

3. Der Fetischcharakter der Ware

Der Fetischcharakter der Ware ist in der Theorie bei Marx eine wichtige Kategorie, aber bei Hardt/Negri findet sich kein Verweis auf darauf. Warum? Durch den Fetischcharakter der Ware scheint der Wert einer Ware etwas rein Zufälliges zu sein. Es ist nicht mehr durchschaubar (ohne wissenschaftliche Anstrengung, wie Marx betont), dass nur abstrakt menschliche Arbeit wertbildend ist. Wenn aber das Wertgesetz nicht mehr existiert, das zum Inhalt hat, dass der Wert einer Ware durch die gesellschaftliche durchschnittliche notwendige Arbeitszeit gebildet wird, dann kann sie auch keinen Fetischcharakter mehr haben. Postone stellt passend zu meiner These über das Verhältnis von Wert und Fetisch fest: „ ‚Wie Rubin stellt er [Colletti] fest, daß nur selten verstanden wurde, daß die Werttheorie von Marx mit seiner Fetischtheorie identisch ist.' Was erklärt werden müsse, sei, warum das Arbeitsprodukt die Form der Ware annimmt und warum deshalb menschliche Arbeit als Wert von Dingen erscheint."[53]

Aus zwei Gründen ist es wichtig, auf den Fetisch einzugehen:

1. Wenn es keinen Fetischcharakter der Ware mehr geben sollte, dann kann ihr Wert nicht mehr gesellschaftlich verschleiert sein. Diese These muss überprüft werden.
2. Viele an Marx orientierte Wissenschaftler gehen davon aus, dass ein Fehler bei der Analyse des Wertgesetzes oft durch das Aufsitzen eines Fetisches zu Stande gekommen ist. Das könnte evtl. bei

---

52 Hardt/Negri betonen, dass immaterielle Arbeit mehr ist als die Erfindung des Computers. Aber um das Bild des Zitates nicht zu zerstören, ist hier die Rede vom Computer, aber als Symbol für die immaterielle Arbeit als Ganzes.

53 Postone, 2003, S. 227.

Hardt/Negri der Fall sein, weshalb es von Bedeutung ist, den Fetischcharakter darzustellen.

In der Marxschen Analyse ist der Fetisch in der kapitalistischen Warenform angelegt. „Woher entspringt also der rätselhafte Charakter des Arbeitsproduktes sobald es Warenform annimmt? Offenbar aus dieser Form selbst."[54] In der kapitalistischen Produktionsweise werden Dinge zu Waren. Zu Waren können diese Dinge aber nur werden, wenn sie miteinander verglichen werden. Wenn wir die Waren miteinander vergleichen, vergleichen wir in Wirklichkeit nur unsere menschliche Arbeitskraft. „Indem sie ihre verschiedenartigen Produkte einander im Austausch als Werte gleichsetzen, setzen sie ihre verschiedenen Arbeiten als menschliche Arbeit gleich."[55] Der Fetischismus ist nur in einer kapitalistischen Produktionsweise möglich, weil es nur in ihr zu einer Warenbildung kommt. „Dies nenne ich den Fetischismus, der den Arbeitsprodukten anklebt, sobald sie als Waren produziert werden und der daher von der Warenproduktion unzertrennlich ist."[56] Die Ware erscheint als Ding, das einen Wert hat, aber niemand scheint zu wissen, wieso sie diesen Wert hat. Es wird nicht mehr erkannt, dass der Wert einer Ware ihr eigenes gesellschaftliches Produkt ist.

„Es steht daher dem Werte nicht auf der Stirn geschrieben, was er ist. Der Wert verwandelt vielmehr jedes Arbeitsprodukt in eine gesellschaftliche Hieroglyphe. Später suchen die Menschen den Sinn der Hieroglyphe zu entziffern, hinter das Geheimnis ihres eigenen gesellschaftlichen Produktes zu kommen, denn die Bestimmung der Gebrauchsgegenstände als Werte ist ihr gesellschaftliches Produkt so gut wie die Sprache. Die späte wissenschaftliche Entdeckung, daß die Arbeitsprodukte, soweit sie Werte, bloß sachliche Ausdrücke der in ihrer Produktion verausgabten menschlichen Arbeit sind, macht Epoche in der Entwicklungsgeschichte der Menschheit, aber verscheucht keineswegs den gegenständlichen Schein der gesellschaftlichen Charaktere der Arbeit."[57]

Durch die in der kapitalistischen Produktionsweise entstehende Arbeitsteilung werden Produkte in einer Gruppe von Menschen hergestellt, deshalb reduzieren sich die Privatarbeiten in kleinen Gemeinschaften.[58] Die Tatsache, dass sich die Produktivität durch die Arbeitsteilung in der kapitalistischen Produktionsweise erhöht, hat zur Folge, dass der Wert einer Ware sinkt, deshalb gehen die Privatarbeiten mehr und mehr zu-

---

54 MEW 23, 2001, S.86.

55 Kößler/Wienold, 2001, S.97.

56 MEW 23, 2001, S.88.

57 Ebd.

58 Kleine Gemeinschaften sind z.B. Familie, Sippe, Stamm usw.

rück. Denn es kommt darauf an – um sich in der Konkurrenz gegen andere Kapitale durchzusetzten –, die Arbeitszeit zur Fertigstellung eines Produktes so weit wie möglich zu verringern, um den Wert der Ware zu senken. Hieran erkennt man ganz deutlich, dass der Wert in Zusammenhang mit der notwendigen Arbeitszeit steht, die zu seiner Fertigstellung des Produktes benötigt wird. „Die Bestimmung der Wertgröße, durch die Arbeitszeit ist daher ein unter den erscheinenden Bewegungen der relativen Warenwerte, verstecktes Geheimnis. Seine Entdeckung hebt den Schein der bloß zufälligen Bestimmung der Wertgrößen der Arbeitsprodukte auf, aber keinesfalls ihre sachliche Form."[59] Diesen Zusammenhang konnte man natürlich erst in einer kapitalistischen Gesellschaft entdecken, weil es nur in ihr zu einer Warenproduktion kommt. Dies muss als historischer Prozess begriffen werden.

Das Ziel innerhalb der Warenproduktion ist die Steigerung des Mehrwerts (aus Geld mehr Geld zumachen); dies ist für das Einzelkapital notwendig, um in der Konkurrenz zu bestehen, damit werden aber Produktion und Produktivsteigerung zum reinen Selbstzweck. Dabei ist sie so produktiv, dass ihre Reproduktion auf immer höherer Stufenleiter abläuft. Die kapitalistische Produktionsweise ist sogar so produktiv, dass sie ganz neue Bedürfnisse gleich mit produziert, wie Kößler/Wienold betonen. „Die verallgemeinerte Warenproduktion sprengt tendenziell den vorhandenen ‚Kreis der Bedürfnisse' Konsummuster werden dynamisiert und tendenziell entgrenzt. Immer neue Objekte treten in den Kreis des Begehrens, bis das Kaufen selbst zum Bedürfnis wird."[60] Das Erkennen des Zusammenhanges zwischen Wert und Arbeitszeit wird durch das Geld zusätzlich erschwert. Einmal angenommen, es gäbe kein Geld (was in der Warenproduktion immer ausgeschlossen ist) und wir würden Waren gegen Waren tauschen, wäre es leichter zu erkennen, dass es einen Zusammenhang zwischen dem Wert einer Ware und der dafür notwendigen Arbeitszeit gibt. Aber weil wir den Wert einer Ware in einem Äquivalent (Geld) ausdrücken, was wir im Kapitalismus müssen, ist es schwerer, die Tatsache zu erkennen, dass eine Ware in Wirklichkeit Arbeitszeit kostet und nicht Geld. Weil die kapitalistische Produktionsweise diese Tatsache verschleiert, bemerkt Marx, ist es leichter, diesen Zusammenhang in anderen Produktionsverhältnissen zu erkennen. Durch den Fetisch kommt es zur Personifizierung der Verhältnisse bzw. des Wertgesetzes anstatt zu erkennen, dass die Quelle des Reichtums die menschliche Arbeitskraft ist. Dadurch wird die abstrakte Arbeit, die das Wertgesetz auf gesellschaftlicher Ebene ausdrückt, zunehmend verschleiert, was Marx am Ende des dritten Bandes des Kapitals

---

59 MEW 23, 2001, S.89.

60 Kößler/Wienold, 2001, S.104.

zur trinitarischen Formel führt. Die trinitarische Formel ergibt sich dabei aus der „Trinität" (Dreiheit) von 1. Kapital-Profit bzw. Zins, 2. Arbeit-Arbeitslohn sowie 3. Grundeigentum- Rente und erscheint als die Quelle des Wertes (anstelle abstrakt-menschlicher Arbeit). Dazu bemerkt Krahl passend:

„Marxens kritische Darstellung der ‚Trinitarischen Formel' skizziert, wie ‚in der kapitalistischen Produktionsweise und beim Kapital, welches ihre herrschende Kategorie, ihr bestimmendes Produktionsweise und beim Kapital, welches ihre herrschende Kategorie, ihr bestimmendes Produktionsverhältnis bildet, [...]sich diese verzauberte und verkehrte Welt noch viel weiter' entwickelt, eine ‚verknöcherte' Gegenstandswelt, die für die ökonomischen Klassen der Produktionsagenten immer schwieriger als ein nur falscher Schein durchschaubar ist."[61]

Heinrich konstatiert, dass die verschiedenen Fetischformen, die Marx im Kapital analysiert, nicht lose nebeneinander existieren, sondern im Gegenteil ein Ganzes bilden. Damit lässt sich Marx Fetischanalyse gerade nicht auf die ersten Kapitel des ersten Bandes verkürzen, sondern entfaltet sich in allen drei Banden des Kapitals, letztendlich bis zur trinitarischen Formel.[62] Auf dieser Ebene der Analyse wird erkennbar, dass sich der Fetischismus nicht auf „falsches Bewusstsein" reduziert, wie fälschlicherweise oft angenommen wird, sondern wie Heinrich betont, es sich dabei sich „um ein objektives Resultat eines sachlich vermittelten gesellschaftlichen Zusammenhangs [handelt, Anm. P.M.], bei dem die gesellschaftlichen Charaktere der Arbeit eben nur als sachliche Eigenschaften der Produkte zeigen und wirksam werden können."[63] So insistiert auch Helmut Reichelt „- hinter dem Rücken der Menschen und zugleich durch ihre Köpfe hindurch vollzieht."[64]

Hardt/Negris Theorie impliziert: Wenn der Wert einer Ware nicht mehr durch Arbeitszeit gebildet wird, dann gibt es den Fetischcharakter einer Ware nicht mehr. Kann das überhaupt sein? Dies ist denkbar aufgrund der bisherigen Erkenntnisse, aber nur wenn nachgewiesen wird, dass der Wert einer Ware nicht mehr durch Arbeitszeit gebildet wird. Wenn die Arbeitszeit nicht mehr wertbestimmend ist, gibt es dann vielleicht einen neuen Fetischcharakter der immateriellen Ware, denn die kapitalistischen Verhältnisse bestehen nach wie vor?[65]

---

61 Krahl, 2008, S.47.

62 Vgl.: Heinrich, 2005, S.181.

63 Heinrich, 2009, S.148.

64 Reichelt, 2006, S.162.

65 Ich möchte an dieser Stelle darauf hinweisen, dass Kapitalismus bei Hardt/Negri nicht genau definiert ist und es deshalb schwer ist, alle Fragen in

4. Kampf um die Ware Arbeitskraft

In diesem Abschnitt möchte ich den Wert der Ware Arbeitskraft untersuchen. Dies ist für diese Arbeit wichtig, weil sich mit dem Kampf um die Ware Arbeitskraft das Problem von Struktur und Handlung in die Analyse mit einbeziehen lässt. Die kapitalistische Gesellschaft ist nach Marx ein sehr dynamisches und konfliktreiches Verhältnis. Gerade Hardt/Negri betonen dies immer wieder. Im Operaismus und in Negris alten Arbeiten spielt das Verhältnis zwischen Wertgesetz und dem daraus entstehenden Kampf um den Wert der Arbeitskraft eine wichtige Rolle. Hardt/Negri kommen zu dem Schluss, dass der gesellschaftliche Arbeiter das Wertgesetz negiert hat, wie noch gezeigt wird. Im Folgenden möchte ich die Ware Arbeitskraft bei Marx darstellen. Dies dient auch der Klärung, wie wichtig der Konflikt um die Ware Arbeitskraft bei Marx war, wenn ich mich mit Negris alten Arbeiten und den neuen, an denen er später mit Hardt zusammenarbeitete, auseinandersetze.

Wie schon gezeigt wurde, ist nur die menschliche Arbeitskraft wertbildend. Marx betont, dass deshalb die Ware Arbeitskraft die einzige Ware ist, deren Gebrauchswert darin besteht, die Quelle von Wert zu sein.[66] Damit es überhaupt Voraussetzungen zum Kauf der Ware Arbeitskraft gibt, bedarf es ganz spezifischer historischer Voraussetzungen, nämlich der kapitalistischen Produktionsverhältnisse. Dies erfordert doppelt freie Lohnarbeiter.

„Zur Verwandlung von Geld in Kapital muß der Geldbesitzer also den freien Arbeiter auf dem Warenmarkt vorfinden, frei in dem Doppelsinn, daß er als freie Person über seine Arbeitskraft als seine Ware verfügt, daß er anderseits andre Waren nicht zu verkaufen hat, los und ledig, frei ist von allen zur Verwirklichung seiner Arbeitskraft nötigen Sachen."[67] Der Lohnarbeiter ist also frei, einen rechtlichen Vertrag zum Verkauf seiner Arbeitskraft abzuschließen und frei an Produktionsmitteln und anderen Reichtümern, deshalb muss er seine Arbeitskraft bestmöglich verkaufen, um seine Bedürfnisse zu decken. Es bedarf Kapitalisten bzw. Produktionsmittelbesitzer, die über Maschinen, Geld usw. verfügen, um

dieser Arbeit zu beantworten. Kapitalismus wird, wie ich noch zeigen werde, bei Hardt/Negri als Kommando Gewalt des Kapitals analysiert, die sich den gemeinschaftlich produzierten Reichtum der kommunistischen Produktivkräfte parasitär aneignet. Es handelt sich also bei Hardt/Negris Analyse des postmodernen Kapitalismus um kommunistische Produktivkräfte und kapitalistische Produktionsverhältnisse. Weshalb es manchmal schwer ist, die Kategorien klar zutrennen, was ich noch zeigen werde.

66 Vgl.: MEW 23, 2001, S.181.

67 Ebd., S.183.

die Arbeitskraft kaufen und anwenden zu können. Der Lohnarbeiter verkauft auch nicht seine Arbeit. Arbeit ist erst die Anwendung der Arbeitskraft. Nach Marx setzt die kapitalistische Produktionsweise Klassenverhältnisse voraus. Es muss die Klasse der Produktionsmittelbesitzer und die Klasse der Produktionsmittellosen, aber rechtlich freien Arbeiter geben. Lohnarbeit ist also kein natürliches, sondern ein gesellschaftliches Verhältnis, das von Marx kritisch beschrieben wird: „[der Lohnarbeiter] [...] verwandelt sich aus einem Freien in einen Sklaven, aus einem Warenbesitzer in eine Ware."[68] Heinrich betont, dass Marx die Klasse als soziale Stellung im kapitalistischen Produktionsprozess analysiert. „ ‚Klasse' ist auf dieser Stufe der Darstellung zunächst eine rein *strukturelle* Kategorie; ob Klasse noch mehr bedeutet, muss im jeweiligen konkreten Kontext untersucht werden."[69]

Marx analysiert: „Der Wert der Arbeitskraft, gleich dem jeder anderen Ware, ist bestimmt durch die zur Produktion, also auch Reproduktion, dieses spezifischen Artikels notwendige Arbeitszeit."[70] Für die Reproduktion seiner Arbeitskraft braucht der Arbeiter z. B. Lebensmittel, eine Wohnung und auch die Versorgung seiner Familie fällt darunter, damit seine Kinder seine Arbeitskraft, z. B. in seinem Todesfall, ersetzen können.[71] Oder wie Marx es ausdrückt: „Die Arbeitskraft existiert nur als Anlage des lebendigen Individuums. Ihre Produktion setzt also seine Existenz voraus."[72] Was zur Reproduktion notwendig ist, hängt davon ab, was in einem Land unter normalen Lebensbedingungen verstanden wird und welche Ansprüche die Arbeiter erkämpft haben[73], wie Marx betont.[74] Heinrich weist aber daraufhin: „[...] da die Kapitalisten diese Ansprüche nicht unbedingt freiwillig befriedigen, ist es der *Klassenkampf* zwischen Arbeitern und Kapitalisten, der den Wert der Arbeitskraft mitbestimmt, indem Ansprüche durchgesetzt werden oder eben auch nicht."[75] Dies führt Marx zu der Feststellung, dass „im Gegensatz zu den

---

68 Ebd., S.182.

69 Heinrich, 2006, S.89.

70 MEW 23, 2001, S.184.

71 Dies ist ein individuelles Beispiel für eine gesellschaftliche Situation, um zu beschreiben, dass die Arbeiterklasse sich reproduzieren muss. Deshalb besteht die Voraussetzung darin, dass die Arbeiterklasse einen ausreichenden Lohn bekommt.

72 MEW 23, 2001, S.185.

73 Aber auch von der kulturellen und sozialen Praxen der Arbeiter und Arbeiterinnen z.B. muss die Familie nicht auf Dauer die Einrichtung sein in dem sich neue Arbeitskräfte reproduzieren.

74 Vgl.: ebd.

75 Heinrich, 2006, S.196.

anderen Waren enthält also die Wertbestimmung der Arbeitskraft ein historisches und moralisches Element."[76] Auch unterscheidet sich die Ware Arbeitskraft von anderen Waren dadurch, dass sie die Quelle von Wert ist, also einen Wert produziert, der über dem Wert zu ihrer Reproduktion liegt und der von Marx auch als Mehrwert bezeichnet wurde. Diese Analyse stieß auch wegen ihrer möglichen sozialen Sprengkraft auf Kritik. So schrieb beispielsweise der Volkswirtschaftler Thomas Robert Malthus 1832 in einem Brief: „Daß Arbeit die einzige Quelle des Reichtums ist, scheint eine Lehre zu sein, die nicht minder gefährlich ist... da sie unglücklicherweise jenen eine Handhabe bietet, die behaupteten, alles Eigentum gehöre den arbeitenden Klassen, und der Anteil, den die anderen erhalten, sei jenen geraubt oder gestohlen."[77] [78] Anderes als das Malthus Zitat durch Begriffe wie „Diebstahl" nahe legen könnte argumentiert Marx nicht auf einer moralischen Ebene sondern einer strukturtheoretischen Analyse und stellt dabei ganz kategorial fest, dass um den Mehrwert innerhalb des Kapitalismus von beiden Klassen gekämpft werden muss. Das aktuelle Ergebnis dieses Kampfes ist das *„historische und moralische Element"*.

Heinrich zeigt die Aufteilung des Arbeitstages in Wert und Mehrwert anschaulich an einem Beispiel:

> „[...] beträgt der tägliche Wert der Arbeitskraft z. B. ¾ des Werts, der an einem achtstündigen Arbeitstag geschaffen wird, dann kann man formal davon sprechen, dass in drei Stunden der Wert der Arbeitskraft und in fünf Stunden der Mehrwert produziert wurde. Diese drei Stunden bezeichnet Marx daher auch als ‚notwendige' Arbeitszeit... die Mehrarbeitszeit, deren Wertprodukt der Kapitalist als Mehrwert erhält, ‚unbezahlte Arbeit'."[79]

Der Konsumptionsprozess der Arbeitskraft nach Marx ist also der Produktionsprozess von Wert und Mehrwert, also von bezahlter und unbezahlter Arbeit. Marx analysiert zwei Arten von Mehrwert: den absoluten und den relativen Mehrwert.[80] Unter absolutem Mehrwert bezeichnet er

---

76 Ebd.

77 Malthus zitiert nach Löhnberg, 1975, S.200.

78 An dieser Stelle wird auch deutlich, warum nicht nur von werttheoretischen Theoretikern Kritik am Aufgeben des Wertgesetzes geübt wird, sondern auch von am Klassenkampf orientierten Theoretikern, denn das Wertgesetz ist nicht nur eine ökonomische Kategorie, sondern auch eine soziale, die unter anderem als Kategorie zur Analyse des Klassenkampfs dienen kann.

79 Heinrich, 2006, S.93.

80 Wir werden noch im Kapitel zum gesellschaftlichen Arbeiter sehen, dass beide Kategorien für Negri und die Operaisten auch strategische Kategorien sind,

die Verlängerung des Arbeitstages mit dem Ziel, die Mehrwertrate zu erhöhen.[81] Dazu zählt nicht nur die Verlängerung der Arbeitsstunden, sondern auch deren höhere Intensivierung und Ausnutzung z.B. durch Verkürzung der Arbeitspausen oder Beschleunigung des Arbeitsablaufes. Die Vergrößerung des Mehrwerts durch eine Reduzierung der notwendigen Arbeitszeit bezeichnet Marx als den relativen Mehrwert.[82] Unter die Produktion relativen Mehrwerts fällt die Steigerung der Produktivkraft, um damit den Wert der Arbeitskraft zu senken. Wenn die Produktivität der Arbeit steigt, sinken die Reproduktionskosten der Arbeit und damit der relative Anteil der Lohnarbeiter und Lohnarbeiterinnen am Mehrwert: So wird z. B. nach einer neuen Steigerung der Produktivkraft durch bessere Maschinen an einem 8-Stundenarbeitstag die notwenige Arbeit nun in 2 anstatt wie bisher in 3 Stunden erledigt. Heinrich weist daraufhin, dass die Höhe der notwendigen Arbeitszeit von der gesellschaftlichen Durchschnittsarbeitszeit abhängt. „Inwieweit die individuell verausgabte Arbeitszeit als wertbildend zählt, hängt (unter anderem) davon ab, ob für die Produktion eines Gutes die ‚gesellschaftliche notwendige Arbeitszeit' (also die Arbeitszeit, die bei einem bestimmten gesellschaftlichen üblichen Stand von Produktivität und Intensität der Arbeit notwendig ist [...]) aufgewendet wurde oder nicht."[83] Durch die gegenseitige Konkurrenz im Kapitalismus müssen die Kapitalisten ständig versuchen, den absoluten oder relativen Mehrwert zu erhöhen.[84]

Es wurde gezeigt, dass die Ware Arbeitskraft die einzige Ware ist, die einen Mehrwert produziert. Dies führt zu mitunter sehr heftigen Konflikten zwischen den zwei Klassen um die Verteilung des produzierten Mehrwerts. Ich habe also gezeigt, dass das Wertgesetz ein soziales Verhältnis ist, das zu Konflikten führt, die strukturell bedingt sind. Wie ich noch darlegen werde, analysiert Negri die Tatsache, dass dieser Kampf zu Gunsten des gesellschaftlichen Arbeiters entschieden wurde. Das wirft Fragen auf, sodass Heinrich feststellt: „Will man Ausbeutung abschaffen, dann geht dies nicht durch eine Reformierung der Austauschverhältnisse innerhalb des Kapitalismus, sondern nur durch die Abschaffung des Kapitalismus."[85] Postone geht sogar noch weiter: „Im Kapitalismus ist gesellschaftliche Arbeit nicht nur Gegenstand von Herr-

---

also geht es z.B. darum, welchen Mehrwert bei welcher Kapitallage zu kämpfen ist.

81 Vgl.: MEW 23, 2001, S.192-S.331.

82 Vgl.: ebd., S.331-S.531.

83 Heinrich, 2006, S.104.

84 Vgl.: ebd., S.106.

85 Heinrich, 2004, S.94.

schaft und Ausbeutung, sondern selbst deren wesentlicher Grund."[86] Mit Heinrich ist also zu fragen: Wie kann der Kampf um den Mehrwert schon gewonnen sein (denn damit wäre das Wertgesetz faktisch abgeschafft), aber dennoch kapitalistische Verhältnisse vorherrschen? Und mit Postone muss weiterhin gefragt werden: Selbst wenn der Kampf um den Mehrwert gewonnen wäre, wäre auch der Kampf gegen die Arbeit gewonnen? An diesem Punkt meiner Arbeit kann ich zumindest darauf hinzuweisen, dass der Kampf gegen die Arbeit bei operaistischen Theoretikern wie z.B. Tronti[87] im Zentrum des Interesses lag, bevor ich versuche, im weiteren Verlauf diese Fragen mit Hardt/Negri[88] zu beantworten.

5. Exkurs: Klasse als soziale Form

Im vorangegangen Abschnitt habe ich drauf hingewiesen, dass Negri davon ausgeht, dass der Klassenkampf zu Gunsten des gesellschaftlichen Arbeiters entschieden wurde, was ihn zu einer neuen Klassentheorie - der Multitude - führt, die ihre Produktionsmittel, welche immaterielle sind, zum grossen Teil selbst besitzt.

Um diese Analyse überprüfen zu können, ist es wichtig, näher auf die aktuelle Forschung zur materialistischen Klassentheorie im Anschluss an Marx einzugehen. Ich beziehe mich daher auf die Theorien, die Klasse als soziale Form interpretieren. Denn mit dieser stellt sich die Frage, ob alleine der Produktionsmittelbesitz nicht ein unzureichendes Charakteristikum für eine Klassenanalyse ist.

Soziale Verhältnisse werden dabei als historische-spezifische-Gegenständlickeit verstanden und nicht als ewige Naturkonstante. Marx selbst verdeutlicht dies am Anfang des Kapitals auch anhand der Warenform. Die Theorien, die Klassen vor dem Hintergrund einer Formtheorie fassen, sind der neuen Marx-Lektüre[89] zurechnen. „Bei der Formanalyse

---

86 Postone, 2003, S.199.

87 Vgl.: Tronti, 1974, S.233-S.241.

88 Negri kann als theoretischer Nachfolger Trontis gesehen werden, wie ich noch zeigen werde.

89 Die neue neue Marx-Lektüre ist ein Sammelbegriff, zu dem teilweise sehr unterschiedliche Wissenschaftler zugeordnet werden. Entscheidend für diese ist, dass eine historisierende, empiristische und geschichtstheologische Interpretation (wie sie im Marxismus-Leninismus vorkommt) revidiert wird und stattdessen die spezifisch historische Formkritik im Kapital konstatiert wird. Zum engeren Kreis dieser Definition gehören z.B. Hans-Georg Backhaus, Helmut Reichelt, Nadja Rakowitz, Ingo Elbe, Sven Ellmers, Michael Heinrich u.a. Zum weiten Umfeld gehören zum Beispiel Mosihe Postone, Roswitha Scholz, Krisis Gruppe, Sonja Buckel, Wolfgang Fritz Haug u.v.m. Diese Defini-

geht es nicht um die „Produktion im Allgemeinen", also um das, was allen Produktionsepochen gemeinsam ist, sondern um die Art und Weise der Produktion und Aneignung des gesellschaftlichen Reichtums im Kapitalismus, die das Verhältnis der gesellschaftlichen Klassen bestimmt."[90]

Heinrich führt aus, dass die Klassenstruktur den kapitalistischen Verhältnissen immanent ist und grenzt sich damit ab von Theorien ab, die Klasse nur als soziologisches, empirisches Problem wahrnehmen (z.B. arm oder reich) oder solchen, die annehmen, dass aufgrund von Einpersonenselbstständigen im Besonderen und der postmodernen bzw. Dienstleistungsgesellschaft im Allgemeinen die marxsche Kategorie von Klasse obsolet sei. Gegenüber solchen Ansätzen führt Heinrich aus, dass es beispielweise innerhalb der Arbeiterklasse grosse Unterschiede an Einkommen, Bildung, Konsum und Lebensrealitäten gibt- die Arbeiterklasse stellt damit gerade keinen homogenen Block dar.[91] Auch der alleinige Besitz oder Nichtbesitz von Produktionsmitteln ist noch kein ausreichendes Kriterium, um zu entscheiden, ob jemand zur Arbeiter- oder Kapitalistenklasse zu zählen ist, denn entscheidendes Kriterium ist „die Stellung innerhalb des Produktionsprozesses"[92].

So gehören beispielsweise einem Vorstandvorsitzenden nicht die Produktionsmittel und er ist formal Lohnabhängiger, aber er ist „fungierender Kapitalist" (Heinrich), denn er verfügt über die Produktionsmittel und seine Bezahlung richtet sich nach dem erwirtschaften Profit und nicht nach dem Wert seiner Arbeitskraft. „Dagegen sind viele formell Selbständige (die vielleicht sogar einige kleine Produktionsmittel besitzen) nach wie vor Proletarier, die de facto vom Verkauf ihrer Arbeitskraft leben, nur dass dies eventuell unter schlechteren Bedingungen erfolgt, als bei einem formellen Lohnarbeitsverhältnis."[93] Einig sind sich Heinrich und Hardt/Negri zumindest darin, dass es im Kapitalismus immer Klassen gibt (auch im Postmodernen), aber unterschiedlicher

---

tion würde aber auch einige Theoretiker der 1920er einschließen, wie z.B. Eugen Paschukanis und Isaak Iljitsch Rubin. Deshalb insistiert Elbe auch, dass die Neue-Marx Lektüre auch in den 1920er-Jahren hätte beginnen können (vgl.: Elbe, 2008). Die Neue-Marx Lektüre ist in der wissenschaftlichen Marx Diskussion in Deutschland mittlerweile mehr oder weniger hegemonial (vgl.: Elbe, 2008) und wird „mit Hilfe von Begriffen unterschiedlicher Reichweite (Neomarxismus, kritischer Marxismus, Kapitallogik, Hegelmarxismus, Marxismus als Sozialwissenschaft)" (Elbe, 2008, S.13) auch benannt.

90 Hanns Wienold, 1995.

91 Vgl.: 2004, S.195.

92 Ebd.

93 Ebd.

Meinung sind sie darüber, inwiefern sich das mit Marxschen Kategorien erklärt werden kann. So ist z.B. Armut eines der entscheidenden Charakteristika der Multitude[94] bei Hardt/Negri, was im Gegensatz zur Formtheorie von Heinrich steht.

Im Anschluss an Heinrichs Analyse expliziert Sven Ellmers[95] die Kategorie Klasse als eine Formkategorie[96], die eben gerade keine Reduktion auf eine rein empirische Sozialstrukturanalyse zulässt. Ellmers analysiert hingegen ein Abstrakte-Form-Kategorie und eine konkrete-empirische-Sozialstrukturanalyse der Klasse und kritisiert, dass viele sozialwissenschaftlichen Analysen sich für eine der beiden Ebenen der Analyse entscheiden, anstatt sie als ein Ganzes einer dynamischen kapitalistischen Struktur wahrzunehmen.

Ingo Elbe betont einstimmend mit Ellmers: „Ausgehend vom *Kapital* wird der Klassenbegriff als formanalytisches Konzept ohne originäre systemtranszendierende Elemente gedeutet."[97] Der Klassenkampf, und das wäre gegen den Operaismus einzuwenden, richtet sich nicht automatisch gegen die kapitalistische Form. Aber deshalb muss dieser trotzdem nicht deterministisch betrachtet werden. Infolgedessen konstatiert Elbe: „Der Klassenkampf muss somit aus den Formen des Kapitalismus heraus begriffen werden, kann aber in seinen Resultaten gerade nicht aus diesen Formen hergeleitet werden."[98] An anderer Stelle erwähnt er das gegen die wertkritische Gruppe Krisis und betont dabei dennoch die Vereinbarkeit einer „formanalytischen Deutung des Klassenbegriffs" (Elbe) mit den Analysen von Postone.[99] [100]

---

94 Vgl.: Hardt/Negri, 2004 und vgl.: Hardt/Negri, 2010.

95 Vgl.: Ellmers, 2007.

96 Formkategorie des Kapitalismus, weil die kapitalistische Produktion, wie ich gezeigt habe, die Bildung von Klassen voraussetzt. Damit geht sie als Formkategorie über eine Inhaltskategorie (empirische Kategorie) hinaus, weil es eben nicht davon abhängt, wie viel Lohnarbeiterinnen und Lohnarbeiter verdienen. Der Unterschied im Einkommen zeigt nur, dass innerhalb der Form Verschiebungen möglich sind.

97 Elbe, 2008, S.597.

98 Ebd., S.120.

99 Vgl.: ebd., S.517.

100 Er expliziert dabei auch, verweisend auf Postone, dass Marx gerade keine Reduzierung auf eine empirische Sozialanalyse leisten wollte. Ich meine daran anknüpfend kann gesagt werden, dass das Ende der Klassenstruktur eine Form Kritik impliziert, die weit über eine empirische Kritik hinaus geht, auch wenn diese bei einer konkreten historischen Analyse des Kapitalismus hilfreich sein kann.

Aber was beutet eine Formanalyse (was den materialistischen Zusammenhang von Form und Inhalt impliziert) für eine gesellschaftsverändernde Praxis?

Ich möchte dies am Beispiel der Lohnform zeigen, deren Inhalt ihr Preis bzw. die Höhe des Lohnes ist. Beispielsweise gab es bei operaistischen Theoretikern die Idee, die Lohnarbeit darüber abzuschaffen, indem der Lohn in Klassenkämpfen immer weiter in die Höhe getrieben wird und so der Kapitalismus überfordert und überwunden werden kann. Es wurde also behauptet, man könnte die (Lohn-) Form über ihren Inhalt, den Preis, aufheben, aber damit wird die Schranke der Form unterschätzt, wie Ingo Elbe bemerkt: „Radikalere Bestrebungen um Lohnerhöhung über den Wert der Arbeitskraft hinaus machen dabei schnell ‚die Erfahrung von der Naturgewalt der Sachzwänge der kapitalistischen Produktion'. Sie führen letztlich zum Sinken der Mehrwertrate und zur Erlahmung der Akkumulation, was wiederum eine Gefährdung der elementaren Lebensbedingungen der Arbeiterklasse, der Verwertung ihrer Arbeitskraft, nach sich zieht."[101] Deshalb lässt sich diese Auseinandersetzung auf diesem hohen Niveau meist nicht lange durchhalten.

Eine Produktion, die auf dem Wert beruht, setzt notwendigerweise schon auf einer ganz kategorialen Ebene immer eine Klassenspaltung voraus und impliziert damit eine höchst konfliktreiche Vergesellschaftung.[102] John Holloway, ein Theoretiker des Open Marxism[103] bzw. Operaismus, geht sogar so weit, dass der Kampf der Inhalt der Wertform ist.[104]

> „Jedes Mal, wenn ein kleines Kind Süßigkeiten aus einem Laden nimmt, ohne sich darüber im Klaren zu sein, dass dafür Geld im Austausch gegeben werden muss, jedes Mal, wenn Arbeiter sich weigern, vom Markt diktierte Fabrikschließungen oder Arbeitsplatzverlust hinzunehmen, jedes Mal, wenn die Ladenbesitzer von São Paulo, zur Sicherung ihres Eigentums, Fahrräder, Autos oder Häuser abschließen - steht der Wert, als eine Form, in der wir uns gegenseitig aufeinander beziehen, in Frage, ist er ein ständig umkämpftes Objekt, wird seine Bildung in einem ständi-

---

101 Elbe, 2008, S.509.

102 Damit einhergehen auch Ideologien wie z.B. den Sicherheitsfetisch, wie Anna Kern analysiert. Vgl.: Kern, 2009.

103 Stellt eine weiter Entwicklung des Operaismus dar. Wesentliche Theorieaspekte übernommen und mit der kritischen Theorie der Frankfurter Schule verbunden. Anders als Hardt/Negri oder im Postoperaismus wird aber weiterhin die Existenz des Wertgesetzes analysiert.

104 Vgl.: Hollway, S.108, 2002.

gen Prozess unterbrochen, wiederaufgenommen und wieder unterbrochen."[105]

Damit steht aber nicht die Form zur Debatte, sondern nur ihr konkreter historischer Inhalt oder wie Holloway es ausdrückt: „Die Formen gesellschaftlicher Verhältnisse sind Prozesse, in denen gesellschaftliche Verhältnisse geformt werden."[106] Eine Formulierung, die noch zu unpräzise ist, wenn sie dahingehend interpretiert wird, dass sich selbst die Form innerhalb des Kapitalismus verändert - einen Optimismus, den Holloway teilt -, weshalb Elbe resümiert: „einseitig handlungstheoretische[r] Interpretation[en] der Formkategorie der Ökonomiekritik."[107] Marx selbst drückt sich hingegen wesentlich präziser aus und betont neben der Handlung auch immer die Struktur.

Durch die Einlassungen der Formtheorie wurde deutlich, dass die Wertform strukturell mit der Klassenform verbunden ist. Aber inwiefern hängt das Ende der Wertform, wovon Hardt/Negri ausgehen, mit der Klassenform zusammen?

6. Monetäre Werttheorie

Michael Heinrich versuchte in seiner Arbeit *„Die Kritik der politischen Ökonomie"* eine exakte Darstellung der Marxschen Kritik, während sein Werk *„Die Wissenschaft vom Wert"* eine sehr spezielle Marx-Interpretation ist, die auch als „monetäre Werttheorie"[108] bezeichnet wird.[109] Auf diese möchte ich im Folgenden näher eingehen, da ich die These vertrete, dass die „monetäre Werttheorie" ein Beispiel für eine Marxsche Theorie ist, die es schafft, die immaterielle Arbeit in das Wertgesetz zu integrieren. Aber dies ermöglicht die „monetäre Werttheorie" nur, weil sie zentrale Aspekte der Marxschen Theorie nicht in der nötigen Komplexität behan-

---

105 Ebd., S.109.

106 Ebd.

107 http://www.rote-ruhr-uni.com/cms/IMG/pdf/elbe_open_marxism.pdf, rev.21.03.2010.

108 Innerhalb der Neuen-Marx Lektüre gibt es mehre analytische Zugänge zu einer monetären Werttheorie. Diese unterscheiden sich aber teilweise stark voneinander (vgl.: Elbe, 2008). Wenn ich im Folgenden von einer monetären Werttheorie spreche, dann immer von Heinrichs Analyse. Meine folgenden Ausführungen sind daher nicht als Kritik gegen die Versuche einer monetären Werttheorie misszuverstehen.

109 Die beiden erwähnten wissenschaftlichen Darstellungen unterscheiden sich also voneinander, obwohl auch in der *„Die Kritik der politischen Ökonomie"* diese stellenweise in der „monetären Werttheorie" verhaftet bleibt. Dies im Einzelnen hier deutlich zu machen, würde vom Thema dieser Arbeit abweichen.

delt und deshalb dem Geldfetisch unterliegt, indem sie aus der Werttheorie eine Preistheorie macht.[110]

Heinrich analysiert in der Marxschen Werttheorie eine klassische und eine monetäre Werttheorie. Deshalb ist die Marxsche Werttheorie geprägt von Ambivalenzen „bei dem gleichzeitigen Unternehmen von Kritik an den kategorialen Voraussetzungen der Klassik und Abarbeitung an Problemen, die auf der Grundlage dieser Voraussetzungen formuliert worden sind, gelang es Marx jedoch nicht immer, sich vom Diskurs der Klassik zu lösen, so daß seine Argumentation eine Fülle von Unklarheiten und Problemen aufweist."[111] Dabei analysiert er besonders kritisch die Kategorien der Arbeitswerttheorie und eine damit zusammenhängende substanzialistische Argumentation. Es wird davon ausgegangen, dass in allen Produkten, in denen die Arbeiter einen Teil abstrakter Arbeit verausgabt haben, diese Wertsubstanz enthalten ist. Heinrich betont, dass es Marx nicht darauf ankam, die Arbeitswerttheorie zu beweisen.[112] Der „Marx der Klassik" hat diese zwar verbessert, aber dem „monetären Marx" kam es darauf an zu zeigen, dass die Warenproduktion ein gesellschaftliches Verhältnis war. „Im Gegensatz zur klassischen und neoklassischen Ökonomie nimmt Marx den Warenaustausch nicht einfach als Vermittlungsform der gesellschaftlichen Reproduktion hin, er betrachtet ihn vielmehr als Ausdruck einer spezifischen Form der gesellschaftlichen Arbeit."[113] Aber selbst bei elementaren Kategorien für die Marxsche Argumentation finden sich, so Heinrich, immer wieder klassische Einflüsse. So weist z. B. die abstrakte Arbeit erhebliche Ambivalenzen auf.

> „Daß die Abstraktheit der Arbeit keine Natureigenschaft, sondern eine gesellschaftliche Eigenschaft der Arbeit ist, daß es sich um eine im Tausch vollziehende Abstraktion von der Verschiedenheit der Arbeiten handelt, wird innerhalb der beiden ersten Unterabschnitte des ersten Kapitals des Kapitals nicht klar. Dies scheint mir allerdings nicht nur ein Formulierungsproblem zu sein. Marx entwickelte seinen Diskurs nicht im Gegensatz zur klassischen politischen Ökonomie, sondern auch als deren Präzisierung."[114]

Marx selbst ging also von einer Wertsubstanz aus, aber Heinrich kritisiert, dass Marx damit in einer physiologischen Auffassung von abstrak-

---

110 Die Kategorien Geldfetisch und Preistheorie werden im folgenden Abschnitt dargestellt.

111 Heinrich, 2006, S.189.

112 Vgl.: ebd., S. 204.

113 Ebd., S.206.

114 Ebd., S.211.

ter Arbeit verhaftet blieb, wie wir sie in der Klassik finden. Deshalb konstatiert er, dass die Marxsche Werttheorie „zwischen Naturalismus und Gesellschaftstheorie“ schwanke. „Nicht daß Marx abstrakte Arbeit als Wertsubstanz identifiziert, macht das Überbleibsel der Klassik aus, sondern daß dies mit einer ‚naturalistischen‘ Tendenz geschieht.“[115] Abstrakte Arbeit muss also als eine rein gesellschaftliche Kategorie verstanden werden und nicht als eine substanzialistische. Das Gleiche gilt auch für die Wertgegenständlichkeit. Auch wenn die ersten Kapitel im Kapital eine naturalistische Auffassung von abstrakter Arbeit nahelegen könnten, betont Heinrich: „Der hier herausgestellte Punkt, daß die Produkte ihre Wertgegenständlichkeit erst im Austausch erhalten, vor dem Austausch also noch gar keine Waren sind, wurde verschiedentlich kritisiert.“[116] Es reicht demnach nicht aus, ein Produkt für den Markt zu produzieren, damit es eine Ware ist.[117] Erst wenn es sich verkauft, ist es eine Ware. Hans-Georg Backhaus und Helmut Reichelt kritisieren an Heinrich, dass er sich damit auf der Ebene der bürgerlichen „Zweiweltenlehre“ bewegt.[118] Die „Zweiweltenlehre“ geht davon aus, dass die eine Welt aus einer *„naturalen Realsphäre“* besteht, in der es nur Produkte und keine Waren gibt und die andere Welt ist die des Austausches.

Heinrichs Interpretation der Marxschen Wertgegenständlichkeit hat wiederum Konsequenzen für die Bestimmung der Wertgrösse. Heinrich bemerkt: Da Marx konkrete Arbeit zeitlich misst, um so die abstrakte Arbeit zu bestimmen, befindet er sich immer noch auf dem Feld der klassischen Ökonomie. Dieser Fehler schlägt sich bei der Bestimmung der Wertgrössen nieder, weil Wert kein Gegenstand ist, sondern nur gegenständliche Reflexion eines gesellschaftlichen Verhältnisses, deshalb besitzt das einzelne Arbeitsprodukt keine Substanz an Wertgegenständlichkeit und Wertgröße oder wie es Heinrich formuliert: „ ‚Arbeitszeit‘ als Maß der Wertgröße ist genauso wenig unmittelbare Arbeitszeit wie abstrakte Arbeit als Wertsubstanz unmittelbare, d.h. konkrete Arbeit ist. Abstrakte Arbeit kann daher nicht einfach durch Arbeitszeit, sondern nur durch eine sozusagen ‚abstrakte Arbeitszeit‘ gemessen werden.“[119] Aber wie soll dann die abstrakte Arbeitszeit gemessen werden? Heinrich beantwortet diese Frage damit, dass Geld die abstrakte Arbeitszeit im

115 Ebd., S.213.

116 Ebd., S.216.

117 Ein Produkt kann nur eine Ware im Tausch werden. Leider stellt Heinrich nicht einmal die Frage, ob jedes Produkt, das getauscht wird, eine Ware wird. Ein Problem, das im Kapitel zur Wertkritik noch einmal auftauchen wird.

118 Backhaus/Reichelt, 1995, S.68-S. 88.

119 Heinrich, 2006, S.219 f.

Tausch misst.[120] Das Geld ergibt sich nach Heinrich nicht aus der Warenformanalyse, sondern als Resultat des Austausches. Auch ist Geld keine Ware. Für den „monetären Marx“ ist es falsch, dass Geld eine Ware ist, wie der „klassische Marx“ analysiert, denn der entscheidende Punkt für den Erstgenannten ist vielmehr der, dass es wichtig für ihn ist festzustellen, aus welchen Gründen eine Ware gegen Geld getauscht wird. Heinrich stellt fest, dass die Marxsche Geldtheorie auch darauf verzichten kann, dass Geld eine Ware ist. „Insofern liefert die Wertformanalyse zwar die Formbestimmungen des allgemeinen Äquivalents, sie liefert aber kein Argument dafür, ob das allgemeine Äquivalent Ware sein muß oder nicht.“[121] Dies führt Heinrich zu der Überzeugung, dass Geld nur ein Wertzeichen ist, das aber selbst keinen Wert hat.[122] „Was in der Analyse des Austauschprozesses gezeigt wurde, ist lediglich, daß die Warenbesitzer ihre Waren auf etwas beziehen müssen, das als allgemeines Äquivalent fungiert, aber nicht, ob dieses etwas selbst eine Ware ist.“[123] Es wird dabei aber nicht klar, warum ausgerechnet alle dieses „*Etwas*“ haben wollen, wenn es keinen Wert und keine Ware ist? Anstatt dieser Frage nachzugehen, analysiert Heinrich den Fehler bei Marx, der in einer spezifischen historischen Phase seine Geldtheorie entwickelte, als Geld noch an Gold gekoppelt war und Marx deshalb glaubte, dass dies immer so sein müsse. Wenn aber Geld nur ein Zeichen sein sollte, dann gilt es tatsächlich als Wertmesser für die abstrakte Arbeitszeit. „Damit reduziert sich aber Wert auf Preis und Geld die Fähigkeit Preis auszudrücken.“[124] Wenn jede Ware so viel Wert ist, wie sie im Tausch kostet, dann gibt es auch kein Transformationsproblem.[125] Heinrich stellt dazu fest, dass Marx dieses Problem nie überzeugend lösen konnte und erklärt, dass es dieses Problem auch gar nicht gibt, denn wenn jede Ware zu ihrem Wert verkauft wird, dann gibt es kein Transformationsproblem. Ein sehr interessanter Punkt von Heinrichs Theorie für diese Arbeit besteht darin: Wenn er Recht hat und der Preis einer Ware identisch mit ihrem

---

120 Vgl.: ebd., S.219.

121 Ebd., S.233.

122 Vgl.: ebd., S.324.

123 Ebd., S.324.

124 Ebd., S.328.

125 Die Kategorie des Transformationsproblems ist bei Marx die Fragestellung, die im dritten Band des Kapitals aufgeworfen wird, wie der Wert der Waren in Preise transformiert wird. Heinrich analysiert in seiner Arbeit, dass viele Ökonomen Marx vorwerfen, dieses Problem nie wirklich gelöst zu haben. Heinrich betont, da dies von vielen Ökonomen als das Hauptproblem der Marxschen Werttheorie angesehen wird und deshalb die ganze Theorie als falsch gilt, sei es wichtig, dieses Problem zu lösen, was er mit seiner Theorie beansprucht.

Wert ist und die abstrakte Arbeitszeit sich ebenfalls in Geld messen lässt, dann ist das Problem des Wertes der immateriellen Arbeit gelöst.[126]

Wenn Hardt/Negri, wie ich noch zeigen werde, davon ausgehen, dass immaterielle Arbeit nicht gemessen werden kann, würde Heinrich antworten: Indem ihr versucht, konkrete Arbeit nachzumessen, um damit abstrakte Arbeit zu bestimmen, macht ihr einen Fehler. Ihr könnt abstrakte Arbeitszeit nur mit Geld messen. Da die immateriellen Waren noch einen Preis haben, gilt also noch das Wertgesetz, denn die abstrakte Arbeitszeit bleibt das einzige Wertbildende. „Wenn auch Geld das einzige *wirkliche Maß* der Werte ist, so ist Geld doch nicht der *Grund* des Werts: die Warenbesitzen Wert und Wertgröße nicht, weil sie sich mit Geld austauschen, sondern als gegenständliche Reflexion eines bestimmten gesellschaftlichen Verhältnisses ihrer Produzenten."[127] Der Unterschied zwischen „monetärer Werttheorie" und „prämonetärer Werttheorie" besteht darin, dass es bei der „monetären Werttheorie" erst im Tausch einen Wert gibt, der sich in Geld ausdrückt, während in der „prämonetären Werttheorie" die einzelne Ware einen Wert hat, dieser vor dem Tausch existiert und sogar vom erzielten Preis abweichen kann. Geld ist also in der „monetären Werttheorie" ein Wertmesser, der selbst keinen Wert hat und auch keine Ware ist. Interessant an Heinrichs Werttheorie für meine Arbeit ist auch, dass diese, so meine These, das Potenzial hat, die immaterielle Arbeit in das Wertgesetz zu integrieren. Heinrich analysierte, dass das Wertgesetz trotz der immateriellen Arbeit weiter existiert oder verkennt er dabei nicht vielmehr die spezifischen Probleme, auf die Hardt/Negri in Zusammenhang mit der immaterielleren Arbeit und Wert eingehen?

Ich werde im Folgenden zeigen: Selbst wenn Heinrich die immaterielle Ware integrieren kann, bedeutet das nicht zwingend, dass das Wertgesetz weiter existiert, da er zentrale Kategorien der Marxschen Werttheorie ausblendet. In der Darstellung der abstrakten Arbeit von Heinrich werden einige Dinge vertieft, aber meine Kritik richtet sich gegen die

---

126 Aber es finden sich auch gegenteilige Aussagen, wie diese bei Heinrich: „dass Wertgröße und Geldpreis nur gleichzeitig im Austausch existieren, bedeutet nicht, dass es sich um unmittelbar identische Größen handelt" (Heinrich, 2006, S.243) oder „die Wertgröße wird zwar nur durch den Preis ausgedrückt, daraus folgt allerdings nicht, das der Preis die Wertgröße stets adäquat wiedergibt." (ebd., S.244) Interessant ist in diesem Kontext Ingo Elbes Einlassung, in der er Heinrichs Analyse mit der von Ulrich Steinvorths vergleicht und insistiert: „Heinrich weigert sich allerdings die Konsequenzen eines preistheoretischen Reduktionismus, sowie einer - wie bei Steinvorth - letztlich doch wieder pragmatischen Geldtheorie zu ziehen." (Elbe, 2008, S.223). Es stellt sich dabei die Frage nach einer theoretischen Inkonsequenz Heinrichs.

127 Heinrich, 2006, S.243.

Gleichsetzung von Wert und Preis, aus der ich eine neue These für Hardt/Negri entwickeln werde. Ein interessanter Punkt ist, dass Hardt/Negri ihre Analyse des Marxschen Wertgesetzes nicht dargestellt haben. Wenn aber Heinrichs Wertgesetz trotz immaterieller Arbeit weiterhin gilt, liegt die Vermutung nahe, dass Hardt/Negri bei ihrer Analyse von einer substanzialistische Wertanalyse ausgingen. Dies ist eine weitere Frage. Wenn ich des Weiteren Heinrich kritisiere, könnte ich dabei vielleicht Hardt/Negris Werttheorie näher eingrenzen bzw. die Frage beantworten: hatten sie eine substanzialistische Argumentation oder nicht? Daher werde ich Heinrichs Analyse mit substanzialistischen Argumentationen konfrontieren.[128] Erst danach lässt sich auch die Frage stellen, ob es evtl. eine substanzialistische Argumentation schaffen könnte, die immaterielle Arbeit in ihre Werttheorie zu integrieren.[129]

7. Kritik an der monetären Werttheorie

Es wurde bereits darauf hingewiesen, dass es eine Stärke der „monetären Werttheorie" ist, immaterielle Arbeit in die Werttheorie zu integrieren, weil jede Ware so viel wert ist, wie für sie bezahlt wird. Dies geschieht um den Preis einer Darstellung der Werttheorie, die entscheidende Implikationen der Marxschen Analyse ausblendet. Als der dritte Band von Engels 1894 veröffentlich wurde, führte dies zu heftigen Diskussionen darüber, ob der Wert wirklich durch die Arbeitszeit gebildet wird - so, wie es noch der erste Band eindeutig feststellt. Die Debatte ähnelt der heutigen insofern, als dass Heinrich ebenfalls den dritten Band des Kapitals als Argument für seine „monetäre Werttheorie" anführt und gleichermassen zum Fazit kommt, dass der Wert mit dem im Austausch erzielten Preis identisch ist. Bereits Engels mischte sich in die Debatte ein und bekräftigte, dass der erste Band gegenüber dem dritten Band nicht revidiert werden müsse. Er setzte sich, um dies zu begründen, mit dem Ökonomen Achille Loria auseinander.[130] Die Argumente gegen ihn könnten auch als Kritik an Heinrich verstanden werden.[131]

---

128 Bzw. Argumentationen die Heinrich als substanzialistisch definieren würde. Was nur heisst, dass diese Theorien von seinem Standpunkt aus als substanzialistisch zu begreifen sind, was aber nicht bedeutet das diese Theorien auch wirklich substanzialistisch sind.

129 Bzw. ob die Marxsche Werttheorie sie integrieren kann.

130 Vgl.: Engels, MEW 25, 2003, S.898-S.917.

131 Aus mehreren Gründen halte ich das Nachwort von Engels auch für problematisch. Darauf gehe ich weiter unten ein.

So regte sich Engels auf über „die Ökonomen, wenn sie von Wert sprechen, so sprechen sie von dem Wert, der tatsächlich im Austausch sich feststellt."[132] Auch wenn Loria sehr viel weiter geht als Heinrich, indem er behauptet, dass Marx im ersten Band des Kapitals gezeigt hätte, dass nur menschliche Arbeitskraft wertbildend ist und im dritten Band völlig andere Gründe für den Wert einer Ware analysiert. Indes kommt Heinrich zu dem Schluss: Wert und Preis sind identisch. Trotzdem trifft die Kritik von Engels beide: „Das ist Unsinn, sagt der illustre Loria. In welchem Verhältnis immer zwei Waren sich austauschen mögen, das ist ihr Wert, und damit holla. Der Wert ist also identisch mit dem Preis, und jede Ware hat so viel Werte, als sie Preise erzielen kann."[133]

Das Verhältnis von Wert und Preis stellt sich für Engels folgendermassen dar: „Ausgehend von dieser Wertbestimmung durch die Arbeitszeit, entwickelt sich nun die ganze Warenproduktion und mit ihr die mannigfachen Beziehungen, in denen die verschiedenen Seiten des Wertgesetzes sich geltend machen, wie sie im ersten Abschnitt des ersten Buches des ‚Kapitals' darlegt sind; also namentlich die Bedingungen, unter denen allein die Arbeit wertbildend ist."[134]

Allerdings würde Engels Heinrich Recht geben, dass es sich im Tausch um eine reale Abstraktion handelt, aber nur in dem Sinne, weil Marx zeigen wollte, dass es sich beim Wert um ein gesellschaftliches Verhältnis handelt. Dies heisst aber nicht, dass Wert und Preis identisch sind.

> „Der Wert tritt in dem Austauschverhältnis der kapitalistisch produzierten Waren nicht in die Erscheinung; er lebt nicht im Bewusstsein der kapitalistischen Produktionsagenten; er ist keine empirische, sondern eine gedankliche, logische Tatsche; der Wertbegriff in materieller Bestimmtheit bei Marx ist nichts anders als der ökonomische Ausdruck für die Tatsache der gesellschaftlichen Produktivkraft der Arbeit als Grundlage des wirtschaftlichen Daseins… "[135]

Der entscheidende Punkt, der bei der monetären Werttheorie, die Preis und Wert gleichsetzt und behauptet, dass das gezahlte Geld identisch mit dem Wert der Ware und damit die in ihr verausgabte produktive Arbeit ist. Dies ist der Geldfetisch, den Engels folgendermaßen zusammenfasst:

> „[…] der wichtigste und einschneidendste Fortschritt war der Übergang zum Metallgeld, der aber auch die Folge hatte, daß nun

132 Engels, MEW 25, 2003, S.898.

133 Ebd., S.901.

134 Ebd., S.908.

135 Ebd., S.903 f.

die Wertbestimmung durch die Arbeitszeit nicht länger auf der Oberfläche des Warenaustausches sichtbar erschein. Das Geld wurde für die praktische Auffassung der entscheidende Wertmesser, und dies um so mehr, je mannigfaltiger die in den Handel kommenden Waren wurden, je mehr entlegen Ländern entstammten, je weniger also die zu ihrer Herstellung nötige Arbeitszeit sich kontrollieren ließ."[136]

Die Analyse von Heinrich erweist sich aber als viel ausgereifter als die von Loria. Heinrich analysiert immerhin noch die Arbeit als wertbildend, trotzdem kommt er zu dem Schluss: Geld ist der exakte Wertmesser einer Ware. Die Frage ist: Wenn Arbeit wertbildend ist, ist es dann nicht ein Widerspruch, dass Geld der Wertmesser ist?

8. Exkurs: Kritik an Engels

Nachdem die Engelsche Interpretation des Kapitals bzw. das Nachwort zum dritten Band des Kapitals mit Heinrichs Analyse konfrontierte wurde, erscheint es mir wichtig, um nicht missverstanden zu werden, eine kurze Kritik an diesem viel diskutierten Nachwort zu leisten und meine These zu Engels darzulegen. Das Nachwort enthält eine falsche Annahme über das Kapital, was die neue Marx-Lektüre nachweisen konnte[137]. Sie besteht darin, dass Engels davon ausgeht, dass es sich beim Kapital um eine historische Beschreibung des Kapitals handelt und nicht um eine historisch spezifische Analyse des Kapitalismus als Ganzes. So insistiert Engels, dass die ersten Kapitel des Kapitals vorkapitalistische Gesellschaften analysierten, in denen das Wertgesetz in reiner Form Bestand hatte, während es sich erst im Kapitalismus ausdifferenzierte. Dies wird nach der Kritik an Loria deutlich. So bemerkt Engels beispielsweise: „Abgesehen von der Beherrschung der Preise und der Preisbewegung durch das Wertgesetzt, ist es also durchaus sachgemäß, die Werte der Waren nicht nur *theoretisch*, sondern auch *historisch* als prius der Produktionspreise zu betrachten."[138]

Noch klarer wird dies im fortlaufenden Text, wenn Engels die ersten Kapitel des Kapitals über die einfache Warenproduktion als eine Analyse historisch vorkapitalistischer Gesellschaften interpretiert und nicht als ein Analyse kapitalistischer Vergesellschaftung, die sich vom Abstrakten zum Konkreten nähert. So z.B. konstatiert er:

„Bis dahin [Periode der einfachen Warenproduktion, Anm. P.M.] gravitierten die Preise nach dem durch das Marxsche Gesetz be-

136 Ebd., S.909.

137 Vgl.: Elbe, S.18,S.19,S.37,S.38,S.43,S.63,S.84, 2008.

138 Engels, MEW 25, 2003, S.905.

stimmten Werten hin und oszillieren um diese Werte, so dass, je voller die einfache Warenproduktion zur Entfaltung kommt, desto mehr die Durchschnittspreise längerer, nicht durch äußere gewaltsame Störungen unterbrochener Perioden innerhalb der Vernachlässigungsgrenzen mit den Werten zusammenfallen. Das Marxsche Wertgesetz hat also ökonomisch-allgemein Gültigkeit für die Zeitdauer, die vom Anfang des die Produkte in Waren verwandelnden Austausches bis ins fünfzehnte Jahrhundert unsrer Zeitrechnung dauert."[139]

Sehr elaboriert beschreibt Elbe in seinem Werk „Marx im Westen", wie die neue Marx-Lektüre sich gerade in Abgrenzung zur Engelschen Interpretation definierte. Denn durch die Fehlinterpretation des Kapitals als Geschichtsbuch durch Engels führt dazu, zentrale Aspekte des kritischen Gehaltes der Marxschen Werttheorie zu revidieren. Wenn der Wert vorkapitalistisch und der Preis kapitalistisch ist, dann gibt Engels Marx-Kritikern unbewusst Recht und befindet sich auf dem Boden der politischen Ökonomie. Er fällt damit hinter eine Formanalyse zurück. Elbe expliziert, wie das Kapital als historisch spezifische Analyse des Kapitalismus gelesen werden kann: „das Verhältnis der Kategorie Wert und Preis, Mehrwert und Profit sei eines zwischen zwei unterschiedlichen Abstraktionsniveaus der Theorie, deren Ersterem ein nichtempirischer und deren Zweitem ein empirischer Referent entspreche."[140] So führt Elbe weiter aus, dass für Marx das Wertgesetz kapitalistische Verhältnisse vorsetzte, der Preis ist lediglich eine Erscheinungsform des Werts sowie der Profit nur eine Erscheinungsform des Mehrwerts sei.[141] Reichelt kommt ebenfalls zu dem Schluss, dass das Nachwort demonstriert, „wie die Konstruktion der historischen Genesis des industriellen Kapitalismus *nicht* erfolgen darf, wenn man der Marxschen Theorie gerecht werden will."[142]

Die neue Marx-Lektüre versucht, wie schon erwähnt, indem sie die Unterschiede zwischen der Marxschen Analyse und der Engelsschen Interpretation herausarbeitet (Marx vs. Engels), eine Rekonstruktion der Marxsche Werttheorie zu leisten - was letztlich zu Marx vs. Marx (bzw. Engels Druckfassung des dritten Bandes des Kapitals versus Marx` Manuskripte) führte.

Ich habe die These, da die von mir zitierten Stellen aus dem Anfang des Nachwortes des dritten Bandes des Kapitals, die ich kritisch mit Hein-

139 Engels, MEW 25, 2003, S.909.

140 Elbe, 2008, S.63.

141 Vgl.: ebd.

142 Reichelt, 2001, S.276.

rich konfrontierte auch zur Analyse der neuen Marx-Lektüre passen. Während die hier zitierten Stellen aus dem Nachwort der neuen Marx-Lektüre diametral entgegen stehen, dass daraus der Schluss zu ziehen ist, dass das Engelssche Nachwort selbst inkonsistent ist bzw. es gegen den Strich gelesen werden kann und es daher eigentlich zwei Engels gibt. Demnach einen, der historisch-spezifisch argumentiert und mit der neuen Marx-Lektüre darin übereinstimmt, dass der Wert eine nichtempirische Kategorie ist und einen anderen Engels, einen empirisch-historischen, der das Kapital als Geschichtsschreibung missversteht und „die Marxsche Darstellung der Kategorien zugleich nur um den Preis einer gewaltsamen Verfälschung in diesem Sinne zu deuten vermag."[143]

Zu fragen ist auch, ob nicht Hardt/Negri in der Tradition einer historischen Leseart stehen, wenn sie davon ausgehen, dass neue Produktivkräfte dazu führen, dass das Wertgesetz obsolet geworden ist.

9. Kritik an der monetären Werttheorie II

Eine ähnliche Kritik an Heinrich formuliert auch Guenther Sandleben, der ebenso in der „monetären Werttheorie" einen Geldfetisch analysiert.[144] Sandlaben kritisiert an Heinrich, die Marxsche Werttheorie zu einer Preistheorie zu verflachen, indem er die Marxsche Werttheorie als zu stark von der klassischen Ökonomie beeinflusst analysiert und diese davon reinigen will. Damit negiert er die Marxsche Werttheorie selbst, so Sandleben. Er stellt fest, dass ein Streichen der Kategorien Wertgrösse und Wertsubtanz eigentlich ein Zurückfallen hinter das Wertgesetz von Marx darstellt. Heinrich ist der Auffassung, dass die Produkte erst im Austausch ihre Wertgegenständlichkeit erhalten. Er geht weiterhin davon aus, dass die Ware Gebrauchs- und Tauschwert ist, aber kein Wert. „Entspringt bei Marx die Wertform aus der Natur des Warenwerts, so sagt Heinrichs monetäre Werttheorie, dass der Wert im Austauschverhältnis entsteht, also dort, wo nach Marx der Wert der Ware lediglich eine, eigene, von ihrer Naturalform verschiedene Erscheinungsform besitzt."[145] Denn Heinrich analysiert den Preis gleich dem Wert und findet ihn deshalb im Geld, weshalb er den Wert nicht schon vor dem Tausch in der Produktion finden kann. Wenn Heinrich also negiert, dass der Wert eine Wertsubstanz hat und ihr Wert nur im Tausch zu Stande kommt, dann verschiebt er die Marxsche Werttheorie in die Zirkulationssphäre anstatt in die Produktion. „Wertbildung findet deshalb nicht,

143 Ebd., S.277 f.

144 Vgl.: Sandleben, 2008, S.45.

145 Ebd., S.40.

dort, wo produziert wird, sondern dort, wo getauscht wird statt."[146] Sandleben fragt: Wenn der Wert keine Substanz hat, was wird dann getauscht? Er bemerkt sogar, dass Heinrich das Wertgesetz negiert.

> „ ‚Vor dem Austausch und in Abstraktion', bestätigt uns Heinrich erneut, ‚kann es keine Wertgegenständlichkeit und daher auch kein quantitativ bestimmtes Wertsystem geben' (Heinrich 2006: 280). Fehlt aber ein ‚quantitativ bestimmtes Wertsystem', dann gibt es auch kein Wertgesetz, nicht mehr das sowohl von der Klassik als auch von Marx aufgestellte Gesetz, wonach sich der Wert einer Ware zum Wert jeder anderen Ware verhält wie die zur Produktion der einen notwendigen Arbeitszeit zu der für die Produktion der anderen notwendigen Arbeitszeit (Marx 1968: 54)."[147]

Diese Analyse brachte schon die neoklassische Preistheorie hervor, so Sandleben. Er betont, dass dieses Missverständnis bei Heinrich aus seiner Analyse des Doppelcharakters der Arbeit resultiert, denn die abstrakte Arbeit ist im Gegensatz zu Heinrich „[...] sowohl gesellschaftliche Arbeit als auch tatsächliche Verausgabung von menschlicher Arbeitskraft schlechthin."[148] Sandleben zentrale Frage: Wenn die Werte der Waren keine Substanz haben, was wird dann eigentlich getauscht? „Gibt es keine Werte, die unabhängig von ihrer Darstellung in Geld sind, dann kann es auch keine Abweichung von einem Wert geben, der im Geld ausgedrückt wird, also auch keine Abweichung von Wert und Produktionspreis."[149] Daraus folgt: „Heinrichs Lösung des ‚Transformationsproblems'[150] besteht einfach darin, dass er die Wertgrößen abschafft, sodass es dann auch nichts mehr in Preisgrößen zu verwandeln gibt."[151]

Heinrich entwickelte aus den Analysen von Marx eine Preistheorie. Während Hardt/Negri das Wertgesetz für obsolet erklären, weil der Kapitalismus sich ihrer Analyse nach verändert hat, geht Heinrich davon aus, dass einige Marxsche Kategorien an sich falsch seien. Aufgrund der Analyse von Sandleben stellen sich einige Fragen: Wenn Heinrich das Wertgesetz negiert, aber eine Werttheorie bzw. Preistheorie analysiert, ist sie dann nicht in die Werttheorie Hardt/Negris evtl. integrierbar? Wenn dies nicht möglich ist, warum unterscheiden sich dann die beiden

---

146 Ebd., S.43.

147 Ebd., S.40.

148 Ebd.

149 Ebd.

150 Bezeichnet das Problem bei Marx, den Wert in Produktionspreise umzurechnen.

151 Sandleben, 2008, S.45.

Werttheorien so grundlegend voneinander? Wenn sie sich nicht unterscheiden, müsste eine weitere Frage hinzukommen: Führt ein Weg von Heinrichs Theorie zu der Theorie von Hardt/Negri? Kann sie quasi als eine Weiterentwicklung begriffen werden? Sandleben argumentiert tendenziell substanzialistisch[152]. Ich werde im weiteren Verlauf versuchen zu prüfen, ob Hardt/Negri eher eine substanzialistische Marxsche Werttheorie aufweisen oder nicht. Durch die Debatte über die „monetäre Werttheorie" könnte ich den überprüfbaren Rahmen bestimmen und habe eine weitere Marxsche Werttheorie, die weiterhin vom Wertgesetz ausgeht. Auch an der „monetären Werttheorie" muss sich die Werttheorie von Hardt/Negri messen lassen. Es ist auch zu fragen - da Sandleben weiterhin von der Existenz des Wertgesetzes ausgeht -:Argumentieren Hardt/Negri also substanzialistischer als Engels und Sandleben? Wenn Sandleben Recht hat, dass Heinrich das Wertgesetz aufgibt und angenommen, die Theorie von Sandleben kann die immaterielle Arbeit nicht fassen, haben Hardt/Negri dann Recht, dass das Wertgesetz aufgeben werden muss, um den Wert der immateriellen Ware zu erfassen?

Zu kritisieren an Sandlebens Ausführungen an Heinrich ist dennoch, dass er die Problemstellungen der neuen Marx-Lektüre ignoriert und suggeriert, die Marxsche Analyse hätte keine Ambivalenzen bzw. offene Fragen, aber gerade dies arbeitet diese heraus, besonders im Bezug auf die Marxsche Werttheorie.[153] Von besonderer Bedeutung sind dabei die beiden ehemaligen Schüler Theodor W. Adornos, Helmut Reichelt und Hans-Georg Backhaus, die mit ihren beiden Hauptwerken *„Dialektik der Wertform. Untersuchungen zur Marxschen Ökonomiekritik"*[154] und *„Zur logischen Struktur des Kapitalbegriffs bei Karl Marx"*[155] den Grundstein der neuen Marx-Lektüre legten. Während der Beschäftigung Backhaus Ende der sechziger Jahre mit der Erstauflage des Kapitals[156], die in der in neuen Marx-Lektüre auch als „Urtext" bezeichnet wird, entdeckte er mehre Ambivalenzen zur Zweitauflage[157] des Kapitals - besonders in Bezug auf

152 Substanzialistisch nach den Kriterien von Heinrich.

153 Diese grenzt sich besonders von Engels ab, also von einer historisierenden substanzialitischen Werttheorie. Heinrich ist zwar auch ein Vertreter dieser Theorieströmung, aber wie ich schon gezeigt habe, nicht unumstritten.

154 Backhaus, 1997.

155 Reichelt, 2006.

156 Helmut Reichelt erwähnt, dass dies dem „zufälligern Fund", von Hans-Georg Backhaus, der die Erstauflage des Kapitals, in dem Walter-Kolb- Studentenheim in Frankfurt Anfang geschuldet war. Vgl.: Reichelt, 2008.

157 Die Zweitauflage ist die letzte überarbeitete Auflage von Marx selbst und auch diese Auflage gilt bis heute als die Standardausgabe beim Kauf des Kapitals vgl.: MEW23.

die Werttheorie und die Geldtheorie. Die Erstauflage erscheint Backhaus dabei besser ausgearbeitet als die folgenden Auflagen. Daher forderte er eine Rekonstruktion[158] der Wertformanalyse und entwickelte die Popularisierungsthese[159]. Ziel der neuen Marx-Lektüre ist „nicht ein einfaches ‚Zurück zu Marx' war (und ist) sein [Helmut Reichelts, Anm. P.M.] Anliegen, sondern die Einsicht, daß die Explikation grundsätzlicher Widerspruche und offener Fragen in Marx' Werk die Basis einer ‚neuen Marx-Lektüre' bietet, die es erlaubt, auch die aktuellen gesellschaftlichen Phänomene zu analysieren und zu kritisieren."[160] Besonderes Interesse gilt dabei den Fragen nach „Struktur und Handlung" in der kapitalistischen Vergesellschaftung,[161] also Fragen, die sich mit dem Interesse bei der Erforschung der Werttheorie von Hardt/Negri decken. Daher wird die neue Marx-Lektüre für diese Arbeit auch immer wieder behilflich sein bei der Klärung der Werttheorie, des Postoperaismus - auch wenn eine tiefere Darstellung der Materie an dieser Stelle den Rahmen sprengen

---

158 Backhaus bezieht sich dabei auf Jürgen Habermas Kategorie der Rekonstruktion, der zufolge eine *„Rekonstruktion bedeutet [...], daß man eine Theorie auseinandernimmt und in neuer Form wieder zusammensetzt, um das Ziel, das sie sich gesetzt hat, besser zu erreichen."*(Habermas zitiert nach Elbe, 2008, S.590).

159 Seine These lautet dabei, dass Marx versuchte, seine Analyse in der Darstellung zu vereinfachen. Backhaus forderte eine Entpopularisierung der Werttheorie, um dem Gegenstand angemessene Analysen zu erforschen.

160 Womit die neue Marx-Lektüre auch als Gegenentwurf aktueller sozialwissenschaftlichen Theorien gelesen werden kann (vgl.: Kirchhoff/Meyer/Pahl/Heckel/Engemann, 2004). Dass es einer Reformierung kritischer Theorie Bedarf zeigt sich z.B. daran dass das „Institut für Sozialforschung" mittlerweile ganz offen zugegeben hat, dass eine adäquate den ‚Paradoxien des gegenwärtigen Kapitalismus' Rechnung tragende Gesellschaftstheorie nicht zur Verfügung steht" (Kirchhoff/Meyer/Pahl/Heckel/-Engemann 2004, S. 23). Daher erklärt sich auch das weltweite Interesse an der Theorie von Negri/Hardt, da ihr Ansatz für sich in Anspruch nimmt die gegenwärtigen Paradoxien des Kapitalismus analytisch fassen zu können, was teilweise schon in der Einleitung thematisiert wurde und im Laufe dieser Arbeit überprüft wird. Die Frage ist auch, ob nicht beide Theorien voneinander profitieren könnten? Die neue Marx-Lektüre versucht die Marxsche Theorie zu erweitern mit Hilfe von Theoretikern, wie Georg Wilhelm Hegel, Theodor W. Adorno, Max Horkheimer, Hans-Jürgen Krahl u.a.m. (wobei die eben genannten Vertreter der „Frankfurter Schule" auch als erste Vertreter der neuen Marx-Lektüre gelten können), aber auch sehr aktuellen sozialwissenschaftlichen Theorien, die explizit keinen Marxschen Hintergrund haben (vgl.: Reichelt, 2008). Während Hardt/Negri sich besonders stark mit poststrukturalistischen Theorien auseinandersetzen, die in der neuen Marx-Lektüre weniger Beachtung finden und ein Vergleich mit dem Interesse von möglichen Erweiterungen der beiden Ansätze sehr sinnvoll sein könnte.

161 Vgl.: Elbe, 2008.

würde, ist die Analyse der Werttheorie bei der Beantwortung sozialwissenschaftlicher Fragestellungen von entscheidender Bedeutung.[162]

Wie ich gezeigt habe, sind Sandlebens Einwände gegen Heinrich berechtigt, aber das Ignorieren der Forschungsergebnisse der neue Marx-Lektüre schwächt Sandelebens Kritik. Die Fragen, die Heinrich wenigstens versucht zu beantworten, stellen sich für Sandleben nicht einmal. Dann hätte er seine Analyse präzisieren können, in Bezug auf den Widerspruch von substanzialistisch und gesellschaftlich und er wäre vielleicht zu einer ähnlichen Analyse wie Isaak Iljitsch Rubin gekommen. Dieser wollte zeigen, „dass die Wertsubstanz spezifisch gesellschaftliche Substanz und damit selbst eine historisch-spezifische Form der Vergesellschaftung konkreter Arbeit darstellt"[163], wie Elbe insistiert.[164]

Trotzdem leistet Sandleben einen wichtigen Beitrag für die Interpretation von Hardt/Negris Werttheorie, was ich noch im Laufe dieser Arbeit zeigen werde.[165]

10. Zwischenfazit

Es wurde dargestellt, dass nach Marx der Wert der Ware nur durch abstrakt-menschliche Arbeitskraft gebildet werden kann. Abstrakte Arbeit ist das Wertgesetz auf gesellschaftlicher Ebene. Im Austausch kommt es dabei meist zu einer Abweichung von Wert und Preis. Es bedarf der

---

162 Wie z.B. einer materialistischen Erklärung von Staat, Recht, Rassismus, Antisemitismus oder auch anknüpfend an die feministische Debatte zum Verhältnis von Reproduktionsarbeit und kapitalistischer Produktionsweise (vgl.: Elbe, 2008, S.599), wie ich dies schon an der Kategorie Klasse zeigen konnte. Elbe führt auch aus, dass der Anspruch einer materialistischen Erklärung immer eine Totalitätsanalyse sein muss, wenn das Ganze mehr ist als die Summe seiner einzelnen Teile - welches der Ausgangspunkt einer dialektischen materialistischen Totalitätsanalyse ist (vgl.: Elbe, 2008, S.590 bis 592). Eine „Totalitätsanalyse ist aber auch keine totale Erklärung (aller bestehenden Sachverhalte, Zusammenhänge und Eigenschaften)" (Elbe, 2008, S.592). Deshalb braucht es intermediäre theoretische Ergänzungen, um kapitalistische Dynamiken innerhalb sozialer Formen theoretisch in den Griff zu bekommen (vgl.: Elbe, 2008, S.596).

163 Elbe, 2008, S.35.

164 Eine andere weiterführende Analyse leistet Postone, der die Kategorie von „abstrakter Zeit" an der sich die einzelnen Arbeiten messen, ausarbeitet. Vgl.: Postone, 2003, S. S.287-S.345.

165 Auch habe ich in der Konfrontation zwischen Sandleben und der Neuen Marx-Lektüre zeigt, dass es bei Marx selbst substanzialistische Ansätze gibt. Im Fortlauf dieser Arbeit wird dies als „durchschnittlich substanzialistisch" bezeichnet, weil die für die Überprüfung des Marxschen Wertgesetzes Marx Argumentation selbst als „Durchschnitt" nehme.

Wissenschaft, um aufzudecken, dass der Wert einer Ware die menschliche Arbeitskraft ist, denn durch den Fetischcharakter einer Ware wird ihre Gesellschaftlichkeit verschleiert und ihr Preis erscheint als eine natürliche Eigenschaft. Es wurde nachgewiesen, dass die Ware Arbeitskraft die einzige Ware ist, die einen Mehrwert produziert. Dies führt zu Konflikten zwischen (und unter) den beiden Klassen um die Verteilung des produzierten Mehrwerts. Dabei ist zwischen einem relativen und einem absoluten Mehrwert zu unterscheiden. Um zu überprüfen, ob aufgrund der immateriellen Arbeit das Wertgesetz nicht mehr gilt, muss gefragt werden, ob Arbeitszeit wirklich nicht mehr wertbestimmend ist? Und was bedeutet das mögliche Ende der Wertform für die Klassenformen, die kategorial miteinander verbunden sind? Auch muss gefragt werden, ob es möglich ist, dass der gesellschaftliche Arbeiter den Kampf um den Mehrwert gewonnen hat. Und wie kann es sein, dass nach diesem Sieg immer noch kapitalistische Verhältnisse herrschen? Denn wie ich gezeigt habe, würden Heinrich und Postone dies bestreiten.

Ich habe auch auf die Schwierigkeit hingewiesen, Hardt/Negris Werttheorie darzustellen und zu überprüfen, weil der Gegenstand (das Wertgesetz), der nicht mehr vorhanden sein soll, von ihnen nicht ausreichend dargestellt wird. Darum habe ich versucht, eine mögliche Analyse des Wertgesetzes von Hardt/Negri einzugrenzen und aus diesem Grunde habe ich andere Interpretationen des Marxschen Wertgesetzes beachtet. Dies hat nicht nur den Vorteil, die Interpretation des Wertgesetzes von Hardt/Negri einzugrenzen, sondern auch ihre Interpretation mit der Frage zu konfrontieren, ob möglicherweise das Wertgesetz zu früh aufgeben wurde. Es gibt möglicherweise Theorien, die immaterielle Arbeit in das Wertgesetz integrieren können. Ich habe mich in diesem Kapitel besonders auf die „monetäre Werttheorie" konzentriert, aber im Laufe meiner Arbeit werden noch weitere hinzukommen wie z. B. die Wertkritik, die ich diesem Kapitel nur am Rande behandelt habe. Die „monetäre Werttheorie" geht aufgrund der dargestellten Gründe davon aus, dass Wert und Preis einer Ware identisch sind, deshalb ist der Wertmesser einer Ware das Geld, weshalb Heinrich auch substanzialistische Argumentationen kritisiert. Mit Engels habe ich gezeigt, dass Marx selbst einer anderen Auffassung (was Heinrich auch nicht bestreitet) war. Sandleben geht explizit auf Heinrich ein, bezieht dabei einen eher substanzialistischen Standpunkt und stellt fest: Heinrich analysiert eine Preistheorie an Stelle des Wertgesetzes (wobei er leider die Problemstellung der Neuen Marx-Lektüre ignoriert). Aufgrund meiner Analyse stellte ich die These auf, dass Hardt/Negri eine sehr substanzialistische Interpretation des Marxschen Wertgesetzes vertreten und mussten sie aufgrund der Integration der immateriellen Arbeit aufgeben. Zusammenfassend lässt sich das bisher Dargestellte in vier wesentliche bzw.

wichtige Fragen eingrenzen, um sich der Werttheorie von Hardt/Negri zu nähern, sie darzustellen und um sie kritisieren zu können:

1. Muss das Wertgesetz aufgrund der Analyse von Hardt/Negri aufgeben werden, wonach sich vor dem Hintergrund der immateriellen Arbeit Arbeitszeit nicht mehr messen lässt und Arbeitszeit nicht mehr das einzige Wertbildende im Kapitalismus ist?
2. Gaben Hardt/Negri das Wertgesetz möglicherweise auf, weil sie eine ultra-[166] substanzialistische Interpretation des Marxschen Wertgesetzes vertraten?
3. Welche Rollen spielten und spielen dabei die Kämpfe um die Ware Arbeitskraft?
4. Gibt es Alternativen, die überzeugender als die von Hardt/Negri nachweisen können, dass trotz immaterieller Arbeit das Wertgesetz nicht aufgeben werden muss?

---

166 Also möglicherweise eine substanzialistischere als Sandleben, der noch davon ausgeht, dass die Arbeitszeit messbar und das einzige Wertbleibende ist.

II. Werttheorie bei Hardt/Negri

1. Von der formellen zur reellen Subsumtion von Marx bis Hardt/Negri

Sehr wichtig, um die Werttheorie von Michael Hardt und Antonio Negri zu verstehen, sind die Kategorien, die an Karl Marx angelehnt sind: formelle und reelle Subsumtion, um zu zeigen, wie sie zu der Erkenntnis gelangten, dass das Wertgesetz nicht den Wert immaterieller Arbeit erklären kann. Ich werde daher zunächst Marx Kategorien formelle und reelle Subsumtion darstellen, um dann zu zeigen, welche grosse Bedeutung diese im Operaismus hatten und dann zu der Interpretation von Hans-Jürgen Krahl überleiten. Seine Analyse war für Hardt/Negri wichtig, um vom Operaismus zur Werttheorie des Postoperaismus zu gelangen. In diesem Theorie-Dreieck hat sich die Werttheorie von Hardt/-Negri entwickelt. Daher werde ich zunächst diese Theorien darstellen, um dann im nächsten Kapital die spezielle Interpretation dieser Theorien von Hardt/Negri herzuleiten.

1.1 Formelle Subsumtion

Marx führt die Subsumtion der Arbeit unter das Kapital ein in den *„Resultaten des unmittelbaren Produktionsprozesses."*[167]. Dabei versteht Marx unter der Kategorie der formellen Subsumtion, dass die Arbeit der Form nach zwar mit dem Anfang des Kapitalismus formell subsumiert war, aber die Arbeit selbst vom Inhalt her sich nicht von der vorangegangen Epoche unterschied, denn „der Arbeitsprozess wird subsumiert unter das Kapital (es ist sein *eigner* [sic] Prozess) und der Kapitalist tritt in den Prozess als Dirigent, Leiter; es ist für ihn zugleich unmittelbar Exploitationsprozess fremder Arbeit. Dies nenne ich die formelle Subsumtion der Arbeit unter das Kapital."[168] Anders als bei der formellen Subsumtion ist bei der reellen Subsumtion der Arbeit unter das Kapital dies „nicht mehr nur Dirigent, sondern der Organisator der Arbeit."[169]

In dem Moment, indem die Arbeit unter das Kapital formell subsumiert ist, können wir von Kapitalismus und damit auch vom Wertgesetz sprechen. Im Unterschied zu früheren Epochen ist aus dem Meister nun ein Kapitalist geworden. Er ist somit den kapitalistischen Verhältnissen unterworfen und verpflichtet, aus Geld mehr Geld machen zu müssen – bei

---

167 Vgl.: Marx, 1970, http://marx.blogsport.de/images/resultate_02.pdf, rev.18.03.2009.

168 Ebd. S.44.

169 Foltin, 2008, S.15.

Strafe des eigenen Unterganges. [170] Aus dem Sklaven ist ein Lohnarbeiter geworden und auch das Verhältnis zwischen dem Meister und dem Gesellen wurde aufgehoben. Dem Gesellen tritt jetzt der Meister nur noch als Besitzer von Kapital und der Geselle tritt dem Meister nun als Verkäufer seiner Arbeitskraft gegenüber. Damit ist der eine aufgrund des Besitzes der Produktionsmittel zum Kapitalisten und der andere, der nur seine Arbeitskraft frei verkaufen kann, zum Arbeiter geworden. „[...] ihr Verhältnis ist bestimmt durch die Arbeit als bloßen Faktor des sich selbst verwertenden Kapitals."[171] Der Kapitalist ist durch die Konkurrenz dazu gezwungen, den produzierten Mehrwert zu erhöhen, indem er den Arbeitstag des Arbeiters verlängert. Ziel eines jeden Kapitalisten ist es, in der Waren produzierenden Gesellschaft möglichst viel Profit zu erzielen, um sich gegen die Konkurrenz durchsetzen zu können, also den im vorangegangen Kapitel schon beschriebenen absoluten Mehrwert zu erhöhen. Damit kommt es auch zur Mystifikation und zum Fetisch der Warenproduktion, über die ich im Kapitel zum Wertgesetz bereits gesprochen habe.

> „Es tritt auch die dem Kapitalverhältnis immanente Mystifikation ein. Die werterhaltende Kraft der Arbeit erscheint als Selbsterhaltungskraft des Kapitals, die wertschöpferische Kraft der Arbeit als selbstverwertende Kraft des Kapitals, und im Ganzen, dem Begriff nach, die vergegenständliche Arbeit als Anwender der lebendigen Arbeit."[172]

Trotzdem hat sich der Arbeitsprozess bzw. die Art und Weise, wie dieser sich real gestaltet, dadurch nicht verändert.

> „Im Gegenteil liegt es in der Natur der Sache, dass da die Subsumtion des Arbeitsprozesses unter das Kapital eintritt- auf Grund eines vorhanden Arbeitsprozesses, der vor dieser seiner Subsumtion unter das Kapital bestand, der sich auf Grundlage früher verschiedener Produktionsprozesse und anderer Produktionsbedingungen gestaltet hat - das Kapital sich einen gegebenen, vorhandenen Arbeitsprozess subsumiert, also z.B. handwerksmässige Arbeit, die der kleinen, selbständigen Bauernwirtschaft entsprechende Weise der Agrikultur."[173]

Aufgrund der formellen Subsumtion der Arbeit unter das Kapital wird die Arbeit intensiver oder der Arbeitstag länger, aber es ändert sich

---

170 Vgl.: Marx, 1970, S.44, http://marx.blogsport.de/images/resultate_02.pdf, rev.18.03.2009.

171 Ebd., S.45.

172 Ebd.

173 Ebd.

nichts am realen Charakter des Arbeitsprozesses selbst. Dies geschieht erst, wie noch zu zeigen ist, auf höherer Stufenleiter der kapitalistischen Produktion und der dazu gehörigen spezifischen Produktionsweise. In den bisher dargestellten Produktionsverhältnissen gibt es nur das kapitalistische Zwangsverhältnis, möglichst viel Mehrwert durch die Verlängerung des Arbeitstages zu produzieren. Dieses Verhältnis ist nach Marx keines mehr, das im Gegensatz zu früheren Gesellschaften auf persönlichen Herrschaftsverhältnissen beruht, wie Hans-Jürgen Krahl betont. „Das weltgeschichtlich Neue am Kapitalismus ist, dass er Herrschaft über Menschen an der ‚zweckrationalen' über Natur legitimieren kann und nicht auf einen kulturellen Kosmos zurückgreifen braucht."[174] Der formelle subsumierte Arbeitsprozess unterscheidet sich damit von allen vorherigen Prozessen auch dadurch, dass die Produktionsmittel vorgeschossen werden und der Umfang der kommandierten Arbeiter gesamtgesellschaftlich steigt und sich auf immer weniger einzelne Kapitale konzentriert. „Denn in der Tat kann dies nur noch ganz nominell eintreten, wo der Kapitalist nicht wenigstens so viel Arbeiter beschäftigt, dass der von ihm produzierte Mehrwert als Revenu für seine Privatkonsumtion, und als Akkumulationsfonds hinreicht, so dass er selbst unmittelbarer Arbeit enthoben ist, und nur noch als Kapitalist arbeitet ..."[175] Er wird, wie Marx analysiert, zum Oberaufseher und Leiter des Arbeitsprozesses, immer in dem Bewusstsein, diesen für den Verwertungsprozess zu steigern. Damit unterscheidet sich dieses Verhältnis wesentlich von allen vorangegangen, denn der Produzent bleibt nun nicht mehr der Anwender und Käufer seiner Arbeit. Diese kapitalistische Produktionsweise bildet sich ab dem 16. Jahrhundert heraus[176]. Mit der Entwicklung der formellen Subsumtion analysiert Marx Verhältnisse, die sich dadurch erst bilden und die die Grundlage für die reelle Subsumtion schaffen. Zum einen bildet sich das Geldverhältnis, indem sich die Einzelnen als Warenbesitzer gegenübertreten, zum anderen die Trennung von Produktionsmitteln und Anwender, was den Kapitalisten als Käufer von Arbeitskraft monopolisiert. Die Kapitalisten unterliegen dabei einer gegenseitigen Konkurrenz, was sie dazu zwingt, immer mehr Waren in immer weniger Zeit herstellen zu lassen, was zur Intensivierung der Arbeit führt. Gleichzeitig kommt es zur Konzentration der Arbeitskraft und deshalb entwickelten sich aus kleinen Handwerksbetrieben unter der formellen Subsumtion allmählich Manufakturen.[177]„Endlich kann

174 Krahl, 2008 S.125.

175 Marx, 1970, S.46, http://marx.blogsport.de/images/resultate_02.pdf, rev.18.03.2009.

176 Vgl.: ebd., S.45.

177 Vgl.: ebd., S.50 f.

das Verhältnis von Kapitalist und Lohnarbeiter an die Stelle des zunftartigen Meisters, seiner Gesellen und Lehrlinge treten, ein Uebergang, den zum Teil die städtische Manufaktur bei ihrer Entstehung durchmacht."[178] Die Summe, die der Arbeiter vom Kapitalisten beim Verkauf seiner Arbeitskraft erhält, bildet seinen Lohn. Dieser Lohn ergibt sich nicht aus der individuellen Arbeitskraft des Arbeiters, sondern stellt einen Durchschnittslohn dar. „Es ist hier der Durchschnitt für die Klasse mehr oder minder konstant, wie der Wert aller Waren; aber er existiert nicht in dieser unmittelbaren Realität für den einzelnen Arbeiter, dessen Lohn über oder unter diesem Minimum stehen mag."[179] Marx stellt dabei fest, dass der Arbeitslohn mal über, mal unter dem Wert des Arbeitsvermögens liegt.[180] Der Lohn unterscheidet den Arbeiter vom Sklaven. Der Lohnabhängige kann selbst entscheiden, an welchen Kapitalisten er seine Arbeitskraft verkauft. Er versucht dabei, den meistbietenden Kapitalisten zu finden. Er verfügt auch selbst über seinen Lohn und kann diesen nach Belieben ausgeben. Der Arbeiter muss sich im Gegensatz zum Sklaven selbst beherrschen.[181] So möchte der Arbeiter Gebrauchswerte kaufen, während der Kapitalist seine Arbeitskraft möglichst intensiv nutzen will. „Die beständige Bildung neuer Arten der Arbeit, diese fortwährende Variation - die Mannigfaltigkeit der Gebrauchswerte entspricht und daher auch ist wirkliche Entwicklung des Tauschwerts - daher fortgehend Teilung der Arbeit im Ganzen der Gesellschaft erst mit der kapitalistischen Produktionsweise möglich."[182]

Im Zuge der formellen Subsumtion der Arbeit unter das Kapital möchte der Kapitalist den absoluten Mehrwert erhöhen, um die Profite zu erhöhen - im Gegensatz zum Arbeiter. Es kommt also, wie ich im vorherigen Kapitel schon angesprochen habe, mit der Entwicklung der kapitalistischen Produktionsverhältnisse zum Kampf um die Ware Arbeitskraft.

1.2 Reelle Subsumtion

Die formelle Subsumtion des Kapitals führt zu einer Konzentration und Intensivierung der Arbeit. Dies führt zu einer Entwicklung der Technologie bzw. der Maschinerie und damit zu einer Unterordnung des realen Arbeitsprozesses an sich unter das Kapital, was Marx als reelle Subsumtion bezeichnet. Der Arbeitsprozess hat sich dabei real durch das Kapital verwandelt. „...Auf dieser Basis erhebt sich eine technologisch und sons-

---

178 Ebd., S.52.

179 Ebd., S.55.

180 Vgl.: ebd., S.55.

181 Vgl.: ebd., S.56.

182 Ebd., S.57.

tig *spezifische*, die *reale Natur des Arbeitsprozesses* und *seine realen Bedingungen umwandelnde Produktionsweise, -kapitalistische Produktionsweise.* Erst sobald diese eintritt, findet statt *reale Subsumtion der Arbeit unter das Kapital.*"[183] Wurde zunächst nur versucht - als die Arbeit nur formell subsumiert war -, mit Hilfe des absoluten Mehrwerts den Profit zu erhöhen, wird dies seit der reellen Subsumtion zusätzlich mit dem relativen Mehrwert versucht, den ich im letzten Kapitel bereits erwähnt habe. Dieser verringert den Wert der Arbeit durch immer effektivere Maschinen, weshalb die eigentliche Arbeitskraft in der Ware ständig reduziert wird. „Mit der realen Subsumtion der Arbeit unter das Kapital findet eine völlige (und sich beständig fortsetzende und wiederholende) Revolution in der Produktionsweise selbst statt, in der Produktivität der Arbeit und im Verhältnis von Kapitalist und Arbeiter."[184] Wissenschaft und Maschinerie dienen nun zur Weiterentwicklung der Produktion, weshalb sich die reale Gestalt der materiellen Produktion ständig verändert, während immer neue Geschäftszweige entstehen.[185] „Schon bei Betrachtung der Maschinerie bemerkt worden, wie die Einführung der Maschinerie in einem Zweig, sie in anderen Zweigen und zugleich in anderen Arten desselben Zweiges mit sich führt. Z.B. die Maschinenspinnerei führt zur Maschinenweberei; die Maschinenspinnerei in der Baumwollindustrie zur Maschinenspinnerei in Wolle, Leinen, Seide usw."[186] Es handelt sich dabei im Kapitalismus um eine Produktion um der Produktion willen.[187] Dieses Verhältnis beginnt schon mit der formellen Subsumtion und verwirklicht sich endgültig, wenn die Arbeit reell unter das Kapital subsumiert ist und der Zweck der Produktion alleine die Realisierung des Tauschwertes ist, denn nur dafür hat die Ware überhaupt einen Gebrauchswert. *„Indes* realisiert *sich diese dem Kapitalverhältnis* immanente *Tendenz erst in* adäquater Weise - *und wird selbst eine* notwendige Bedingung, *auch* technologisch - *sobald sich die* spezifisch kapitalistische Produktionsweise *und mit ihr die* reelle Subsumtion der Arbeit unter das Kapital *entwickelt hat."*[188] Die Technologisierung entstammt, wie Marx ausführt, aus dem Zwang zur Mehrwertproduktion selbst. Aber eben aus diesem Zwang einer nicht planmäßigen Produktion ist es immanent, die Überproduktion bzw. Krisen selbst zu produzieren.[189] Ob der Kapitalist will oder nicht, er muss, wie Marx analysiert, dem Gesetz

183 Ebd., S.57.

184 Ebd., S.57.

185 Vgl.: ebd., S.58.

186 Ebd., S.58.

187 Vgl.: ebd.

188 Ebd., S.59.

189 Vgl.: ebd.

der Produktion als Selbstzweck folgen. Um im Konkurrenzkampf nicht unterzugehen, muss er bestrebt sein, den relativen und absoluten Mehrwert zu erhöhen. Die Erhöhung des Mehrwerts nimmt dabei nicht zwingend auf die Risiken, z. B. die Gesundheit der Arbeiter, Rücksicht. „Der wirkliche Produzent als blosses Produktionsmittel, der sachliche Reichtum als Selbstzweck. Und die Entwicklung dieses sachlichen Reichtums daher im Gegensatz zu dem, und auf Kosten des, menschlichen Individuums."[190] Dieses Gesetz, welches den Kapitalisten zwingt, den Wert der Waren ständig zu reduzieren, ist das Wertgesetz. Es führt dazu, dass ein einzelnes Produkt möglichst viel unbezahlte Arbeit beinhalten muss, um sich in der Konkurrenz durchzusetzen. „Es tritt dies einerseits als Gesetz auf, gesellschaftlich notwendige Quantum Arbeit in der Produktion verkörpern würde. Es tritt also als adäquate Ausführung des Wertgesetzes auf, das sich erst vollständig entwickelt auf Grundlage der kapitalistischen Produktionsweise."[191]Jeder Kapitalist versucht zu erreichen, dass der Wert seiner Waren unterhalb des gesellschaftlichen Wertes der Waren liegt, um seine Waren mit einem möglichst grossen Profit zu verkaufen. Der Kapitalismus führt dazu, dass sich alle als Warenbesitzer aufeinander beziehen und sich gegenseitig unterbieten wollen, diese gesellschaftliche Produktion führt zu einem gesellschaftlichen Durchschnittswert, der sich andauernd verändert. „Ihr gemeinsamer, gleichzeitiger Gebrauch lässt ihren relativen Wert (mit Bezug auf das Produkt) sinken, so sehr ihr absolutes Wertmaß wächst."[192]

Aber dies führt zu Konflikten um die Verteilung des relativen- und absoluten Mehrwertes. Im Falle des absoluten Mehrwerts, der z.B. durch neue Maschinen erreicht wird, führt dies dazu, dass die Arbeiter selbst gegen die kapitalistische Maschinerie kämpfen[193] - eine Analyse von Marx, die für die operaistische Theorie zentral ist.

1.3 Operaismus

An die Analysen zur reellen Subsumtion, die Marx in den *„Resultaten des unmittelbaren Produktionsprozesses"* leistete, knüpfte die Theorie des Operaismus an. Ziel ist es dabei, die These von der angeblichen Neutralität der Technik zu kritisieren. Durch die zunehmend eingesetzte Maschinerie wird die Arbeit unter das Kapital subsumiert, was zur Folge hat, dass der Arbeiter zum Anhängsel der Maschinen bzw. vom Kapital unterworfen wird. Dabei werden die Thesen von Marx in der operaistischen The-

---

190 Ebd., S.60.

191 Ebd.

192 Ebd.

193 Vgl. MEW 23, 2001, S.451-S.461.

orie zugespitzt, um die Vergesellschaftung der Arbeit im Fordismus zu untersuchen. „Er [Marx, Anm. P. M.] begreift zwar die permanente Auseinandersetzung zwischen Arbeit und Kapital als Triebfeder des Prozesses der ‚reellen Subsumtion', aber wie sich die Arbeiter die zunächst vom Kapital gesetzte Gesellschaftlichkeit aneignen, fällt aus seiner systematischen Analyse heraus."[194] Ein weiterer Text, der für den Operaismus entscheidend ist, sind die so genannten. *„Maschinen Fragmente."*[195] Hier handelt es sich um einen Text, der heute auch für den Postoperaismus sehr wichtig ist. Die Beobachtung der zunehmenden Maschinerie, die mit der reellen Subsumtion eintritt, ist dabei ein belangreicher Aspekt. Dieser ist auch bedeutend, um nachvollziehen zu können, wieso Negri/Hardt in der Auseinandersetzung mit Krahl und dessen Thesen zur reellen Subsumtion und der immateriellen Arbeit ihre Werttheorie entwickelten. Dazu ist es allerdings wichtig nachzuvollziehen, wie sich dies für den Operaismus darstellte, um auch den Übergang von materieller und immaterieller Rationalisierung bzw. Subsumtion der Arbeit zu verstehen. Im Folgenden werde ich daher diese Theorie und den damit zusammenhängenden Aspekt anhand des Textes: *„Über die kapitalistische Anwendung der Maschinerie im Spätkapitalismus"* von Raniero Panzizieri kurz vorstellen. Panzizieri gilt als einer der Hauptbegründer des Operaismus.[196] Panzizieri zeigt, dass Marx nachweisen konnte, dass es im Kapitalismus zu einer immer stärkeren Konzentration von lebendiger Arbeit und Maschinerie kommt. Damit ist der Arbeiter einerseits vereinzelt, da er nur in Konkurrenz zu allen anderen seine Arbeitskraft auf dem Markt verkaufen kann, andererseits aber werden die Arbeiter innerhalb des Produktionsprozesses durch das Kapital selbst zu einer Kooperation gebracht. Sie sind also im Produktionsprozess nicht mehr vereinzelte Individuen, sondern als Arbeitskraft gemeinsam unter das Kapital subsumiert. Es erscheint zwar so, als ob die Produktivkräfteentwicklung das Werk des Kapitals ist, aber tatsächlich stellt sich die Sache anders dar. „Weil die gesellschaftliche Produktivkraft der Arbeit dem Kapital nichts kostet, weil sie andererseits nicht von dem Arbeiter entwickelt wird, bevor seine Arbeit selbst dem Kapital gehört, erscheint sie als Produktivkraft, die das Kapital von Natur besitzt, als seine immanente Produktivkraft."[197] Jede neue Produktivkraftentwicklung führt dabei zu einer grösseren Arbeitsteilung. Diese Entwicklung setzte mit der Manufaktur ein, indem die Arbeiter zum Teilarbeiter degradiert wurden und setzte sich mit der Fabrik weiter fort. „Er vollendet sich in der großen

---

194 http://www.wildcat-www.de/wildcat/33/w33alpt1.htm , rev. 18.03.09.

195 MEW 42, 2005, S.590-S.610.

196 Vgl.: http://www.wildcat-www.de/thekla/07/t07panzi.htm, rev. 18.03.0.

197 Ebd.

Industrie, welche die Wissenschaft als selbständige Produktionspotenz von der Arbeit trennt und in den Dienst des Kapitals preßt."[198] Die Einführung der Maschinen ist Ausdruck des Überganges von der Manufaktur zur Industrie. Die Technologie trägt zur immer größeren Teilung der Arbeit bei. Panzizieri ist dabei der Überzeugung, dass die Teilung der Arbeit zu grösserer Monotonie führt. „Selbst die Erleichterung der Arbeit wird zum Mittel der Tortur, indem die Maschine nicht den Arbeiter von der Arbeit befreit, sondern seine Arbeit vom Inhalt."[199] Damit erscheint die Maschine dem Arbeiter als etwas Feindliches, das von außerhalb an ihn herantritt. In diesem Prozess ist nicht mehr leicht zuerkennen, dass es eigentlich *„tote Arbeit"* ist, die ihm gegenübertritt. Dabei verweist die Produktivität einerseits auf die emanzipatorischen Möglichkeiten, die der Kapitalismus hervorbringt: *„Die automatische Fabrik begründet* potentiell *die Herrschaft der assoziierten Produzenten über den Arbeitsprozess."*[200] Andererseits weist Panzizieri nach, dass die Technik dabei gerade nicht neutral ist.[201] Sie dient der Herrschaft, indem die Kontrolle der Produktion in demselben Maß steigt, wie die Entwicklung der Produktivkräfte durch die Technologie unter kapitalistischer Entwicklung voranschreitet.[202]„Je höher das Niveau des technologischen Fortschritts des Industrialisierungsprozesses ist, desto mehr verstärkt sich die Autorität des Kapitalisten. Mit dem zunehmenden Umfang dem Arbeiter gegenüberstehenden Produktionsmittel die Notwenigkeit einer absoluten Kontrolle von Seiten des Kapitalisten."[203] Die Kooperation im Arbeitsprozess entspricht dabei einer Leitung bzw. einem Plan des Despotismus. Ich möchte darauf hinweisen, dass Mario Tronti diesen Gedanken aufgreift, wenn er vom *„Plan des Kapitals"* spricht.[204] Panzizieri begründet diese ständig zunehmende Kontrolle durch die Maschinerie mit der Vergrößerung des konstanten Kapitals[205] gegenüber dem variab-

---

198 Ebd.

199 Ebd.

200 http://www.wildcat-www.de/thekla/07/t07panzi.htm, rev. 18.03.0.

201 Ebd.

202 Mit der gleichen Argumentation kritisiert Panzizieri im übrigen die Sowjetunion.

203 http://www.wildcat-www.de/thekla/07/t07panzi.htm, rev. 18.03.0.

204 Vgl.: Tronti, 1974, S.41-S.71.

205 Die Kategorie konstantes Kapital, die Marx auch mit c abkürzt, besteht aus den zwei Unterkategorien „fixes Kapital" und „zirkulierendes Kapital". „Fixes Kapital" sind z.B. Maschinen, die ihren Wert ins Produkt einfliessen lassen. „Zirkulierendes Kapital" sind z.B. Rohstoffen usw. Konstantes Kapital verändert seine Wertgrösse im Produktionsprozess nicht, deshalb bezeichnet Marx es auch als konstantes Kapital.

len Kapital[206]. Dies hat weit reichende Folgen, bereits Marx konstatierte im Kapital: „sie [die Maschinerie, Anm. P.M.] das machtvollste Kriegsmittel zur Niederschlagung der periodischen Arbeiteraufstände, Streiks usw. wider die Autokratie des Kapitals. (...) Man könnte eine ganze Geschichte der Erfindungen seit 1830 schreiben, die bloß als Kriegsmittel wider Arbeiteremeuten ins Leben traten."[207] Die neuen technischen Grundlagen der Produktion geben dem Kapitalismus die Möglichkeiten, seine Macht zu konsolidieren. Nach Panzizieri sind Maschinen im Kapitalismus nicht einfach nur Maschinen, sie beinhalten auch ganz bestimmte Arbeitsmethoden, die den Arbeitern als fremde Rationalität gegenübergestellt werden. Dabei kommt es zu einer totalen Entfremdung.[208] [209]„Angesichts dessen versteht es sich, daß(sic) die ‚Informationstechniken', die den Protest der Arbeiter gegen den ‚totalen' Charakter der Entfremdungsprozesse in der rationalisierten Großfabrik neutralisieren sollen, immer größere Bedeutung gewinnen."[210] Panzizieri ist aber auch der Ansicht, dass es damit neue Möglichkeiten des Widerstandes gibt, eine Hoffnung, basierend auf dem intellektuellen Teil des Proletariats. Ein Beispiel dafür wäre der Techniker, der eine bessere Chance hat, aufgrund seiner Stellung im Produktionsprozess diese Entfremdung teilweise zu durchschauen.[211] [212] Fazit: Panzizieri geht davon aus, dass es seit

---

206 Die Kategorie variables Kapital, die Marx auch mit v abkürzt, ist die Arbeitskraft, die im Gegensatz zum konstanten Kapital ihren Wert im Produktionsprozess verändert. Variables Kapital reproduziert nicht nur ihren Wert, sondern schafft sogar einen Mehrwert im Produktionsprozess. Aufgrund dieser variablen Größen bezeichnete Marx diesen Teil des Kapitals auch als variables Kapital.

207 MEW 23, 2001, S.459.

208 Das Arbeitsprodukt, welches die Arbeiter selbst geschaffen haben, tritt ihnen als fremdes Produkt gegenüber, welches scheinbar mit ihrer Tätigkeit nichts zu tun hat und ihnen als unabhängige Macht erscheint, deshalb erkennen sie die gesellschaftlichen Verhältnisse nicht mehr als ihr Produkt an.

209 Daher ist Panzizieri auch der Ansicht, dass: *„Die revolutionäre Aktion muß die technologische ‚Rationalität' ‚verstehen', aber nicht um sie zu akzeptieren und zu verherrlichen, sondern um sie einer neuen Verwendung zuzuführen, nämlich der sozialistischen Verwendung der Maschinerie."* (http://www.wildcat-www.de/thekla/07/t07panzi.htm, rev. 18.03.09).

210 http://www.wildcat-www.de/thekla/07/t07panzi.htm, rev. 18.03.0.

211 Vgl.: ebd.

212 Dies hat auch Auswirkungen auf die Interpretation des Fetischcharakters in der operaistischen Theorie. Der (Post-) Operaist, Karl Reitter kommt zu dem Schluss, da die Arbeiter zwar einerseits genau so wenig den Fetisch durchschauen können, wie die Kapitalisten, aber indem sie die Maschinerie als feindlich empfinden, rebellieren sie eher als die Kapitalisten (vgl.: Karl Reitter, 2004). Zu begründen versucht er dies mit einem Zitat aus den „Resultaten":

der reellen Subsumtion zu einem immer größeren Einsatz von Maschinen kommt. Dies aber führt auch zu einer größeren Konzentration von Macht und Entfremdung. Wenn es auch noch Möglichkeiten zur Befreiung gibt, steigt die Entfremdung mit der immer größeren Zergliederung der Arbeit. Ich werde später zeigen, dass Hardt/Negri davon ausgehen, dass die immaterielle Arbeit und die netzwerkartige Produktion[213] dieses Verhältnis aufgebrochen haben, womit auch letztlich das Wertgesetz seine Gültigkeit verloren hat.

1.4 Krahl: Reelle Subsumtion und die immaterielle Arbeit

Krahl, der Lieblingsstudent Theodor W. Adornos, der auch zu den Anfängen der neuen Marx-Lektüre gezählt werden kann, ist für den weiteren Verlauf dieser Arbeit von entscheidender Bedeutung. Denn wie Negri vom Operaismus zum Postoperaismus kam, hängt unmittelbar mit Krahls Analyse der reellen Subsumtion und der immateriellen Arbeit zusammen, wie Wolfgang Fritz Haug feststellt. „Negri ist fasziniert von der umfassenden Problematik des Manuskripts von 1857/58. Da Marx im Kapital nicht sämtliche dort behandelten Fragen aufnimmt, glaubt er (auf Krahl 1971 verweisend), diese seien auch theoretisch überlegen (1978, 34f [vgl.: Negri, Marx oltre Marx, 1978])."[214] [215] Negri bezieht sich dabei auf Krahls *„Thesen zum allgemeinen Verhältnis von wissenschaftlicher Intelligenz und proletarischem Klassenbewusstsein."*[216] Dieser Text hat großen Einfluss auf Negri gehabt. Auch wenn dieser nur einen Teil der Thesen übernimmt, will er doch dieselben Fragen beantworten und benutzt dafür teilweise eine ähnliche Argumentationsstruktur, wenn er bspw. immaterielle Arbeit aus dem Blickwinkel der reellen Subsumtion analysiert. Krahl versucht in diesem Aufsatz, das Verhältnis von Klassenbewusstsein und Wissenschaft als Produktivkraft zu erklären. Dabei stellte

„Insofern steht hier der Arbeiter von vornherein höher als der Kapitalist, als der letztere in jenem Entfremdungsprozess wurzelt und in ihm seine absolute Befriedigung findet, während der Arbeiter als sein Opfer von vornherein dagegen in einem rebellischen Verhältnis steht und ihn als Knechtungsprozess empfindet."(Marx, S.20, 1970) Dies ist ein nicht unwichtiger Punkt, wenn man, wie Hardt/Negri erklären will, dass durch erfolgreiche Kämpfe das Wertgesetz abgeschafft wurde.

213 Netzwerkartige Produktion meint bei Hardt/Negri eine gemeinschaftliche Produktion von verschiedenen Produzenten, wie es z.B. bei der Entwicklung von Wissen vorkommen kann. Das Produkt ist also schon vor dem Tausch gesellschaftlich. Hardt/Negri analysierten die immaterielle Arbeit als an sich abstrakte Arbeit.

214 Haug, 2005, S.51.

215 Auch in Hardt/Negris neustem Werk *Common Wealth* nehmen sie im Kontext der reellen Subsumtion wieder Bezug auf Krahl. Vgl.: Hardt/Negri, 2010, S.39.

216 Vgl.: Krahl, 2008.

er den Übergang vom Konkurrenz- zum Monopolkapitalismus dar mit dem Hinweis, dass dies zur Entwicklung bzw. Vergesellschaftung der Produktionsweise auf dem Boden des Kapitalismus durch die Form der Aktiengesellschaft führte. „Die von Marx und Engels angedeuteten möglichen geschichtlichen Endpunkte des Kapitalverhältnisses sind die aktiengesellschaftliche Unternehmungsform - gleichsam als gesellschaftlichen Urtypus des monopolen Privateigentums - und die technologische Umsetzung der Wissenschaften ins kapitalfixierten Maschinensystem."[217] Dies hat weit reichende Folgen, denn nach Krahl ist der Kapitalist mehrheitlich nur noch als Dirigent, als Verwalter fremden Kapitals existent. Die Existenz der Aktiengesellschaft verweist auch auf den Widerspruch von gesellschaftlich abstrakter Arbeit und Privateigentum. Die gesellschaftliche Arbeit beinhaltet den kooperativen Charakter des Arbeitsprozesses und erweitert so die Kategorie der produktiven Arbeit. Um produktiv zu arbeiten, reicht es aus, ein „Organ des Gesamtarbeiters" (Krahl) zu bilden bzw. lediglich eine Unterfunktion des produktiven Arbeiters auszuführen. „Die technologische Umsetzung der Wissenschaft ins kapitalfixierte Maschinensystem - systematisch seit Ende des 19. Jahrhunderts betrieben - und die Tendenz zur Automation haben das verändert, was Marx als die reelle Subsumtion der Arbeit unter das Kapital bezeichnet hat."[218] Dabei wird im Gegensatz zur formellen Subsumtion unter das Kapital der technologische Ablauf des Arbeitsprozesses durch die systematische Anwendung der Maschinerie strukturell verändert. Damit kommt es auch zu einer tief gehenden Veränderung der Arbeitsteilung und der Wissenschaft durch die Produktionsverhältnisse. „Eine der hervorstechendsten Eigenschaften der reellen Subsumtion der Arbeit unter das Kapital ist die bewusste ‚Anwendung der Wissenschaft, dieses allgemeinen Produkts der gesellschaftlichen Entwicklung, auf den unmittelbaren Produktionsprozess."[219] Die soziale Kombination mit der zunehmenden Verwissenschaftlichung der Produktion führt zum Gesamtarbeiter. Dabei kommt es zunehmend zu einem immer größeren Widerspruch des Verhältnisses zwischen dem Wertmaßstab, der sich an der Arbeitszeit bemisst, zu dem des capital fixe.[220] Das einzige Wertbildende, die menschliche Arbeitskraft, wird proportional immer kleiner zum immer größer werdenden Einsatz der Technik. Wenn die Wissenschaften im Produktionsprozess eine immer grössere Rolle spielen, dann verändert sich der Arbeitsprozess selbst im zunehmenden Masse. „Wenn

217 Ebd., S.337 f.

218 Ebd., S.339.

219 Ebd., S.339.

220 Capital fixe= Fixes Kapital, das schon in diesem Kapitel erklärt wurde (siehe Fussnote zum konstanten Kapital).

die Wissenschaften nach Maßgabe ihrer technischen Umsetzbarkeit und ihrer Träger, die geistige Arbeiter, in den produktiven Gesamtarbeiter integriert sind, dann ist nicht anzunehmen, dass sozialrevolutionäre Strategien sich in der klassischen Wiese nahezu ausschließlich aufs Industrieproletariat beziehen können."[221] Deshalb ist die Frage auch falsch gestellt, ob die wissenschaftliche Intelligenz ein Klassenbewusstsein entwickelt, das genauso ausgestaltet ist wie das des Industrieproletariates. Die Frage ist nach Krahl vielmehr umzudrehen, um herauszufinden, wie „der Begriff der unmittelbaren Produzenten und damit der arbeitenden Klasse sich insgesamt verändert hat."[222] [223] Krahl fordert, dass sich deshalb im SDS die Agitation dieser neuen immateriellen Produktionsweise und Bedürfnisse anpassen muss. „Die Bedürfnisse, auf die sich der Versuch revolutionärer Aufklärung richten müsste, sind immaterieller geworden in dem Maße, in dem das Reich der Freiheit möglicher geworden ist."[224] Ich bin der Ansicht, dass bis an diese Stelle viele Bezugspunkte deutlich geworden sind, auf die sich Hardt/Negri später noch beziehen werden, so z.B. der Übergang von der formellen zur reellen Subsumtion, um eine zunehmende Bedeutung des Wissens in der Produktion zu analysieren. Auch der Begriff immaterielle Arbeit wird hier schon von Krahl verwendet. Ein wesentlicher Unterschied zur späteren Analyse von Hardt/Negri ist jedoch, dass er noch am Wertgesetz festhält. Ich denke, die Darstellung seiner Begründung könnte helfen festzustellen, ob das Wertgesetz auch bei immaterieller Produktion gültig ist. Krahl geht davon aus, dass das Wissen vom Kapital subsumiert wird und damit zu einem Arbeitsprozess des Gesamtarbeiters wird. Nicht nur der Produktionsprozess verändert sich, sondern auch die geistige Arbeit und das Wissen verändern sich durch die Anpassung an die abstrakte Arbeit. „Technologisierung der Wissenschaften bedeutet: die qualitative Zeit bildungsgeschichtlicher Reflexion...wird zugunsten der Anpassung geistiger Arbeit an die quantitativen und enthistorisierten Normen des Wertmaßstabes der Arbeitszeit eliminiert. Damit kann geistige Arbeit reibungslos dem Verwertungsprozess des Kapitals einverleibt werden."[225] Indem dass Wissen immer an die technische Umsetzbarkeit gebunden ist, bleibt es mit der produktiven Arbeit verbunden und damit

221 Ebd., S.340.

222 Ebd., S.340.

223 Hardt/Negri behandeln das Problem des Klassenbewusstseins nicht. Für Krahls Theorie zur wissenschaftlichen Arbeit hingegen ist es ein zentrales Problem.

224 Ebd., S.345.

225 Ebd., S.347 f.

mit der Wertform.[226] Dies hat zur Folge, dass auch wissenschaftliche Arbeit entfremdete Arbeit ist und die Produzenten diese als gegenständliche bzw. fremde Macht des Kapitals empfinden.[227] Damit wird auch der Produzent von Wissen ausgebeutet und er hat die Hoffnung, dass durch die Subsumtion von Wissen unter das Kapital der Widerstand gerade an den Universitäten zu nimmt. „Anderseits ist die abstraktiv von der körperlichen Arbeit getrennte geistige Arbeit angepasster Ausdruck der Wertsubstanz abstrakter Arbeit und dies um so mehr, als die zeitliche Verlaufsform von Bildungsprozessen unter enthistiorisierte Arbeitszeitnormen gestellt werden."[228] Durch diesen Widerspruch des Intellektuellen, der sich aus seiner besonderen Stellung im Produktionsprozess ergibt, entwickelt sich sein verdinglichtes Bewusstsein. „Die Trennung von geistiger und körperlicher Arbeit wird nicht als Entfremdung erfahren, sondern zur natürlichen Tatsache hypostasiert."[229] Kategorien wie Entfremdung und Klassenbewusstsein hängen für Krahl daher mit dem Wertgesetz unmittelbar zusammen und daher auch mit Wissensarbeit, die dem Wertgesetz untergeordnet ist. Meiner Meinung nach ist dies der Grund, warum diese Kategorien bei Hardt/Negri keine zentrale Rolle spielen, wie im Folgenden noch zu zeigen sein wird. Fazit: Krahls Analyse und die von Hardt/Negri haben einige Gemeinsamkeiten. Der zentrale Unterschied ist allerdings, dass Hardt/Negri vom Ende des Wertgesetzes sprechen. Warum sie zu diesem Schluss kommen, wird im Folgenden dargestellt. Krahl begründet aber die weitere Existenz des Wertgesetzes mit einer durchschnittlich substanziellen[230] Argumentation, wenn er schreibt: „[...]die abstraktiv von der körperlichen Arbeit getrennte geistige Arbeit angepasster Ausdruck der Wertsubstanz[...]."[231]

2. Formelle und reelle Subsumtion bei Hardt/Negri

Für eine Rekonstruktion von der Aufgabe des Wertgesetz durch Hardt/Negri, die damit begründetet wird, dass das ganze Leben unter das Kapital subsumiert wurde, ist es von entscheidender Bedeutung, die theoretischen Vornahmen, auf die sich Hardt/Negri beziehen, nachzuzeichnen. Daher wurde im vorangegangenen Kapitel beschrieben, wie Marx den Übergang von der formellen zur reellen Subsumtion analysier-

226 Vgl.: S.348.

227 Vgl.: ebd.

228 Ebd., S.348.

229 Ebd., S.348.

230 Die Kategorie durchschnittlich substantialistisch wurde im ersten Kapitel bereits dargestellt.

231 Ebd.

te und welche spezielle Interpretation der Operaismus hatte. Es ging dabei schwerpunktmäßig darum, den Massenarbeiter[232] zu theoretisieren. Danach war es wichtig, zu Krahls Thesen überzuleiten, der in diesem Zusammenhang von immaterieller Produktion spricht. Krahls Analyse beeinflusst Hardt/Negri. Diese interpretierten seine Erkenntnisse aber sehr speziell, indem sie nicht nur den Übergang zur immateriellen Arbeit berücksichtigen, sondern ihn als Teil des Überganges in die biopolitischen Produktion[233] und damit als den Übergang von der Disziplinargesellschaft[234] zur Kontrollgesellschaft[235] untersuchen.

Was Marx in den *„Resultaten des unmittelbaren Produktionsprozesses“*[236] als die Subsumtion der Arbeit unter die Organisation des Kapitals analysierte, interpretieren Hardt/Negri als Tendenzen des Kapitalismus, sich immer mehr Bereichen der Welt und des Lebens zu unterwerfen.[237] Martin Birkner und Robert Foltin weisen daraufhin, dass Hardt/Negri diesen bei dem Übergang zum Fordismus zum Postfordismus, wieder auf die Analysen Marx zurückgreift bzw. mit den Kategorien formelle und reelle Subsumtion versuchen, die Veränderungen zu erfassen.[238] „Wir leben in einer Phase des Übergangs, die auch als Verschiebung von der formellen zur reellen Subsumtion des Lebens analysiert werden kann.“[239] Das Kapital muss sich immer weiter ausbreiten, um dem tendenziellen Fall[240] der Profitrate zu entgehen, was dazu führt, dass immer mehr Be-

---

232 Siehe Kapitel zum gesellschaftlichen Arbeiter.

233 Die Kategorie Bio-Macht führte Foucault in den wissenschaftlichen Diskurs ein. Er problematisierte die systematische Produktion von Macht-Techniken auf Köper und Leben des modernen menschlichen Subjektes. Er charakterisiert Bio-Macht als eine Regierungstechnik, die das Leben bzw. die Bevölkerung reguliert, z.B. durch Geburten- und Sterblichkeitsrate, Gesundheitsniveau, Produktion und Zirkulation, Lebensdauer und Langlebigkeit, Strafe und Disziplinierung, die alle diese Variablen zum Gegenstand haben. Hardt/Negri leisten eine Neuinterpretation von Bio-Macht, indem sie sie mit immaterieller Arbeit und dem Bios identifizieren. „Dieser „bios" wird Negri in guter alter (post)operaistischer Tradition natürlich später als die „Multitude" der immateriellen Arbeiter enthüllen.“(Buckel/Wissel http://www.links-netz.de/K_texte/K_wissel_empire.html) Foucault werfen sie vor, Bio-Macht nicht dynamisch genug zu analysieren.

234 Wird in diesem Kapitel noch definiert.

235 Wird noch in diesem Kapitel definiert.

236 Marx, 1970, http://marx.blogsport.de/images/resultate_02.pdf, rev.18.03.2009.

237 Vgl.: Birkner/Foltin, 2006, S.89.

238 Vgl.: ebd., 2006, S.89 f.

239 Birkner/Foltin, 2008, S.16.

240 MEW 25, 2003 S.221 bis S.242.

reiche kapitalisiert werden. Hardt/Negri sprechen in diesem Zusammenhang von einer Art neuer ursprünglicher Akkumulation.[241] Dies schließt auch den Übergang von der Disziplinar- zur Kontrollgesellschaft mit ein. Diesen möchte ich zunächst darstellen, um dann deutlich zu machen, dass diese Verschiebungen zu Veränderungen und schließlich zur Auflösung der Zivilgesellschaft führt, um dann darzulegen, warum dies weit reichende Folgen für das Wertgesetz hat. Um die Materialität der Postmoderne zu erfassen, beziehen sich Hardt/Negri neben der Theorie von Marx auch auf die Machtanalyse Michel Foucaults sowie auf die darauf aufbauende poststrukturalistische Theorie von Gilles Deleuze und Félix Guattari. Diese beschreibt, dass das Entstehen einer neuen Epoche, die sich durch den Übergang von der Disziplinargesellschaft zur Kontrollgesellschaft entwickelte, analysieren lässt. Diese historische Dynamik erklären auch Begrifflichkeiten Foucaults, so entwickelten Hardt/Negri ihre Kategorie der Kontrollgesellschaft anhand dessen, was Foucault als Gouvernementalität[242] beschreibt. Hardt/Negri weisen darauf hin, dass Foucault betont hat, dass man den Übergang von der Souveränität zur Disziplin bis zum modernen Staat nicht verstehen kann, wenn man nicht beachtet, dass dieser biopolitische Zusammenhang im Dienste der kapitalistischen Akkumulation steht. Dabei werden immer mehr Teile des Lebens in die kapitalistische Akkumulation gezogen, dies zeigt sich am Übergang von der Disziplinargesellschaft zur Kontrollgesellschaft. Während die Disziplinargesellschaft mit den Anfängen der kapitalistischen Akkumulation entstanden war, ist der Übergang zur Kontrollgesellschaft eine qualitative Veränderung. Die Kontrollgesellschaft zeichnet sich durch herrschaftskonforme gesellschaftliche Integration aus, die von den einzelnen Bürgern verinnerlicht wurde und sich so netzwerkartig[243] über die ganze Gesellschaft verteilt. So kann die Macht noch weiter in die alten Institutionen der Disziplinierung vordringen. Und so hat Herrschaft sich quasi „demokratisiert", aber damit totalisiert. „Die Kontrollgesellschaft hingegen wäre als eine am äußersten Rand der Moderne entstanden und der Postmoderne zugewendete Gesellschaft zu verstehen, in der die Herrschaftsmechanismen „demokratisiert" sind, das heißt, sie sind dem gesellschaftlichen Feld immer stärker immanent und auf die Köpfe und Körper der Bürger verteilt."[244] Damit dehnt sich die Kontrolle über Institutionen auf die ganze Gesellschaft aus und „das Leben selbst ist jetzt Objekt der Macht" (Foucault). Dies ist nach Hardt/Negri deshalb möglich, weil Machtausübung „[...] durch mecha-

---

241 Vgl.: Weber/Karlhuber, 2002, S.21-S.27.

242 Vgl.: Foucault, 2005, S.148-S.175.

243 Der Begriff Netzwerk wurde bereits im ersten Kapitel erklärt.

244 Ebd., 2002, S.38.

nische Systeme statt[findet, Anm. P.M.], die direkt auf die Köpfe wirken (Kommunikationssysteme, Informationsnetzwerke etc.), die Körper organisieren (Sozialsysteme, kontrollierte Aktivitäten etc.) und einen Zustand autonomer Entfremdung (vom Sinn des Lebens, vom Wunsch nach Kreativität) herbeiführen."[245] Sie stellen fest, dass die Subjekte selbst die Arbeit der Institutionen ausführen, indem Informationsnetzwerke auf ihre Köpfe wirken oder indem sie den Körper organisieren und selbst kontrollieren. Wenn Foucault sagt, „das Leben ist jetzt ein Objekt der Macht", meinen Hardt/Negri, dass das ganze Leben jetzt unter das Kapital subsumiert ist. Sie sprechen deshalb auch vom Übergang der „formellen" zur „reellen Subsumtion". In der postmodernen Kontrollgesellschaft werden demnach das Bewusstsein und der Körper biopolitisch vergesellschaftet. Vergleichbar mit dem von Marx analysierten Übergang von „formeller" zu „reeller" Subsumtion der Arbeit, sprechen Hardt/Negri in den aktuellen kapitalistischen Veränderungsprozessen vom Übergang der „formellen" zur „reellen" Subsumtion des Lebens unter das Kapital.[246] Hardt/Negri bezeichnen diesen Prozess auch als „neue Omniversalität von Subjekten". Es handelt sich dabei also um eine innere Landnahme, also einer Art ursprünglicher Akkumulation, wie Marx die ländliche Landnahme Ende des 17. Jahrhunderts bezeichnete.[247] „Die Gesellschaft ist wie ein einziger sozialer Körper einer Machtsubsumiert [...] Macht drückt sich als Kontrolle aus, die Bewusstsein und Körper der Bevölkerung und zur gleichen Zeit die Gesamtheit sozialer Beziehungen durchdringt. In diesem Übergang von Disziplinar- zur Kontrollgesellschaft [...] Marx entdeckte etwas Ähnliches in dem, was er den Übergang von der „formellen" zur „reellen Subsumtion" der Arbeit unter das Kapital nannte."[248] Denn die Disziplin sperrte Individuen ein oder aus, konnte aber nicht die gesamte Kraft produktiver Tätigkeiten und produktiver Vergesellschaftung konsumieren. Hardt/Negri begreifen die Kontrollgesellschaft als Reaktion, die sich in einem dynamischen Prozess herausgebildet hat und der durch die Kämpfe gegen die Institutionen der Disziplinargesellschaft erkämpft wurde. Ich bin der Meinung, dass sich gerade angesichts des Überganges zur Postmoderne bewahrheitet hat, was Mario Tronti, schon ganz operaistisch bemerkt hat (wenn man annimmt, dass Hardt/Negri Recht haben): „Auch wir haben erst die kapitalistische Entwicklung gesehen und dann die Arbeiterkämpfe. Das ist ein Irrtum. Man muß das Problem umdrehen, das Vorzeichen ändern, wieder vom Prinzip ausgehen: und das Prinzip ist der proletari-

245 Hardt/Negri, 2002, S.38.

246 Vgl.: Hardt/Negri, 2002, S.39 f.

247 Vgl.: Weber/Karlhuber, S.21-S.27, 2002 und Vgl.: Foltin, 2002, S.10.

248 Hardt/Negri, 2002, S.39.

sche Klassenkampf."[249] Oder allgemein ausgedrückt: „Die gesellschaftliche Produktivkraft der Arbeit wird als Arbeiterklasse gesellschaftliche Produktivkraft des Kapitals."[250] Hardt/Negri gehen davon aus, dass auch mit neuen, heutigen Produktivkräften gesellschaftliche Konflikte gewonnen werden können[251]: „Widerstände sind nicht länger marginal, sondern werden aktiv inmitten einer Gesellschaft, die sich Netzwerken öffnet; aus individuellen Orten werden Singularitäten auf Tausend Plateaus."[252] Dadurch, dass Macht sich individuell durch jeden Einzelnen vermittelt, könnte genau diese Pluralität zurückschlagen. Die sich daraus entwickelnde Theorie der Multitude[253] betont gerade diesen Gedanken: das Entscheidende ist dabei nicht das „Gleiche" (wie in den alten Arbeiterkämpfen), sondern das, was zwischen ihnen ist. Die Pluralität findet sich in den Kämpfen zusammen. Die Multitude ist also kein einheitliches Subjekt, sondern sie meint das, was zwischen den Subjektivitäten das Verbindende ist und sie so in der Pluralität der Singularität vereint. „Was Foucault implizit beschreibt (und Deleuze und Guattari explizieren), ist demnach das Paradox einer Macht, die jedes Monet gesellschaftlichen Lebens vereinheitlicht, in sich selbst einschließt und die Fähigkeit verliert, zwischen auseinanderstrebenden gesellschaftlichen Kräften tatsächlich zu vermitteln, während sich im gleichen Augenblick ein neuer Kontext öffnet, ein neues Milieu mit einem Maximum an Pluralität und der Unbezwingbarkeit der Singularität..."[254] Diese Pluralität verändert nicht nur gesellschaftliche Kämpfe, die diese Pluralität selbst hervorbrachten, sie negiert auch das Wertgesetz aus der gleichen gesellschaftlichen Dynamik heraus. Das Wertgesetz hat paradoxerweise deshalb keine gesellschaftliche Totalität mehr, weil sich seine Entstehungszentren wie z.B. die Fabrik über die ganze Gesellschaft ausgebreitet haben, aber damit gibt es auch keine klare Grenze mehr zwischen Arbeit und Nichtarbeit, was nach Hardt/Negri auch zu einem Verschwinden der Zivilgesellschaft führt, wie Birkner/Foltin feststellen. „Aber auch immer größere Bereiche des Lebens unterliegen der ‚Fabrikgesellschaft'. In der ‚Arbeit

---

249 Tronti, 2002, S.87, zitiert nach Birkner/Foltin, 2006, S.11.

250 Tronti, 1974, S.107.

251 Allerdings heute „mit" und nicht mehr „gegen" die Produktivkräfte wie bei Tronti oder in alten Texten von Negri. Warum er seine Position scheinbar veränderte, werde ich im Kapitel des „gesellschaftlichen Arbeiters" darstellen.

252 Hardt/Negri, 2002, S.40.

253 „Das Zerbrechen moderner Identitäten allerdings kann die Singularitäten nicht davon abhalten, gemeinsam zu handeln. Das ist die Definition der Multitude, die wir oben gaben: Singularitäten, die gemeinsam handeln." (Hardt/Negri, 2004, S.123.

254 Hardt/Negri, 2002, S.40.

des Dionysos‘ beschrieben Negri/Hardt (1997, S. 116ff.) die Verschiebung hin zur reellen Subsumtion in Bezug auf die ‚Zivilgesellschaft‘…“[255] Ich meine, bei Hardt/Negri gibt es einen direkten Zusammenhang zwischen sozialen Konflikten und dem Wertgesetz, die zu dem geführt haben, was sie als reelle Subsumtion des Lebens unter das Kapital analysieren. Deshalb versuche ich, wie sie es auch tun, diese Entwicklung mit einer Theorie sozialer Kämpfe zu verbinden. In der *„Arbeit des Dionysos“*[256] stellen Hardt/Negri im Vergleich mit ihren anderen Arbeiten besonderes ausführlich ihre Interpretation von formeller und reeller Subsumtion dar. Dabei untersuchen sie die reelle Subsumtion der Gesellschaft unter den Staat. Dies erfolgt aufgrund von kapitalistischer Vergesellschaftung und aktueller Kräfteverhältnisse in diesem Prozess und führt Hardt/Negri zu einer genaueren Untersuchung des Rechts.[257] Mit dem „Rawlsschen Werk… teilen sie das gemeinsame Projekt, die Marginalisierung der Arbeit in der Verfassung und die reale Subsumtion der Gesellschaft unter den Staat zu theoretisieren.“[258] Hardt/Negri kritisieren an der postmodernen Analyse von Rawls, dass er von den gesellschaftlichen Kräften abstrahiert, anstatt diese in den Mittelpunkt der Analyse zu ziehen. „Die politische Methode der Vermeidung separiert das Rechtssystem von der gesellschaftlichen Realität, so daß Fragen des Rechts dazu tendieren, in einem mechanischen Prozeß des Ausbalancierend abstrakter Eingaben (auf)gelöst zu werden, um ein allgemeines und globales Gleichgewicht zu erreichen.“[259] Damit wird von einem Recht ausgegangen, das angeblich gesellschaftliche Subjekte konstituiert, die im Einklang mit der Ordnung des Staates stehen. Hardt/Negri teilten aber mit ihm die Analyse, dass die Kategorie der Zivilgesellschaft nicht länger aufrecht- zuhalten ist aufgrund der Subsumtion der Gesellschaft unter den Staat.

> „Wie die reale Subsumtion der Arbeit unter das Kapital, die Marx voraussah, markiert diese reale Subsumtion der Gesellschaft unter den Staat eine neue Ära gesellschaftlicher Verhältnisse und erfordert ein neues gesellschaftstheoretisches Paradigma… das Konzept der zivilen Gesellschaft nicht länger die zentrale Position besetzt, die es in so vielen modernen Staatstheorien innehatte.“[260]

---

255 Birkner/Foltin, 2008, S.16.

256 Vgl.: Hardt/Negri, 1997.

257 Ich habe bereits im ersten Kapitel daraufhin gewiesen: bei Marx steht die Rechtsform in einem engen Verhältnis zur Wertform.

258 Hardt/Negri, 1997, S.114.

259 Ebd., S.114 f.

260 Ebd., S.115.

Sie beziehen sich dabei auch auf Georg Wilhelm Friedrich Hegel, der die bürgerliche Gesellschaft als einen dynamischen Ort charakterisierte, in dem es antagonistische Interessen gibt. Er betrachtet den Staat als einen Repräsentant des Allgemeininteresses, diesem müssen sich die gegenseitigen partikularen Interessen, die Allgemeininteresse sein wollen, unterordnen. „In diesem Sinne stellt die zivile Gesellschaft den Raum der formellen Subsumtion dar, in dem der Staat die gegenüber seiner Herrschaft fremden gesellschaftlichen Antagonismen vermittelt, diszipliniert und befriedet."[261] Die Form von vermittelter Herrschaft, z.B. durch Gewerkschaften (zwischen Arbeit und Kapital, die aber auch ein Scharnier zwischen Staat und Gesellschaft bildeten), die so typisch für die Institutionen Disziplinargesellschaft war und soziale Konflikte vermittelte. Durch die reelle Subsumtion der Gesellschaft in der Postmoderne ist diese vermittelnde Dialektik verschwunden, damit auch der Gegensatz von Basis und Überbau[262], was den historischen Materialismus[263] mit einschließt.[264] „Der Staat benötigt keine vermittelnden Legitimations- und Diziplinrungsmechanismen mehr: Die Antagonismen sind abwesend (oder unsichtbar) und Legitimation ist zur Tautologie geworden."[265] Damit kommen sie zu dem Fazit: Nicht der Staat, sondern die Zivilgesellschaft wurde aufgelöst.[266] „Die Herrschaft des Staats gründet nicht länger auf disziplinierenden Einsätzen, sondern auf Netzwerken der Kontrolle. In dieser Hinsicht entspricht die gegenwärtige Verschiebung von den Disziplinargesellschaften hin zu Kontrollgesellschaften, wie sie Gilles Deleuze in Michel Foucaults Werk erkennt (vgl. Deleuze 1992)."[267] Damit ist nicht etwa der Staat verschwunden, sondern die Zivilgesellschaft wurde durch die reelle Subsumtion des Staates negiert. Mit dem scheinbaren Zurückdrängen der Institutionen der Disziplinargesellschaft wie z.B. Fabrik, Gefängnis, Klinik, Familie usw. verschwindet ihre Macht nicht. Stattdessen ist

---

261 Ebd., S.116.

262 Basis und Überbau werden bei Marx als eine dialektische Vermittlung analysiert von einerseits ideologischem Überbau Politik, Recht, Staat usw. und anderseits von Basis ökonomisch-gesellschaftlicher Struktur bzw. der materiellen Basis.

263 Meint eine historische materialistische Geschichtsauffassung, bei der der Ablauf der Geschichte durch ökonomische Prozesse gesetzmäßig bestimmte Entwicklung der Gesellschaft vorgibt.

264 Vgl.: Hardt/Negri, 2002, S.45.

265 Ebd., 1997, S.117.

266 Vgl.: ebd.

267 Ebd., S.117.

„[…]die Logik der kapitalistischen Produktion, wie sie in der Fabrik perfektioniert wurde, erfaßt nun alle Formen gesellschaftlicher Produktion gleichermaßen. Dasselbe kann auch über die Schule, das Gefängnis, das Hospital und die anderen disziplinären Institutionen gesagt werden. Der soziale Raum ist glatt, nicht in dem Sinne, daß er von der disziplinären Einkerbung befreit worden wäre, sondern indem seine Einkerbungen sich einheitlich über die Gesellschaft verbreitet haben."[268]

Damit sind nicht die disziplinären Institutionen aufgelöst, sondern sie umfassen nun mit ihren Kontrollmechanismen das ganze Leben.

„Die Subsumtion der Gesellschaft unter den Staat ist daher keine formelle, sondern eine reale; sie umfaßt nicht länger die Vermittlung und Organisation der Institutionen, um Disziplin und Herrschaft durchzusetzen, vielmehr setzt sie den Staat direkt über den fortbestehenden Schaltkreis der gesellschaftlichen Produktion in Bewegung."[269]

Sie gehen aufgrund dieser Forschungserkenntnisse davon aus, dass bestimmte Hegemonietheorien, die sich auf Antonio Gramsci beziehen, nicht mehr haltbar sind, da in der Postmoderne die Zivilgesellschaft nicht mehr existiert und der Staat diese nicht mehr braucht, um seine Herrschaft zu vermitteln. Auch ein hegemonialer Kampf um diese existiert nicht mehr.

„Eine Konsequenz aus dieser neuen Situation ist, daß nun deutlicher als je zuvor jede Strategie des sozialistischen Reformismus vollständig illusorisch ist. Gewisse populäre Interpretationen von Gramsci zum Beispiel betrachten die Zivilgesellschaft immer noch als Raum der Befreiung und als Raum, von welchem aus die repressiven Kräfte des Staats für ‚populare' oder ‚sozialistische' Ziele im Zaum gehalten und kontrolliert werden. Gramscis Werk wird in diesem Kontext als Weiterentwicklung der Hegelschen Konzeption der bürgerlichen Gesellschaft angesehen, die nicht allein die ökonomischen sondern auch die kulturellen Austauschprozesse betont, die sich in diesem Bereich eröffnen. Gramscis Konzeption der Zivilgesellschaft stellt jedoch keine Fortführung der Hegelschen dar, vielmehr kehrt sie das hegelianische Verhältnis zwischen bürgerlichen Gesellschaft und Staat effektiv um: Die Zivilgesellschaft wird nicht länger dem Staat untergeordnet, sondern übt ihre Hegemonie über die Staatsapparate aus und beschränkt so den Staat in seiner Herrschaft. Die hegelianische Unterordnung der bürgerlichen Gesellschaft unter den Staat wird so auf den Kopf gestellt: Der Staat bleibt erhalten, ist nun jedoch der

268 Ebd., S.118.

269 Ebd.

> Pluralität widerstreitender Interessen in der Zivilgesellschaft unterworfen. Der hieraus resultierende poltische Pluralismus wäre eine Art kulturell-ideologischer freier Markt sozialer Kräfte, der die Austauschdynamik zur Entfaltung bringt, während er die Strukturen des Staats, die nun dem popularen Willen untergeordnet sind, bewahrt....Fragen danach, wieweit diese Interpretation der zentralen Triebkraft von Gramscis Denken entspricht, einmal beiseite gelassen, sollte deutlich geworden sein, sowohl durch unsere theoretischen Diskussionen als auch durch eine Analyse der praktischen Lage politischer Angelegenheiten in unserer Welt, daß diese reformistische politische Vorstellung genaugenommen utopisch ist."[270]

Dieses Fazit, von Hardt/Negri in Bezug auf Gramsci ist problematisch, selbst wenn davon ausgegangen wird, dass das ganze Leben unter das Kapital subsumiert ist, ist dennoch nicht plausibel, warum es innerhalb des Kapitals bzw. seinen Institutionen zu keinen hegemonialen Kämpfen kommen kann. Ich meine, die Analyse der *totalen* Subsumtion des Kapitals reicht nicht aus, um Gramscis Theorie für obsolet zuhalten, denn Konflikte um die gesellschaftliche Hegemonie und damit auch um den Staat werden weiterhin geführt, weshalb mehrere Wissenschaftler und Wissenschaftlerinnen grade auf die Aktualität der Theorie von Gramsci verweisen.[271] Das wirklich Fatale ist nicht, dass Hardt/Negri gegen Gramscis theoretische Analyse argumentieren sondern, dass die Argumente, mit denen das getan wird, die Theorie jeder intermediäre Ebene ausschließt - was im Zweifelsfall zu einer unterkomplexen Darstellung und Analyse von sozialen Kämpfen führt, was an dieser Stelle allerdings nicht weiter ausgeführt werden kann.

Wichtig war ihr, die Subsumtion der ganzen Gesellschaft unter das Kapital, wie Hardt/Negri es getan haben, darzustellen. Dabei sind jedoch die Kämpfe und gesellschaftlichen Kräfteverhältnisse mit zu berücksichtigen, weil sie für die Dynamik dieser gesellschaftlichen Entwicklung mit verantwortlich sind. So sind diese auch verbunden mit der Subsumtion des Lebens unter das Kapital, das, wie schon angedeutet, die reelle Subsumtion des Wertgesetzes unter die biopolitische Produktion negiert. Diese ist auch immaterielle Produktion, die die Multitude hervorbringt. Andreas Benl bemerkt, dass die Interpretation der Biopolitik im Zusammenhang mit Hardt/Negris Werttheorie stehe, denn durch sie „[...] wird in der theoretischen Eliminierung der Wertform in der Verschmelzung von Arbeit und Leben von Hardt/Negri beiseite geschafft."[272] Diese Ver-

---

270 Ebd. S.118 f.

271 Vgl.: Hirsch/Kannankulam/Wissel, 2008 oder auch Buckel, 2007.

272 Benl, 2006, S.47.

schmelzung von Arbeit und Leben unter das Kapital führt zu neuen Kategorien wie Massenintellektualität[273], immaterielle Arbeit und General Intellect[274]. Biopolitische Produktion ist also für Hardt/Negri ohne immaterielle Arbeit nicht denkbar und damit ist die Kontrollgesellschaft es auch nicht. „[...] In der Kontrollgesellschaft hat das Eindringen und Akzeptieren des Lebens (Kommunikation, Kooperation, sozialer Kontakte und Beziehung) in die Institutionen als Gegenstück die Ausdehnung der Institutionen auf die ganze Gesellschaft."[275] Wissensproduktion ist es, was nach Hardt/Negri den Übergang von der formellen zur reellen Produktion ausmacht, aber die Produktion von Subjektivitäten bzw. Körper und Geschlecht gehören in der biopolitischen Produktion dazu. „Die Entwicklung hin zur reellen Subsumtion, zur immer intensiveren Verwertung findet etwa in der Produktion von Wissen statt wie auch in der Produktion von Körper und Geschlecht."[276] Immaterielle Arbeit beschreibt in diesem Fall z.B. nicht nur Programmierarbeiten, sondern auch das Produzieren von Gefühlen. Hardt/Negri sprechen in diesem Kontext auch von der Sexualisierung der Arbeit. Es soll mit einem Lächeln verkauft werden und es soll nicht nur eine Ware verkauft werden, sondern auch immer ein Gefühl. Dabei sprechen sie von affektiver Arbeit, einer Identität.[277] „[...]die ‚affektive Arbeit' als Teil der immateriellen Arbeit diskutiert, die Produkte sind ‚[...] ein Gefühl des Behagens, des Wohlergehens, der Befriedigung, der Erregung oder der Leidenschaft, auch der Sinn für Verbundenheit oder Gemeinschaft."[278] Der Postoperaist Foltin konstatiert: „ob jetzt für Wissen und Bildung, Körper und Sex oder Kunst und Kultur, immer größere Bereiche werden zuerst den Institutionen unterworfen, dann der kapitalistischen Organisation. Die Subsumtion des Lebens unter das Kapital zuerst als Disziplinierung und Kontrolle und dann als Verwertung und Selbstkontrolle."[279] Damit verwirft er, wie Hardt/Negri auch, die angeblichen Grenzen zwischen öf-

---

273 Siehe Kapitel zum gesellschaftlichen Arbeiter Massenintellektualität.

274 Siehe Kapitel zum General Intellect.

275 Foltin, 2008, S.16.

276 Ebd.

277 Dabei beziehen sich Hardt/Negri häufig auf *„Die Gesellschaft des Spektakels"(Guy Debord, 1967)*. Debord ging davon aus, dass es spektakuläre Waren gibt und die Waren nicht mehr einfach nur Gebrauchswert und Tauschwert besitzen, sondern oft aufgrund des Spektakulären gekauft werden („die Ware als Spektakel" Guy Debord). Hardt/Negri beziehen sich darauf und erweitern es dergestalt, dass Gefühle durch affektive Arbeit produziert werden, die mit einer Ware in der Postmoderne verkauft werden.

278 Hardt, 2004, S.182.

279 Foltin. 2008, S.18 f.

fentlich und privat. Alle Bereiche des Lebens dienen der Verwertung. Damit ist die reelle Subsumtion des Lebens unter das Kapital erreicht. Anderseits ist dieser Prozess auch nicht widerspruchsfrei: „Ein Beispiel ist der widersprüchliche Umgang mit Wissen und Kreativität: einerseits muss das freie Fließen gefördert werden, durch die potentielle Unendlichkeit geht aber die Möglichkeit Einschränkungen und die Erzeugung von künstlichem Mangel durch Copyright-Gesetze."[280] Dieser Widerspruch, der der immateriellen Arbeit unter kapitalistischer Kontrolle entspringt, so konstatieren Hardt/Negri, bedeutet das Ende des Wertgesetzes. Dies werde ich in meiner Arbeit nun im Folgenden weiter ausführen.[281]

2.1 Zwischenfazit

Wichtig war an diesem Punkt zu zeigen, dass Hardt/Negri davon ausgehen, dass die reelle Subsumtion zur Verallgemeinerung immaterieller Arbeit und damit der Biopolitik führt. Aus dieser Warte heraus argumentieren sie des Weiteren, dass deshalb das Wertgesetz in der Kontrollgesellschaft nicht mehr haltbar sei - im Gegensatz zur Zeit des Fordismus, als die Biopolitik nur formell subsumiert war. So gab es auch in der Disziplinargesellschaft biopolitische Machttechniken, diese waren aber auf die Institutionen beschränkt. Durch die Verallgemeinerungen dieser Institutionen hat sich die biopolitische Produktion nunmehr über die ganze Gesellschaft ausgedehnt. Dies geschah als Reaktion auf die Kämpfe gegen Institutionen der Disziplinargesellschaft und führte zur Kontrollgesellschaft oder anders ausgedrückt: von der formellen Subsumtion zur reellen Subsumtion. Der Kampf um die Ware Arbeitskraft spielte also eine wichtige, man könnte auch sagen, die entscheidende Rolle bei der Transformation zur Kontrollgesellschaft.[282] Anders als Marx, der besonders die Kämpfe der Arbeiterklasse im Blick hatte, deuten Hardt/Negri schon in dem bisher Gesagten an, dass es nicht nur der Kampf gegen eine Institution, z.B. die Fabrik, war, sondern der Kampf gegen verschiedene Institutionen, z.B. Universität, Schule, Klinik, Fabrik usw. und damit auch der Kampf mehrerer Subjektivitäten wie z.B. Studenten, Schüler, Arbeiter usw. Dies verweist auf den gesellschaftlichen Arbeiter, zu dem ich in einem späteren Kapitel noch kommen werde. Ich halte es für angebracht darauf hinzuweisen, dass diese Darstellung des Kapitalismus über das hinaus geht, was Marx analysierte, weshalb es in

280 Ebd., S.19.

281 Vgl.: Brinker/Foltin, 2006, S.94.

282 Womit vorläufig die dritte Fragestellung aus meinem Kapitel „Wertgesetz" beantwortet wurde.

gewissen wissenschaftlichen Diskussionen umstritten ist, Marx in eine postmoderne Theorie zu integrieren.[283] Aber es wird bei dieser Kritik oft übersehen, dass Negri mit seiner Argumentation Tronti konsequent folgt und damit aus einer Marxschen Diskussion selbst über Marx hinausgelangt ist, nicht, weil er Marx neu interpretieren musste oder dachte, er hätte eine fehlerhafte Analyse durchgeführt, sondern weil er davon ausgeht, dass der Kapitalismus sich selbst verändert hat. So könnten Hardt/Negri Trontis Zitat anführen, um zu zeigen, dass man eine neue Interpretation der marxschen Kritik in der Wissensgesellschaft braucht: „Eine andere grundlegende These von Marx lautet: Das am meisten entwickelte Niveau erklärt das am meisten zurückgebliebene und nicht umgekehrt; das Kapital erklärt die Grundrente, nicht die Grundrente das Kapital."[284] Dies versuchen Hardt/Negri auch mit den Kategorien formeller- reeller Subsumtion und immaterieller Arbeit.[285] Aber ist es zulässig, das Wertgesetz aufgrund der Analyse aufzugeben, dass die Entstehungszentren des Wertgesetzes wie z.B die Fabrik sich über die ganze Gesellschaft ausgebreitet haben und deshalb auch keine klare Grenze mehr zwischen Arbeit und Nicht-Arbeit existiert?[286] Mit Heinrichs Interpretation der marxschen Werttheorie könnte man z.B. einwenden, dass abstrakte Arbeitszeit weiterhin über das Geld gemessen werden kann. Auch mit einer nach Heinrichs Kriterien eher substanzialistischen Interpretationen wie z.B. von Engels, Sandleben oder mit meiner Marx-Darstellung[287] müssten wir bei den bisherigen Argumenten noch nicht das Wertgesetz aufgeben. Konkrete Arbeitszeit konnte man vielleicht im Fordismus noch ermitteln und im Postfordismus nicht mehr, aber man konnte zu keiner Zeit des Kapitalismus aufgrund des Messens konkreter Arbeitszeit - z.B. in einer Fabrik - abstrakte Arbeitszeit messen. Denn, wie ich dargestellt habe, ist nicht die Menge konkreter Arbeit in einer einzelnen Ware entscheidend, sondern wie viel abstrakte Arbeit in einer Ware enthalten ist und diese kann man nicht nachmessen (es sei denn, man argumentiert wie Heinrich). Deshalb spricht Engels auch davon, dass es sich um eine *„gedankliche, logische Tatsache"* handelt:

> „Der Wert tritt in dem Austauschverhältnis der kapitalistisch produzierten Waren nicht in die Erscheinung; er lebt nicht im Bewusstsein der kapitalistischen Produktionsagenten; er ist keine

283 Vgl.: Henninger, 2008, S.23-34, und Vgl.: Haug, 2003.

284 Tronti, 1974, S.10.

285 Wie Negri, Marx für die Analyse der Postmodern hilfreich sein kann, beschreibt er besonders deutlich in „Marx beyond Marx"(Negri, 1991).

286 Diese Fragestellung verweist auf meine erste Frage aus dem Kapitel „Wertgesetz".

287 Siehe erstes Kapitel zum Wertgesetz.

> empirische, sondern eine gedankliche, logische Tatsche; der Wertbegriff in materieller Bestimmtheit bei Marx ist nicht anders als der der ökonomische Ausdruck für die Tatsache der gesellschaftlichen Produktivkraft der Arbeit als Grundlage des wirtschaftlichen Daseins…"[288]

Ich denke, die Argumentation Hardt/Negris stützt meine These aus dem Kapitel über das Wertgesetz, wonach Hardt/Negri eine ultrasubstanzialistische Interpretation des Wertgesetzes vertreten.[289] Wichtig an Hardt/Negris Argumentation ist: Jede Tätigkeit ist produktive Arbeit. Wenn aber jede Tätigkeit produktive Arbeit ist, muss dann das Wertgesetz aufgeben werden? Wäre es nicht naheliegender, an Krahls Kategorie des produktiven Gesamtarbeiters[290] anzuknüpfen und damit auch am Wertgesetz? Wichtig scheint mir, um diese Frage klären zu können, Hardt/Negris Argumentation dahingehend zu überprüfen, ob die produktive Arbeit noch vor dem Austausch parasitär angeeignet wurde oder nicht. Daher kann ich auf dem bis jetzt Dargestellten nur zu dem vorläufigen Zwischenfazit kommen: Es gibt überzeugende Alternativen, um das Wertgesetz nicht aufzugeben.[291] Allerdings wurde in diesem Kapitel nur der Übergang zum postmodernen Kapitalismus gezeigt, weshalb Hart/Negris Argumente noch nicht ganz vorgestellt werden konnten. Daher bleibt diese Frage weiter offen und eine Vertiefung der einzelnen Kategorien ist im Folgenden erforderlich.

3. Das Ende des Wertgesetzes im postmodernen Kapitalismus

In diesem Kapitel werde ich die Interpretation der Kategorie der abstrakten Arbeit des Postoperaismus darstellen, um so zu versuchen, die Werttheorie des Postoperaismus herauszuarbeiten. Dazu werde ich die Entwicklung der reellen Subsumtion in der Postmoderne bzw. Postfordismus[292] analysieren. Die Theorie des Postoperaismus geht davon aus, dass die Kategorie der abstrakten Arbeit nicht die Wertgrösse immaterieller

---

288 Ebd., S.904.

289 Womit auch vorläufig die zweite Fragestellung aus meinem Kapitel „Wertgesetz" beantwortet wurde.

290 Siehe vorheriges Kapitel in Abschnitt : *„Krahl: reelle Subsumtion und die immaterielle Arbeit"*

291 Womit vorläufig die vierte Fragestellung aus meinem Kapitel „Wertgesetz" beantwortet wurde.

292 Die Kategorien Postfordismus und Postmoderne werden bei Hardt/Negri Synonym verwendet, deshalb verwende ich sie auch in meiner ganzen Arbeit so.

Arbeit messen kann, weil diese nicht in Arbeitszeit und Nichtarbeitszeit unterteilt werden kann. Michael Hardt und Antonio Negri versuchen dies zu zeigen, indem sie das Wertgesetz darstellen und es als historisch kritisieren.[293] Vor diesem Hintergrund, so argumentieren sie, ist die Analyse des Wertgesetzes zwar im historischen Kontext richtig gewesen, aber in der heutigen Phase des postfordistischen Kapitalismus in den Hintergrund geraten, weil es die biopolitische Produktionsweise nicht erfasst bzw. dessen Wert nicht erklären kann.[294] Sie stellen dies besonders im Kapitel *„Erster Exkurs: Zur Methode – In den Fußstapfen von Marx"*[295] dar. In diesem Kapitel wollen sie *„mit Marx über Marx hinaus"(Hardt/Negri),* um so seine Methode auf die heutigen Verhältnisse anzuwenden.[296] Sie stellen fest, dass Karl Marx in seiner *„Kritik der Politischen Ökonomie"* davon ausgeht, dass Arbeit die Quelle des Reichtums in einer kapitalistischen Gesellschaft ist.[297] Des Weiteren teilen sie die Analyse von Marx, wonach das Kapital kollektive Formen durch gesellschaftliche Arbeitsteilung schafft. Es sind also nicht isolierte Individuen, die im Kapitalismus Waren herstellen, sondern die Arbeiten aller stehen in Kooperation zueinander. Dies habe ich am Anfang meiner Arbeit versucht zu rekonstruieren, indem ich gezeigt habe, dass alle Waren etwas gemeinsam haben: abstrakt menschliche Arbeitskraft zu sein. Hardt/-Negri bringen es treffend auf den Punkt: „[...] in der kapitalistischen Produktion ist die konkrete Arbeit des Maurers, des Schweißers und des Angestellten äquivalent, nämlich abstrakte Arbeit, Arbeit im Allgemeinen, Arbeit ohne Berücksichtigung ihrer besonderen Form. Die so abstrakte Arbeit, so erklärt Marx, ist der Schlüssel zum Verständnis des kapitalistischen Begriffs des Werts."[298] Bis hierhin sind Hardt/Negri noch nicht *„mit Marx über Marx hinaus" (Hardt/Negri).*[299] Über Marx kommen sie erst hinaus, indem sie betonen, dass es eine Tendenz im Kapitalismus gibt. Diese führt zur immateriellen Arbeit, womit sie den Kapitalismus

---

293 Vgl.: Hardt/Negri, 2004, S.161-S.173.

294 Und erinnern an eine moderne Version der Argumentation von Friedrich Engels, die das Wertgesetz als historisch analysiert und knüpfen damit an eine Vorstellung an, die bereits im ersten Kapitel kritisiert wurde.

295 Hardt/Negri, 2004, S.161-S.173.

296 Dieser Anspruch ist bei Negri nicht neu, bereits seit den siebziger Jahren verwendet er den Begriff: *„Mit Marx über Marx hinaus"* und entwickelte seine Theorie dazu immer weiter Vgl.: Wright, 2005, S.165-S.190.

297 Vgl.: Hardt/Negri, 2004, S.165.

298 Ebd., S.165.

299 Dass dies eine sehr gängige Marx Interpretation ist, sieht man an den vielen unterschiedlichen Wissenschaftlern, die diese These bis hier hin teilen, so z. B. Vgl.: Heinrich, 2004, S.37-S78. , Vgl.: Postone, 2003, S.193-S.245, Vgl.: Kölßer/Wienold, 2001, S.93-S.110.

historisieren. So bemerken Hardt/Negri: „[...]die Hauptelemente der Methode von Marx, die uns bei der Entwicklung unserer eigenen als Leitfaden dienen, sind erstens der Begriff der historischen Tendenz, zweitens der Begriff der Realabstraktion, drittens die Vorstellung des Antagonismus und viertes die Vorstellung der Konstitution von Subjektivität."[300]

Genau mit dieser historisierenden Darstellung des Kapitalismus wollen sie *„mit Marx über Marx hinaus" (Hardt/Negri).* Damit reflektieren sie ihre Erkenntnis einer Tendenz eines neuen postmodernen Kapitalismus[301] und die führt dazu das Wertgesetz zu negieren, wie ich im Folgenden näher erklären werde.

Hardt/Negri erwähnen, dass Arbeit und Wert in einem quantitativen Verhältnis zueinanderstehen, um deutlich zu machen, dass damit die Arbeit im Kapitalismus dem Wertgesetz unterlag, indem ein bestimmtes Zeitquantum abstrakter Arbeit mit einem bestimmten Wertquantum real gleichgesetzt wurde. Damit unterlag der Wert einer Ware der Arbeitszeit. Dies macht aber seit dem Übergang vom Fordismus zum Postfordismus keinen Sinn mehr. Sie räumen zwar ein: „Arbeit bleibt zwar die Hauptquelle des Werts in der kapitalistischen Produktion, daran ändert sich nichts, doch wir müssen untersuchen, mit welcher Art Arbeit und mit welchen Zeitlichkeiten wir es zu tun haben."[302]

Da die immaterielle Arbeit die hegemoniale Stellung in der Produktion übernommen hat, weshalb die Einteilung in Arbeitszeit und Nichtarbeitszeit zunehmend verloren geht und damit ihre Analyse demnach folglich auch das Wertgesetz.[303] Zum einen hat die hegemoniale Stellung der immateriellen Arbeit Auswirkungen auf die Produktion, was sich daran zeigt, dass sich die für Fabrikarbeit typischen Arbeitsverhältnisse auflösen. Anstatt einer langfristigen Arbeit werden mehrere kurzzeitige

---

300 Hardt/Negri, 2004, S.162.

301 Es ist zu beachten, dass die Kategorie Postfordismus im Postoperaismus historisierend verwendet wird, also davon ausgegangen wird, dass man es mit einem völlig neuen Typ Kapitalismus zutun hat, bei dem nicht einmal mehr die Basiskategorien gelten wie z. B. das Wertgesetz. Es handelt sich also nicht bloss um ein neues Akkumulationsregime oder eine neue Regulationsweise. Im Gegensatz zu anderen marxschen Theorien (die auch in dieser Arbeit behandelt werden), die ebenfalls die Kategorie Postfordismus verwenden, diese aber nicht historisierend verwenden, sondern damit nur eine bestimmte historische Phase des Kapitalismus fassen und nicht einen völlig neuen Typ, in denen deshalb die Marxschen Basiskategorien weiter Bestand haben wie z.B. die Regulationsschule, die Wertkritik usw. Dazu vgl.: Hirsch, 2002.

302 Hardt/Negri, 2004, S.166.

303 Ebd., 2004, S.166.

Jobs angenommen. Auch wird bei Firmen wie Microsoft, Googel usw. z.B. alles versucht, dass der Arbeitsplatz zum Zuhause wird. Zum anderen weisen sie daraufhin, dass die materielle Produktion z.B. von Autos, Kleidung, Nahrung und anderen Gütern weiterhin wichtig bleibt: „Mittel des gesellschaftlichen Lebens, dessen moderne Formen ohne diese Waren unmöglich wären."[304] Diese materielle Produktion vergleichen sie wiederum mit der immateriellen Arbeit: „[...] im Gegensatz dazu schafft immaterielle Produktion, zu der die Produktion von Ideen, Vorstellung, Kommunikation, Kooperation und affektiven Beziehungen gehört, tendenziell nicht Mittel des gesellschaftlichen Lebens, sondern gesellschaftliches Leben als solches. Immaterielle Produktion ist biopolitisch."[305] An diesem Zitat wird deutlich, was *„mit Marx über Marx hinaus"(Hardt/Negri)* gemeint ist. Immaterielle Arbeit ist biopolitisch[306] und damit produziert sie das Leben an sich. Sie verweisen darauf, dass der Marxsche Begriff der „lebendigen Arbeit" dies gut fasse, da dieser zwar darauf reduziert werden kann, dass die „lebendige Arbeit" vom Kapital einverleibt wird, aber auch darauf, dass er auch über das Kapital hinausweist.[307] Denn die erfinderischen Fähigkeiten bzw. Kreativität der „lebendigen Arbeit" reichen weit über nur wertbildende Arbeit hinaus.

> „An diesem Punkt können wir erkennen, dass biopolitische Produktion zum einen *nicht messbar* ist, denn sie lässt sich nicht in festen Zeiteinheiten quantifizieren, und zum andren immer exzessiv bleibt, was den Wert angeht, der aus ihr zu gewinnen ist, denn das Kapital kann nie das Leben insgesamt an sich reißen. Das ist der Grund, warum wir die Marxsche Vorstellung vom Verhältnis zwischen Arbeit und Wert revidieren müssen."[308]

Biopolitik schafft also das Leben und dieses ist unter das Kapital subsumiert.[309] Wenn die immaterielle Arbeit also das ganze Leben produziert bzw. produktiv nutzt, dann gibt es kein „Außen" (Hardt/Negri) mehr bzw. Nichtarbeitszeit, denn das Leben kennt keine Pause. Bei immaterieller Arbeit sind Kooperation und Kommunikation wichtige Punkte. Marx stellte fest, das Kapital die Arbeiter mit den Produktionsmitteln zusammenbringt. Der Kapitalist stellt also die Mittel zur Verfügung, um zu produzieren und steuert die Kommunikation in der Produktion bzw. verbessert die Kooperation in der Arbeitsteilung mit dem Ziel, Arbeits-

---

304 Hardt/Negri, 2004, S.166.

305 Ebd., 2004, S.166.

306 Vgl.: ebd., 2002, S.37-S.56.

307 Vgl.: ebd., 2004, S.167.

308 Ebd., S.167.

309 In einem vorherigen Kapitel wurde deshalb darauf hingewiesen, was im Postoperaismus unter der Subsumtion des Lebens zu verstehen ist.

zeit einzusparen. Das führt Hardt/Negri angesichts der Rolle der immateriellen Arbeit in ihrer Analyse zu folgendem Schluss: „[...]unter dem Paradigma immaterieller Produktion hingegen kann die Arbeit tendenziell selbst die Mittel der Produktion Interaktion, Kommunikation und Kooperation hervorbringen."[310] Die Produktion von z.B. Ideen, Vorstellungen, Sprache[311] usw. sind Beispiele gemeinsamen produzierten Wissens[312], z.B. denkt niemand wirklich alleine oder auch die Entwicklung der Sprachen (auch Computersprachen) ist ein gemeinsamer Prozess, der Kooperation beinhaltet. Dies unterstreicht die Qualität der Veränderungen in der biopolitischen Produktion: „[...]das Gemeinsame steht am Anfang und am Ende der immateriellen Produktion, taucht als ihre Voraussetzung wie als ihr Ergebnis auf. Unser gemeinsames Wissen ist die Grundlage jeder neuen Wissensproduktion."[313] Hardt/Negri stellen fest, dass die Ökonomen das Gemeinsame mit der Kategorie Externalität ausdrücken. Positive Externalitäten sind gesellschaftlicher Reichtum, der außerhalb des unmittelbaren Produktionsprozesses geschaffen wurde, dieser wird vom Kapital teilweise genutzt. So sind zum Beispiel vom Standpunkt des Kapitals Straßen, Eisenbahnen, Telefonleitungen, Glasfaserkabel u.a. materielle Dinge, positive Externalitäten. Auch immaterielle Dinge können positive Externalitäten sein wie z.B. Intelligenz, technisches Wissen der Bevölkerung, affektive Fähigkeiten usw. Diese positiven Externalitäten werden im Postfordismus zunehmend wichtiger, denn sie zeichnen die immaterielle Produktion aus und wären ohne sie undenkbar. Hardt/Negri betonen: „Eine Theorie über das Verhältnis von Arbeit und Wert muss unter den gegenwärtigen Bedingungen vom Gemeinsamen ausgehen."[314] Hardt/Negri erscheint das Gemeinsame dabei wie ein Rohstoff, der in der Produktion genutzt werden kann, aber nicht verbraucht wird. „Da sie zum Gemeinsamen der Gesellschaft werden, bilden sie eine Art Rohstoff, der in der Produktion nicht verbraucht wird, sondern sich durch seine Verwendung tatsächlich vermehrt."[315]

Eine weitere Besonderheit im Gegensatz zu jedem anderen Rohstoff besteht darin, dass er nichts kostet, da es sich um ein Allgemeingut handelt. Dazu bemerken Hardt/Negri:„[...]das Kapital muss für diese ex-

---

310 Hardt/Negri, 2004, S.167.

311 Vgl.: Virno, 2005.

312 Mit gemeinsamer Produktion von Wissen ist., der General Intellect als allgemeines Wissen im Postoperaismus gemeint. Vgl.: Hardt/Negri, 2002, S.369-S.372.

313 Hardt/Negri, S.168, 2004.

314 Ebd., S.168.

315 Ebd., S.168.

ternen Quellen des Reichtums nicht bezahlen."[316] Folglich gehen sie davon aus, dass die Produktion und Reproduktion nun produktiv vom Kapital genutzt werden kann bzw. die Grenzen verschwinden. Denn das Gemeinsame wird auch in der Reproduktion produziert (weshalb die Unterscheidung zwischen Produktion und Reproduktion zunehmend weniger Sinn macht). „Die neuen Eigenschaften des Werts angesichts des Paradigmas der immateriellen und biopolitischen Produktion, also seine Nichtmessbarkeit wie auch seine Tendenz zum Gemeinsamen, untergraben alle traditionellen Methoden der Rechnungsführung."[317] Die Produktion des Gemeinsamen an sich ist immer selbst kooperativ und kommunikativ und damit immaterielle Arbeit. Eine Konstante zum Fordismus ist allerdings die Ausbeutung der Arbeit durch das Kapital. Nun wird aber auch das Gemeinsame ausgebeutet, denn die Produktion des Gemeinsamen steht entsprechend ihrer Analyse unter der Kontrolle des Kapitals und wird dementsprechend angeeignet.[318] Aber das Verhältnis zwischen Arbeit, Wert und Ausbeutung hat sich durch die immaterielle Arbeit verschoben. „Marx insistiert darauf, dass eine Konzeption der Ausbeutung sich nur auf eine Theorie des Werts gründen kann. Insofern sich die Beziehung von Arbeit und Wert verändert hat, muss sich deshalb auch unser Verständnis der Ausbeutung verändern."[319] Es handelt sich also nicht nur um ein quantitatives Verhältnis, sondern um ein qualitatives, deshalb steht auch das Wertgesetz zur Disposition.[320] „Unter dem gegenwärtigen Paradigma der immateriellen Produktion lassen sich die Werttheorie und entsprechend auch die Ausbeutung nicht ausgehend von messbaren Zeitquanten denken."[321] So ist der „Mehrwert im Gemeinsamen" (Hardt/Negri) zu suchen. Immaterielle Dinge werden gemeinsam produziert und dann nachträglich privat angeeignet.[322] „Das

316 Ebd., S.168.

317 Hardt/Negri, 2004, S.169.

318 Vgl.: ebd., S.170.

319 Ebd., S.170.

320 Denn dass sich z.B. der Anteil des Arbeiters am Surplus verschiebt, ist der Normalfall im Kapitalismus (z.B. wenn sich die relative oder absolute Mehrwertrate verschiebt). Weil durch die Produktion der gemeinsamen bzw. der immateriellen Arbeit nun das ganze Leben durch das Kapital subsumiert wird, handelt es sich nicht um eine quantitative Verschiebung in der Länge des Arbeitstages usw., sondern um eine qualitative, weil es zunehmend keine Grenze mehr zwischen Freizeit und Arbeitszeit gibt. Deshalb steht im Postoperaismus das Wertgesetz zur Disposition. Vgl. Hardt/Negri, 2004, S.170.

321 Hardt/Negri, 2004, S.171.

322 Dieser Vorgang wird auch als eine neue Art der sog. ursprünglichen Akkumulation analysiert, die im Postoperaismus auch als „innere Landnahme" bezeichnet wird. Vgl.: Weber/Karlhuber, 2002, S.21-S.27.

Gleiche gilt für die Produktion von Sprachen, Ideen und Wissen: Was gemeinsam geschaffen ist, wird privat."[323] Die Revidierung der Werttheorie unter dem Vorzeichen einer biopolitischen Produktion führt auch zu einer neuen Geldtheorie. „Geld ist selbstverständlich nicht nur einfach ein allgemeines Äquivalent, das den Tausch erleichtert, sondern zugleich die zugespitzteste Form der Repräsentation des Gemeinsamen."[324] Bei Finanzinstrumenten handelt es sich angeblich nur noch um Wetten auf das Gemeinsame. Die Produktivkräfte seien schon kommunistisch, aber die Produktionsverhältnisse noch kapitalistisch, deshalb muss es das Kapital (wie eben schon kurz beschrieben) sich im Nachhinein „parasitär" (Hardt/Negri) aneignen. „Die Profite des Finanzkapitals stellen vermutlich in reinster Form die Expropriation des Gemeinsamen dar."[325]

Das Kapital produziert nicht nur Waren, sondern auch Subjektivitäten. Mit dieser Erkenntnis legte Marx den Schwerpunkt seiner Analyse dabei auf Subjekte wie Arbeiter und Kapitalisten. Hardt/Negri teilen diese Erkenntnis, legen aber ihren Schwerpunkt auf die Armen, die das Kapital produzieren.[326] Auch ist die Ausbeutung global sehr unterschiedlich ausgeprägt und damit die Armut.[327] In Anlehnung an Marx kommen sie zum Schluss, dass Armut einen Doppelcharakter hat, ähnlich wie Arbeit. Marx ging in den Grundrissen von der Analyse aus, dass Arbeit Armut schafft („die Arbeit als die absolute Armut"; Marx), aber gleichzeitig auch Wert schafft („die Arbeit...als die lebendige Quelle des Werts"; Marx).[328] Und so kommen Hardt/Negri zu dem Fazit, beim Versuch mit Marx über Marx hinausgehen zu wollen:

> „Der Doppelcharakter von Armut und Möglichkeit bestimmt immer deutlicher die Subjektivität der Arbeit unter dem Paradigma immaterieller Produktion. Der Reichtum, den sie schafft, wird ihr weggenommen, und das ist Quelle ihres Antagonismus. Und doch bleibt ihr die Fähigkeit, Reichtum zu schaffen, und das ist ihre Macht. Im Zusammengehen von Antagonismus und Macht findet sich die Anlage einer revolutionären Subjektivität."[329]

---

323 Hardt/Negri, 2004, S.171.

324 Ebd., S.171.

325 Hardt/Negri, 2004, S.171.

326 Vgl.: ebd., 2010, S.54-S.70.

327 Vgl.: ebd., 2004, S. 171, aber leider wird uns nicht verraten, in welchem Verhältnis dies geschieht, sondern nur darauf verwiesen, dass es sich um die vorher angesprochene Tendenz handelt.

328 Vgl.: Hardt/Negri, 2004, S.172.

329 Ebd., 2004, 173.

3.1 Zwischenfazit

Durch die Tendenz der immateriellen Arbeit wird zunehmend die Grenze zwischen der Arbeit und der Freizeit aufgehoben, auch macht eine Trennung zwischen Produktion und Reproduktion keinen Sinn mehr (für die Analyse des Wertes). Das gemeinsam Produzierte wird nachträglich vom Kapital *„parasitär“ (Hardt/Negri)* angeeignet, aus diesen Gründen revidieren sie das Wertgesetz. Immaterielle Arbeit produziert auch einen neuen Widerstand. Die, die schon das Gemeinsame produzieren, das vom Kapital enteignet wird, stellen das neue revolutionäre Subjekt dar.[330] Hardt/Negri bestätigen auch in diesem Kapitel ihre ultrasubstanzialtische Argumentation. Interessant sind ihre Bemerkungen zum Geld: „Geld ist selbstverständlich nicht nur einfach ein allgemeines Äquivalent, das den Tausch erleichtert, sondern zugleich die zugespitzteste Form der Repräsentation des Gemeinsamen.“[331] Hier könnte man eine mögliche Verbindung zu Heinrich herstellen, aber was ist das Gemeinsame? Wäre es Wert, dann wäre eine Verbindung möglich. Aber wenn Hardt/Negri zu dem Schluss kommen, dass es sich bei Finanzinstrumenten nur um Wetten auf das Gemeinsame handelt, können sie nicht die Marxsche Kategorie Wert in einem streng analytischen Sinn gemeint haben. Mir scheint das Gemeinsame ist gerade das Nichtmessbare, weshalb sie zwar mit dieser Argumentation das Wertgesetz für überflüssig erklären können, aber noch kein neues Wertgesetz entwickelt haben.

4. Soziologie der immateriellen Arbeit

Nach der Analyse des Postoperaismus über den Postfordismus muss genauer dargestellt werden, warum das Marxsche Wertgesetz negiert wurde. Bei dieser Analyse steht die immaterielle Arbeit, deren Wert jenseits des Masses zu finden ist, im Zentrum der Untersuchung.

Die wichtigsten Vertreter des Postoperaismus bei dieser Analyse sind Michael Hardt, Antonio Negri und Maurizio Lazzarato, weshalb ich mich auf diese konzentriere. Zwar haben auch andere auf diesem Gebiet gearbeitet, aber die zentralen Argumente finden sich bei den eben genannten Wissenschaftlern.

Wie ich in der Einleitung dieser Arbeit schon erwähnt habe, geht der Postoperaismus davon aus (wie einige andere Theorien), dass die Ökonomie in zunehmendem Masse immateriell wird. Negri/Hardt sprechen

---

330 Dies stellt auch die materielle Grundlage für die Multitude dar. Vgl.: Hardt/Negri, 2004, S.121-S.134.

331 Hardt/Negri, 2004, S.171.

dabei auch von einer qualitativen Veränderung der Arbeit: „[...]der Übergang zu einer informationellen Ökonomie erfordert notwendigerweise einen Wandel in der Qualität der Arbeit und im Charakter des Arbeitsprozesses".[332] Die Transformation zeigt sich auch in der industriellen Produktion, z.B. in der Automobilindustrie, in der die Information und Kommunikation immer wichtiger werden. Dies führt zu weit reichenden Veränderungen, die den Postfordismus kennzeichen und auf deren Folgen ich im Einzelnen näher eingehen werde. Durch die „Just in Time"-Produktion ist es möglich, Kosten zu reduzieren, z.B. durch grosse Einsparungen bei der Reduzierung von Lagerraum.

Hardt/Negri betonen, dass im Fordismus die Waren in der Hoffnung produziert wurden, dass sie verkauft werden. Dieses Verhältnis ist im Postfordismus eingeschränkt, wenn nicht sogar umgekehrt. So kann es also sein, dass „im angenommenen Extremfall wird die Ware nicht produziert, solange der Konsument sich nicht entschieden und die Ware noch nicht bezahlt hat."[333] Auch Lazzarato drängt darauf, dass die bessere Kommunikation dazu geführt hat, dass sich das Verhältnis von Produktion und Konsum verändert bzw. umgedreht hat. „Statt weiterhin über Angebot und Nachfrage nachzudenken, sollte man also Produktion und Konsumtion in ihrem wechselseitigen Verhältnis neu bestimmen."[334] Lazzarato verweist ebenfalls darauf, dass durch die bessere Kommunikation in der Autoindustrie ein Auto erst verkauft wird, bevor es produziert wird. Damit aber verlagert sich der Schwerpunkt auf zunehmend immaterielle Arbeit und immaterielle Waren wie z.B. Werbung, Vermarktung, Investment usw. „Der Schwerpunkt verlagert sich immer mehr von der Produktion zu Vermarktung, Werbung und Investment. Bevor es hergestellt wird, muss ein Produkt verkauft sein."[335]

Dadurch verschiebt sich der Wertanteil z.B. eines Autos vom Materiellen zunehmend zum immateriellen Wert. Die Ware wird individueller, ein Auto einer Serie kann trotz Fliessbandproduktion mit unterschiedlichen Eigenschaften wie z.B. in verschiedenen Farben, mit unterschiedlichen Ausstattungen usw. gekauft werden. „Heute ist die Standarisierung der Waren nicht mehr gleichbedeutend mit Erfolg, und die Automobilindustrie selbst, die einmal Spitzenreiter bei großen Serien zu niedrigen Preisen war, brüstet sich heute gerne als Neoindustrie des Einzigartigen."[336]

---

332 Ebd., 2002, S.300.

333 Ebd., S.301.

334 Lazzarato, 1998, S.54.

335 Ebd., S.55.

336 Ebd., S.55.

Negri/Hardt und Lazzarato gehen davon aus, dass der Unterschied zwischen Fordismus und Postfordismus das Ende der standardisierten Massenproduktion ist.

> „Der Toyotismus basiert auf einer Umkehrung der fordistischen Kommunikationsstruktur zwischen Produktion und Konsumtion. Idealerweise, also dem Modell nach, wird hier die Produktionsplanung beständig und unmittelbar mit den Märkten kommunizieren. Die Fabriken kommen ohne Lagerbestand aus und die Waren werden just in time produziert, abhängig von der gerade auf dem Markt bestehenden Nachfrage."[337]

Dies wird von Paolo Virno unter anderem auch als „Kommunismus des Kapitals" bezeichnet[338], da die nicht vorhandene Planung der Produktion nach den Bedürfnissen auch als „Anarchie der Produktion"(Marx) bezeichnet wird, die im Kommunismus aufgehoben ist.[339] Auch wenn das nicht das Ende des Kapitals ist, sehen Hardt/Negri doch die Chancen erhöht, durch die „immaterielle Arbeit das Potenzial für eine Art des spontanen und elementaren Kommunismus."[340] Dieser „Kommunismus des Kapitals" beinhaltet die bessere Steuerung der Produktion durch mehr Informationen bzw. Marktdaten.

Hardt/Negri möchten bei dem beschriebenen Extremfall der „just in time"-Produktion verdeutlichen, dass es eine kontinuierliche und schnellere Kommunikation zwischen Produktion und Konsumtion gibt.[341] Allerdings weisen sie daraufhin, dass es dabei um einen verkürzten Begriff von Kommunikation geht, da es sich nur um reine Übermittlung von Marktdaten handelt.[342] Diese Dienstleistungen, zu denen Kommunikation, Wissen und andere immaterielle Güter gehören, werden in der postfordistischen Phase des Kapitalismus immer wichtiger. Sie lassen sich durch immaterielle Arbeit produzieren „[...]da die Produktion von Dienstleistungen auf nicht-materielle und nicht-haltbare Güter zielt, definieren wir die Arbeit, die in diesem Produktionsprozess verrichtet wird, als *immaterielle Arbeit-* das heißt als eine Arbeit die immaterielle Güter wie Dienstleitungen, kulturelle Produkte, Wissen oder Kommunikation produziert."[343] Nach Hardt/Negri ist nicht nur die industrielle Produktion Teil der immateriellen Arbeit, es werden noch zwei weitere

337 Hardt/Negri, 2002,S.301.

338 Vgl.: Vrino, S. 157.

339 Vgl.: Marx, 2004.

340 Hardt/Negri, 2002, S.305.

341 Vgl.: Hardt/Negri, 2002, S.301.

342 Vgl.: ebd, S.302.

343 Ebd., S.302.

Typen unter diese Kategorie gefasst. Eine ist die „symbolisch-analytische Dienstleistung".

Sie weisen daraufhin, dass diese Arbeiten, die unter diese Kategorie fallen, mit der Anwendung eines Computers verglichen werden können. Um einen Computer zu benutzen, braucht man symbolisch-analytische Fähigkeiten. Diese Fähigkeiten brauchen Menschen generell, um Information aufzunehmen und zu verarbeiten. Durch diese zunehmenden Anforderungen verändert sich die Arbeit, aber auch das Bewusstsein gegenüber dem Fordismus oder Taylorismus, denn in diesen historisch spezifischen Phasen des Kapitalismus waren das Denken und die Bewegungen notwendigerweise „maschinen ähnlich" (Hardt/Negri).

> „In früherer Zeit lernten Arbeiter, maschinenähnlich zu handeln, sowohl innerhalb wie außerhalb der Fabrik. Man lernte sogar (durch die fotografischen Bewegungsstudien von Edward Muybridge etwa), menschliche Tätigkeiten ganz allgemein als mechanisch wahrzunehmen. Heute denken wir zunehmend wie ein Computer, und das interaktive Modell der Kommunikationstechnologie gewinnt mehr und mehr zentrale Bedeutung für unsere Arbeitsaktivitäten."[344]

Hardt/Negri erwähnen, dass das Denken und die Bewegungen von Maschinen bzw. der Arbeitsorganisation in den Fabriken beeinflusst wurden. Dies ist im postmodernen Kapitalismus durch eine relativ neue Maschine ebenfalls der Fall, den Computer. Computerarbeit weitet sich ihrer Meinung danach immer weiter aus und kann als eine Art universales Werkzeug gesehen werden, das die gesamte Produktion verändert. Denn selbst dort, wo dieses Werkzeug nicht direkt zur Anwendung kommt, ähnelt die Produktionsmethode der eines Computers, wie Hardt/Negri insistieren: „selbst die rudimentärste Formen künstlicher Intelligenz erlauben es einem Computer, die eigenen Operationen auf der Grundlage der Interaktion mit seinen Nutzern und seiner Umgebung ausweiten zu perfektionieren."[345]

Zusammenfassend lassen sich die Analysen der immateriellen Arbeit von Hardt/Negri in drei Kategorien unterteilen.

1. Die industrielle Produktion: Sie hat die Informalisierung und Kommunikationstechnologie inkorporiert, das hat die Produktion selbst transformiert und damit die materielle und immaterielle Arbeit vermischt.

---

344 Ebd., S.302.

345 Hardt/Negri, 2002, S.302.

2. Analytische und symbolische Produktion: ist immer immaterielle Arbeit, da sie kulturelle Produkte, Wissen oder Kommunikation herstellt. Ein Beispiel dafür ist der Computer. Seine Handhabung erfordert das Bedienen und Verstehen von Symbolen, Informationen und Kommunikation. Der Computer ist das wichtigste Produktionsmittel unserer Zeit und aus kaum einem Arbeitsablauf mehr wegzudenken. Obwohl viele das gleiche Produktionsmittel - Computer - benutzten, gibt es trotzdem eine Hierarchie in der Arbeitsteilung.
3. Die affektive Arbeit: umfasst das Feld von zwischenmenschlichen Kontakten über Emotionen bis hin zur Arbeit am Körperlichen. Sie findet sich zum Beispiel im Gesundheitsdienst oder der Kulturindustrie. Michael Hardt geht davon aus, dass durch die Postmodernisierung die affektive Arbeit zur wichtigsten Produktivkraft geworden ist. „Die affektive Arbeit ist heute nicht nur direkt produktiv für das Kapital, mehr noch, sie bildet die Spitze in der Hierarchie der Arbeitsformen.“[346]

Diese drei Typen der immateriellen Arbeit sind nach Hardt/Negri die wichtigsten Arbeiten der postmodernen globalen Ökonomie. Sie bemerken auch: „[...]in jedem dieser Typen der immateriellen Arbeit steckt die Kooperation bereits vollständig bereit.“[347] Hier wird eine neue Qualität postmoderner Arbeit deutlich, denn durch die hohe Kooperation der Arbeit sind die Kategorie „variables Kapital“ der politischen Ökonomie sowie ihre Kritik hinfällig. Denn die Kategorie des „variablen Kapitals“ schließt mit ein, das Kapital und Arbeit zusammenkommen müssen, um Kapital zu schaffen, aber durch die eben schon erwähnte Kooperation ist es nun möglich, sich selbst zu verwerten. Es werden zwar Kooperationen gebraucht, aber die Arbeitskraft muss nicht mehr zwingend verkauft werden, um Wert zu produzieren.

> „Diese Tatsache stellt den alten, sowohl der klassischen Politischen Ökonomie als auch Marx` Kritik geläufigen, Begriff von Arbeitskraft als „variables Kapital“ in Frage, da in diesem Begriff die Arbeitskraft so verstanden wird, dass sie nur durch das Kapital ihren Zusammenhang erfährt und in Bewegung zu setzen ist; das kooperative Vermögen der Arbeitskraft (und insbesondere der immateriellen Arbeit) hingegen bietet der Arbeit die Möglichkeit der „Selbstverwertung“. Die Hirne und Köper brauchen auch weiterhin die anderen, um Wert zu produzieren, doch die anderen, die sie brauchen, stellen nicht mehr notwendigerweise

346 Hardt, 2004, S.175.

347 Hardt/Negri, 2002, S.305.

> das Kapital und seine Fähigkeit, die Produktion zu orchestrieren."[348]

Meiner Meinung nach sprechen Hardt/Negri hier vom Zusammenfallen der Widersprüche von Kapital und Arbeit, was Kommunismus zur Folge hätte und deshalb konstatieren sie unter anderem auch die Möglichkeit des spontanen Kommunismus.

> „Heute haben Produktivität, Reichtum und das Schaffen eines gesellschaftlichen Surplus die Form der kooperativen Interaktion angenommen, die sich sprachlicher, kommunikativer und affektiver Netzwerke bedient. Indem sie ihre eigenen schöpferischen Energien ausdrückt, stellt die immaterielle Arbeit das Potenzial für eine Art spontanen und elementaren Kommunismus bereit."[349]

Es stellt sich dabei allerdings die Frage, ob die immaterielle Arbeit tatsächlich eine so hegemoniale Stellung im Produktionsprozess einnimmt. Lazzarato und Hardt/Negri vertreten beide die Auffassung, dass die immaterielle Arbeit die führende hegemoniale Stellung hat.[350] Sie begründen das aus der Analyse heraus, dass nicht die quantitative Menge von immaterieller Arbeit ihre Hegemonie begründet, sondern sich dies vielmehr durch ihre Qualität erklärt. „Diese Form ist dabei nicht im quantitativen Sinne dominant, eher in der Art, wie sie andere Formen dazu bringt, sich zu wandeln. Hegemonie beschreibt hier eine Tendenz."[351]

Dieser Analyse muss die Erkenntnis vorausgehen, dass eine Form der Arbeit gegenüber einer anderen hegemonial ist. Hardt/Negri betonen sogar, dass dies immer so sein muss. „In jedem Wirtschaftssystem gibt es verschiedene, nebeneinander bestehende Formen von Arbeit, wobei immer eine gegenüber den anderen hegemonial ist."[352]

Hardt/Negri erklären dies beispielhaft an den Entwicklungen im 19.und 20. Jahrhundert, als die Industriearbeit hegemonial war und die Industrieproduktion alle anderen wirtschaftlichen Sektoren beeinflusste und in ihren Strudel zog, so z.B. die Landwirtschaft, den Bergbau und darüber hinaus die ganze Gesellschaft.

> „Die mechanisierten Praktiken und zugleich der Lebensrhythmus der industriellen Arbeit verändern alle anderen gesellschaftlichen Institutionen wie Familie, die Schule oder Armee. Die veränder-

348 Ebd., S.305.

349 Ebd., S.305.

350 Vgl.: Lazzarato, 1998, S.39-S.67.

351 Hardt/Negri, 2004, S.125.

352 Ebd., S.125.

> ten Arbeitsweisen, beispielsweise die industrialisierte Landwirtschaft, behalten natürlich Unterschiede zur Industrie bei, doch gibt es auch immer mehr gemeinsame Merkmale."[353]

Hardt/Negri behaupteten sogar, dass es die Tendenz gibt, wonach sich alle Arbeiten immer mehr angleichen.[354] Sie analysierten des Weiteren, dass die industrielle Arbeit ihre hegemoniale Stellung in den letzten 20 Jahren zu Gunsten der immateriellen Arbeit verloren hat.[355]

Trotzdem bleibt die immaterielle Arbeit auf ihre materielle Basis verwiesen, weshalb Hardt/Negri konstatieren: „Die Arbeit in der immateriellen Produktion, das muss betont werden, bleibt materiell- wie für jede Arbeit brauchen wir dazu Körper und Geist. Was immateriell ist, ist das Produkt."[356]

Immaterielle Arbeit kann auch als biopolitische[357] Arbeit bezeichnet werden, da sie die traditionellen Unterschiede zwischen Ökonomie, Politik, Kultur und Gesellschaft zunehmend verwischt, dies macht die neue Hegemonie der immateriellen Arbeit aus. So stellen Hardt/Negri fest: „[...] es wäre besser, die neue hegemoniale Form als ‚biopolitische Arbeit' zu verstehen, als Arbeit also, die nicht nur materielle Güter, sondern zugleich auch Beziehungen und letztlich das gesellschaftliche Leben selbst schafft."[358] Immaterielle Arbeit produziert gesellschaftliches Leben, findet also in der gesamten Gesellschaft netzwerkartig statt, dies wird auch als „fabbrica diffusa" (Lazzarato) bezeichnet und produziert so nicht nur Waren, sondern auch ein gesellschaftliches Verhältnis.[359] Und dennoch, obwohl Hardt/Negri davon ausgehen, dass die immate-

---

353 Ebd., S.126.

354 Vgl.: Ebd., und es handelt sich dabei um eine alte operaistische Figur von Negri das alle unterschiedlichen Arbeiten die Tendenz haben immer abstraktere Arbeiten zu werden und sich deshalb immer mehr angleichen. Vgl.: Wright, 2002, S.177). Negri spielt darauf an, dass Kapitalismus sich tatsächlich verändert hat, denn zu Marx Lebzeiten war dies noch anders. So schreibt Marx: „In jeder besonderen Produktionssphäre ist der Arbeitsprozess und daher auch die Faktoren des Arbeitsprozesses verschieden. Man kann mit Spindel, Baumwolle und Spinner keine Stiefel machen." (Marx, 1970, S.37, http://marx.blogsport.de/images/resultate_02.pdf, rev.18.03.2009).

355 Hardt/Negri, 2004, S.125.

356 Ebd., 2004, S.127.

357 Biopolitisch im Sinne von Foucault dazu vgl.: Foucault, 2005, S.180 bis S.190 und vgl.: Negri/Hardt, 2002, S.37 bis S.56.

358 Hardt/Negri, 2004, S.126.

359 Vgl.: Lazzarato, 1998, S.48. Aber auch Marx hat schon darauf hingewiesen, dass jede Ware ein soziales Verhältnis produziert, dazu vgl.: MEW23, 2001, S.49-100.

rielle Arbeit eine hegemoniale Stellung einnimmt, behaupten sie weiterhin, dass die meisten Arbeiter nicht direkt immaterielle Güter herstellen. „Immaterielle Arbeit ist global gesehen in der Minderheit und zudem in wenigen dominanten Regionen der Erde konzentriert. Unsere These lautet entsprechend, dass immaterielle Arbeit qualitativ hegemonial geworden ist und damit anderen Formen der Arbeit und der Gesellschaft selbst eine Tendenz vorgibt."[360] Hatte die industrielle Arbeit einst eine hegemoniale Tendenz, ist es heute die immaterielle Arbeit. Sie machen dies an verschieden Beispielen deutlich. Heute müssen alle Arbeiten informalisiert, intelligent, kommunikativ und affektiv werden, nachdem sie sich erst der Industrialisierung anpassen mussten, so z.B. auch die Landwirtschaft. Erst hat sie sich mehr und mehr dem „Kommando der Fabrik"(Negri) angepasst (auch mit umfangreichen Maschinen, z.B. Traktoren usw.) und heute wird zunehmend die immaterielle Arbeit für sie wichtig, auch wenn es einen Teil davon schon immer in ihr gegeben hat. Zwar ist die Landarbeit physisch anstrengend, aber dennoch ist sie ihrer Ansicht nach auch eine Wissenschaft. Der Landarbeiter muss Chemiker sein, z.B. dann, wenn es darum geht, für einen Pflanzentyp den entsprechenden Bodentyp zu finden und er muss biologisches Wissen haben z.B. über Erbgut, er muss ebenfalls über meteorologisches Wissen verfügen, um die Umwelt einzuschätzen.[361] So können aufgrund von Wissen Entscheidungen getroffen werden, die gerade nicht mechanisch sind. Das ist typisch für die immaterielle Arbeit und ist beispielhaft an der Landwirtschaft gezeigt worden.[362]„Die Art Kunstfertigkeit, wie sie typisch ist für die Landwirtschaft, die sich nach den unvorhersehbaren Wechselfällen der Natur richtet, erinnert eher an die Art von Wissen, die im Mittelpunkt der immateriellen Arbeit steht, als an die mechanische Wissenschaft der Fabrik."[363]Auch die industrielle Produktion hat sich verändert. Anstelle von standardisierten Massenprodukten werden individuelle Produkte gefertigt. Durch zunehmende Information und Kommunikation werden industrielle Abläufe immer flexibler und weniger mechanisch, wie es noch im Fordismus der Fall war.

---

360 Hardt/Negri, 2004, S.128.

361 Vgl.: Ebd., 2004, S.128.

362 In der Landwirtschaft hat es immer schon immaterielle Arbeit gegeben, aber sie wird zunehmend wichtiger, was im Laufe des Kapitels beschrieben wird. Aber an dieser Stelle kann schon einmal darauf hingewiesen werden, dass der Computer und das Internet auch die Landwirtschaft verändert haben (z.B. Internet- Wetterdienst, Preistabellen, Tipps oder computerisierte Milchanlangen usw.).

363 Hardt/Negri, 2004, S.129.

> „Allgemein tendiert die Hegemonie der immateriellen Arbeit dazu, die Produktionsorganisation zu verändern: von den linearen Beziehungen am Montageband zu den kombinatorischen und nicht festgelegten Beziehungen im verteilten Netzwerk. Information, Kommunikation und Kooperation werden zu Normen und das Netzwerk zur vorherrschenden Organisationsform der Produktion."[364]

Diese zunehmende Bedeutung der immateriellen Arbeit und Güter haben zum einen die Tendenz die Grenzen zwischen Arbeitszeit und Freizeit zu verwischen. Sie weisen noch drauf hin, das gerade dadurch, weil immaterielle Güter gesellschaftliche Arbeiten sind, diese in Netzwerken entstehen, wobei es auch zu einer Art „inneren Landnahme" (Hardt/Negri) kommt. Immaterielle Güter bringen so interessante Rechtsfragen mit sich, wenn ein Saatguthersteller z.B. ein Patent auf Saatgut beansprucht. Die Bauern nutzen dieses Saatgut vielleicht schon länger, melden aber kein Patent an oder durch die gentechnologischen Veränderungen bringen diese Hersteller neue Samen hervor, die die Bauern kaufen können. Dadurch ist eine ganz neue Ware entstanden.

> „[…].in der Landwirtschaft [findet, Anm. P.M.] eine Informatisierung statt: Am deutlichsten wird dies auf der Ebene des Staatgutes. Einer der interessantesten Konflikte im Bereich der Agrikultur […] dreht sich um die Frage, wer über das Eigentum am pflanzlichen Keimplasma verfügt, das heißt, wem die genetischen Informationen gehören, die im Saatgut enthalten sind."[365]

Das ist interessant, weil es sich um einen Konflikt der (genetischen) Informationen handelt. Also einer neuen Ware und der andere vielleicht interessantere Konflikt, man kann nicht genau bestimmen, wem die Waren eigentlich gehören, wie Hardt/Negri konstatieren. So haben Bauern schon immer Pflanzen miteinander gekreuzt, um genetisch bessere zu entwickeln, aber neu daran ist: dieses Wissen gehört durch ein Patent einem Konzern. So kommt es zu der eben angesprochen inneren Landnahme, weil gesellschaftlich produziertes Wissen (von Generation zu Generation) durch das Kapital angeeignet wird.

Der Postoperaismus bezeichnet diese innere Landnahme auch eine neue ursprüngliche Akkumulation.[366] Hardt/Negri betonen, dass Wissen, Information bzw. immaterielle Güter immer in Kooperation bzw. Netzwerken produziert werden. Immaterielle Güter werden oft Waren, die

364 Hardt/Negri, 2004, S.132,

365 Ebd., 2004, S.131.

366 Vgl.: Weber/Karlhuber, 2002, S.6 bis S.21.

gesellschaftlich produziert wurden, aber nachträglich privatisiert werden. Dieses Verhältnis hat Auswirkungen auf das Wertgesetz.

> „Im methodischen Exkurs, in den Fußstapfen von Marx, werden wir darlegen, dass Ausbeutung unter der Hegemonie der immateriellen Arbeit nicht mehr in erster Linie die Expropriation des Werts bezeichnet, gemessen in individueller oder kollektiver Arbeitszeit, sondern eher die Aneignung von Wert, der durch kooperative Arbeit hervorgebracht und durch die Zirkulation in sozialen Netzwerken zunehmend gemeinsam wird."[367]

Ein höchst sonderbarer Vorgang. „Normalerweise" kommen Kapital und Arbeit zusammen und die daraus entstehende Ware wird verkauft. Im vorliegenden Fall aber wird gesellschaftlich (ohne Lohnarbeit) ein Gut hergestellt und dieses wird durch das Kapital enteignet und dann als Ware angeboten, ohne dass die Arbeitskraft bezahlt worden wäre. Hardt/Negri betonen ganz besonders den gesellschaftlichen Charakter der immateriellen Arbeit: „[...]das Besondere an der immateriellen Arbeit ist jedoch, dass ihre Produkte in vielerlei Hinsicht selbst unmittelbar gesellschaftlich und gemeinsam sind."[368] Und so bedarf es des Rechtes, damit aus einem gesellschaftlichen Gut eine Ware „[...] wird die zentrale Stellung der immateriellen Arbeit durch die wachsende Bedeutung der dadurch produzierten immateriellen Formen von Eigentum belegt."[369] Wissen wird durch den allgemeinen gesellschaftlichen Verstand produziert. Dieser allgemeine gesellschaftliche Verstand wird im Postoperaismus als General Intellect bezeichnet und kann als die Summe aller immateriellen Arbeit gelten.[370] General Intellect bezeichnet einen gesamtgesellschaftlichen Intellect bzw. Massenintellekualität. Durch den General Intellect wird eine kollektive, soziale Intelligenz, werden Technik und Knowhow geschaffen, aber auch neue Formen des Arbeitens sind dadurch möglich geworden. Der General Intellect wird in Anspielung auf Marx verwendet.[371] Dieser ist auch ein Hinweis darauf, dass sich die Arbeiten immer mehr angleichen, dieser Vorgang produziert nicht nur den General Intellect, sondern auch eine Klasse, die Multitude. „Das Gemeinsam-Werden, das die qualitativen Unterschiede innerhalb der Arbeit immer geringer werden lässt, ist die biopolitische Bedingung der Multitude."[372] Hardt/Negri konstatieren, dass gerade dies die hege-

---

367 Hardt/Negri, 2004, S.132.

368 Ebd., 2004, S.133.

369 Ebd., 2004, S.134.

370 Vgl.:Vrino, 2005.

371 Vgl.: MEW 42, 2005, S.590 bis S.610.

372 Hardt/Negri, 2004, S.133.

moniale Form einer Produktion ausmacht, indem sie die ganze Gesellschaft nach ihrem Bild formt.[373] Dabei geht der Postoperaismus davon aus, dass dies immaterielle und biopolitische Arbeit im Postfordismus sind und diese netzwerkartig den General Intellect bilden welchen sich der Kapitalismus „parasitär" (Hardt/Negri) aneignet. Daraus entwickelt sich die theoretische Annahme, dass die Produktionsweise schon kommunistisch, aber die Produktionsverhältnisse es noch nicht sind.

4.1 Zwischenfazit

Zusammenfassend lassen sich hier zwei zentrale Punkte nennen. Zum einen: das Aufheben von Freizeit und Arbeitszeit, weshalb sich die Arbeitszeit nicht mehr messen lässt.

> „Die Hegemonie der immateriellen Arbeit verändert tendenziell die Bedingungen der Arbeit. Man denke nur daran, wie sich der Arbeitstag unter dem immateriellen Paradigma transformiert, wie also die Einteilung in Arbeits- und Freizeit immer weniger definiert ist. Unter dem industriellen Paradigma produzierten Arbeiter fast ausschließlich während der Arbeitszeit in der Fabrik. Wenn Produktion allerdings bedeutet, ein Problem zu lösen, eine Idee hervorzubringen oder eine Beziehung aufzubauen, dann tendiert die Arbeitszeit dazu, sich über die gesamte Lebenszeit auszudehnen. Eine Idee oder ein Bild entsteht nicht nur im Büro, sondern auch unter der Dusche oder in den Träumen."[374]

Zum anderen: dass es sich bei immateriellen Gütern um Waren handelt, die gesellschaftlich produziert wurden, aber anders als im Fordismus mussten Arbeit und Kapital nicht zusammen kommen, um eine Ware zu produzieren. Auch kann gesellschaftliches Wissen nicht nach Zeit gemessen werden. Wissen muss nur einmal produziert werden, dann ist es für immer in beliebiger Menge da, für Wissen gelten nicht die Gesetze der Knappheit wie für materielle Waren.

Wissen als die Hauptproduktivkraft analysierte Marx als Verwirklichung im Kommunismus. „Die kommunistische Arbeit hat wissenschaftlichen Charakter, sie ist die praktische Anwendung des Wissens, die Experimentalwissenschaft, materiell schöpferische und sich vergegenständliche Wissenschaft (siehe vorl. Band, S.607). Die Wissenschaft wandelt sich um in eine unmittelbare Produktivkraft.[375]

Im weiteren Verlauf dieser Arbeit werde ich deshalb versuchen, diese zwei Argumente des Postoperaismus zu verfolgen.

---

373 Vgl.: Ebd., S134, 2004.

374 Hardt/Negri, 2004, S.130.

375 Vgl.: MEW 42, 2005, XIX.

Wie gezeigt wurde, gibt es drei Arten der immateriellen Arbeit. Die industrielle Produktion, die affektive Arbeit und die analytische/symbolische Produktion. Die immaterielle Arbeit hat in dem Postfordismus die hegemoniale Stellung in der Produktion.

5. Der gesellschaftliche Arbeiter

Ende der 1970er-Jahre entwickelt Antonio Negri das Konzept des gesellschaftlichen Arbeiters. Dieses ist zentral um seine Werttheorie, den General Intellect und die Multitude, zu verstehen, denn die Interpretation dieser Kategorien des Postoperaismus ist in wesentlichen Teilen im gesellschaftlichen Arbeiter schon angelegt. Es handelt sich also lediglich um eine Weiterentwicklung dieser Analyse.[376]

Ich bin der Meinung, dass es zugespitzt formuliert zwei mögliche Lesarten der „Kritik der Politischen Ökonomie" gibt.[377] [378]

Die erste geht von den Formen des Kapitals aus wie z. B. der Wertkritik und argumentiert auf der Ebene der Zirkulation. Dabei haben sich die Verhältnisse soweit verdinglicht, dass bildlich gesprochen Dinge (Waren und damit das Wertgesetz) über den Menschen herrschen und handelnde Subjekte (z.B. Klassen) dabei keine grundlegende Rolle spielen, um das Wertgesetz zu verstehen.[379]

Die zweite analysiert Klasse nicht als eine Form, die sich innerhalb des Kapitalismus bewegt, sondern ausserhalb des Kapitalverhältnisses liegend und allein schon deshalb Automatisch gegen das Kapital gerichtet ist. So erscheint das Kapital nur als Pingpongwand, die durch das Reagieren auf die soziale Kämpfe ihre Dynamik gewinnt. Der Operaismus würde unter diese Einordnung fallen, der hinter dem selbst verwertenden Wert ein Komplexes soziale Verhältnisse von handelnden Akteuren

---

376 Vgl.: Birkner/Foltin, 2006.

377 Zwischen diesen beiden Polen gibt es aber eine viel zahl von Möglichkeiten.

378 Es handelt sich natürlich bei mir um eine Vereinfachung, um Struktur und Handlung zu beschreiben. Es sagt noch nichts darüber aus, ob die unterschiedlichen Strömungen das Wertgesetz abschaffen wollen. Während der Leninismus das Wertgesetz als zivilastorische Errungenschaft begreift, die es in jeder zukünftigen Gesellschaft geben wird und es nur darum geht, wer die Produktionsmittel besitzt, während Postoperaismus und Wertkritik dies anders sehen (vgl. Postone 2003, vgl.: Hanloser/Reitter 2008). Es geht mir bei meiner Aussage nur darum, dass die Kritik der politischen Ökonomie als Struktur, also detreamtisch gelesen werden kann oder die Seite der Handlung betont wird. Dies kann als Wechselverhältnis gesehen werden oder ganz zu Gunsten einer Seite ausgelöst werden.

379 Vgl.: Breuer, 1985, Vgl.: Hanloser/Reitter 2008.

ausmacht. Der Postoperaismus ist noch weiter gegangen, indem von einer politischen Werttheorie ausgeht.[380] Im Gegensatz dazu untersucht die Wertkritik beispielsweise auch keine Klassen, sondern lediglich Wert- und Fetisch-formen.[381] Der Operaismus betont immer, dass diese Formen nur durch handelnde Subjekte (Klassen) vollständig analysiert werden können.[382] So erklärt er zum Beispiel die Kämpfe des Massenarbeiters[383] gegen die Maschinen aus einer neuen Interpretation des Übergangs von der formellen zur reellen Subsumtion. Im Zentrum des Interesses liegen z.B. dabei die Klassenanalyse, die mit Hilfe von sog. militanten Untersuchungen bzw. Arbeiterfragebogen zu ermitteln versucht wurde.[384]

Der Operaismus geht davon aus, dass beim Marxschen Kapital die Fabrik im Zentrum der Theorie steht.[385] Aber seit den 1960er-Jahren veränderten sich die Kämpfe in der antagonistischen Klassengesellschaft in Italien (und global) und neue Subjekte und Kämpfe tauchten auf, die in der alten Arbeiterbewegung keine (oder eine sehr kleine) Rolle spielten. Zusammengefasst wurden sie unter der Kategorie der neuen sozialen Bewegungen wie z.B. Umwelt-, Frauen-, Jugendbewegungen usw. Negri wollte diese neuen Konflikte als Klassenkämpfe verstanden wissen und entwickelte deshalb das Konzept des gesellschaftlichen Arbeiters.[386] [387] In

---

380 Vgl.: Hardt/Negri 2002, 2004.

381 Vgl.: Krisis Nr. 30, 2006.

382 Weshalb sie mehr die MEW 25 und die MEW 42 betonen.

383 Bezeichnet in der operaistischen Theorie die vorherrschende Arbeiterfigur in der Epoche des Fordismus bzw. den Fliessbandarbeiter, der monotone Arbeit in den Fabriken leistete.

384 Vgl.: Wright, 2005, S.190-S.210.

385 Das wird auch an den Titelten wie „Arbeiter und Kapital" (Vgl.: Tronti, 1974) deutlich.

386 Vgl.: Wright, 2005.

387 Dies hatte auch praktische Konsequenzen für den Kampf in der „gesellschaftlichen Fabrik" (Negri): Feministische Kämpfe forderten Lohn für Hausarbeit und später ein allgemeines, bedingungsloses Grundeinkommen für alle. Es gab „politische Einkäufe" die eine kollektive Aneignung der Waren ohne dafür zu bezahlen oder nur sehr wenig (z.B. 50%). Massenhaft wurden Konzerte und Kinos von Jugendlichen gestürmt, die Fahrpreiserhöhung in öffentlichen Verkehrsmitteln wurden nicht bezahlt. Auch gab es Kampagnen gegen Strompreise, so wurden z.B. in Turin 140.000 Stromrechnungen nur zur Hälfte bezahlt, wenn dann jemandem der Strom abgestellt wurde, stellten die Arbeiter der Bewegung, die in Fabriken arbeiten, ihn wieder an. (vgl.: Birkner/Foltin, 2006) Ich meine, an diesen Beispielen zeigt sich, wie versucht wurde, die direkten Aktionen aus dem Klassenkampf in der Fabrik auf die „gesellschaftliche Fabrik" (Negri) zu übertragen.

der zweiten Hälfte der 70er-Jahre war Negri aufgrund seiner Klassen- und Staatsanalyse der einflussreichste Theoretiker des Operaismus.

> „Negris umstrittenster Beitrag zur Untersuchung der Klassenzusammensetzung war die Hypothese von einem neuen, quer durch die Gesellschaft verstreuten Proletariat sowohl in der Produktion- als auch in der Reproduktionssphäre, eines „gesellschaftlichen Arbeiters", neben dem der Massenarbeiter des fordistischen Fließbandes wie ein armseliger Prototyp wirkte."[388]

Gerade Steve Wright hat den Bruch mit dem alten Operaismus und weiteren Entwicklung Negris zum *„gesellschaftlichen Arbeiter"* herausgearbeitet und nachgewiesen, dass alle seine weiteren Entwicklungen auf diesem Konzept beruhen. [389]

> „In letzter Zeit betonen seine Arbeiten vor allem die Zunahme der „immateriellen Arbeit" im Rahmen der anhaltenden Krise des für so viele westliche Gesellschaften nach dem Zweiten Weltkrieg typischen Keynesianischen Sozialpakts. Durchgängig findet sich bei ihm aber die Auffassung, dass der „gesellschaftliche Arbeiter" zentral für die heutige Klassenzusammensetzung sei."[390]

Zentral ist dabei der Aspekt der Intellektualisierung des Proletariats für Negri: „Einer multinationalen und finanzkapitalistischen Bourgeoisie (die keinen Grund sieht, warum sie die Last eines nationalen Wohlfahrtssystems tragen sollte) steht ein vergesellschaftetes, intellektuelles Proletariat gegenüber, das einerseits einen Reichtum von neuen Bedürfnissen besitzt und anderseits nicht in der Lage ist, den fordistischen Kompromiss weiter aufrechtzuerhalten."[391]

Wright weist daraufhin, dass Negri 1969 mit seiner Analyse *„Zyklus und Krise bei Marx"* seinen ersten Versuch unternommen hat, die Marxsche Kritik der politischen Ökonomie, der häufig der Vorwurf des Objektivismus gemacht wird, diese davon zu befreien, indem er die Probleme des Kapitals bei der Reproduktion der gesellschaftlichen Verhältnisse mit einbezieht.[392] Dabei versucht er, John Maynard Keynes und Joseph

---

388 Wright, 2005, S.165.

389 Birkner/Foltin weisen auch darauf hin, dass sich die Theorie vom *gesellschaftlichen Arbeiter von der* Multitude kaum unterscheidet, sogar auf die Gegenargumente trifft dies zu. (Vgl.: Birkner/Foltin, 2006).

390 Wright, 2005, S.165.

391 Negri 1994a: 89 zitiert, nach Wright, 2005, S.165.

392 Ich bin allerdings der Meinung, dass die Entwicklung, die am Anfang dieses Kapitels beschrieben wurde, nicht zwangsläufig dazu führen muss, das Wertgesetz aufzugeben. Denn aufgrund der Dialektik zwischen Produktion und Reproduktion ist es nicht zwangsläufig so, dass man das Wertgesetz aufgeben

Schumpeter in seine Analyse aufzunehmen. Dabei bezog er sich aber auch auf das ganz „klassische" Kapitel und Theoreme, die für den Operaismus schon immer wichtig waren und erweitert diese:

> „[...] in *Partei gegen die Arbeit* erweiterte Negri seinen Zugang zum Problem der Krise und betonte, wie tief greifend die Durchsetzung der reellen Subsumtion der Arbeit unter das Kapital die Akkumulation und den Klassenkampf verändert habe. Unter Bezug auf die *Grundrisse* und die *Resultate des unmittelbaren Produktionsprozesses* von Marx befasste sich Negri mit der zentralen Tendenz innerhalb der kapitalistischen Entwicklung, nämlich der, Verkürzung desjenigen Teil des Arbeitstages, der für die Reproduktion des Werts der Arbeitskraft ist'." [393]

Dabei beschäftigte sich Negri zuerst noch in *„Marx oltre Marx"* mit dem Zusammenhang zwischen notweniger Arbeit und Mehrarbeit im Klassenkampf, weshalb die Arbeiterklasse tendenziell den Profit bedrohen könnte.

> „Da er davon ausging, dass Fabrik und Gesellschaft, Produktion und Reproduktion noch nicht identisch seien, sondern weiterhin in einem „dialektischen" Verhältnis zueinander ständen - einem Verhältnis, welches das Kapital selbst aufrechtzuerhalten versuche, indem es bemüht sei, „den Fall der Profitrate in der Fabrik (und seine Versuche) vom Prozess der Vergesellschaftung der produktiven Arbeit, der in der Gesamtgesellschaft abläuft, zu isolieren"-, genügte Negri die Schlussfolgerung, dass „die Arbeiter der großen Fabriken" als „bevorzugtes Ausbeutungssubjekt [eine] absolut hegemonische politische und theoretische Figur" gegenüber dem Rest der Klasse bildeten (ebd.: 47f.")." [394]

Um dann aber auszuarbeiten, dass zwar die Fabrik noch im Zentrum des Verwertungsprozesses steht, aber das Kapital die Tendenz hatte, auf eine umfassende Vergesellschaftung der Arbeit zu drängen. Diese Entwicklung würde über den unmittelbaren Produktionsprozess hinausgehen und muss zu einer Neubestimmung der produktiven Arbeit führen. Im nachfolgenden Text *„Partei gegen die Arbeit"* begründete Negri, dass aus dieser neuen Definition des Kapitalverhältnisses auch ein neues Klassenverständnis folgen müsse und kam zu der Hypothese des „gesellschaftlichen Arbeiters" (operaio sociale). Die These des „gesellschaftlichen Arbeiters" ist nach Wright auf einem so hohen Abstraktheitsgrad angesiedelt, dass die Unterschiede zwischen den Lohnabhängigen zu

---

muss, um der Reproduktion die gleiche Wertigkeit zukommen lassen zu müssen wie der Produktion.

393 Negri 1977a*:25, zitiert nach Wright, 2005, S.168.

394 Wright, 2005, S.169 f.

verwischen drohen, was zu einem Wertreduktionismus führt.[395] Wright behauptet also: Weil alle Kämpfe in seiner Theorie gleichwichtig integriert sind, siedelte er sie auf diesem Abstraktheitsgrad an, weil er davon ausging, dass nun alle abstrakt-gesellschaftliche Arbeit leisten.

> „Er übernahm Potere Operaios These von der Krise des Wertgesetzes als Krise des Kommandos über die Arbeit und behauptete, dass die gemeinsame Grundlage für die politische Neuzusammensetzung der Klasse in einer ‚Einheit der abstrakten gesellschaftlichen Arbeit' liege, die schwache wiege als, die *besonderen* Probleme der verscheiden Sektoren der gesellschaftlichen Sphäre (Jugendliche, Frauen, marginalisierte Elemente usw.)' und der Fabrik (Negri 1974a: 192f.). Da es auf dem Gebiet des Werts, wie schon *Krise des Plan-Staats* behauptete hatte, nur noch um Macht gehe, ließen sich die Besonderheiten der Orte, an denen eine Organisierung stattfinde, und der Inhalt der Bedürfnisse, deren Nichterfüllung zu ihrer Entstehung führe, nur unter ein Projekt der „Gegenmacht" gegen den Staat subsumieren."[396]

Deshalb sei die neue Praxis des Klassenkampfes nach Negri die Befriedigung der Bedürfnisse, die gegen das Kommando des Kapitals und damit gegen den Staat durchgesetzt werden.

5.1 Abschiede vom Massenarbeiter

Die Entwicklung des Massenarbeiters zum gesellschaftlichen Arbeiter ist ohne den historischen Verlauf nicht zu verstehen. Als es 1974 zur Energiekrise kam und so zu einer erhöhten Inlandsinflation führte, kam es in ganz Italien zu Kämpfen. Nicht nur in Fabriken wurde gestreikt, sondern auch massenhaft zu „eigenmächtigen Herabsetzungen" (autoriduzione), weshalb sich Negri in seiner Theorie des gesellschaftlichen Arbeiters bestätigt sah. 1975 veröffentlichte er die Broschüre „Proletari e Stato" (Proletarier und Staat), in der er seine Thesen zur neuen Zusammensetzung der Klassen veröffentlichte. „Er behauptete, die Versuche des Kapitals, die Klasse nach dem Heißen Herbst durch eine Veränderung ihrer technischen Zusammensetzung und durch die weitere Vergesellschaftung des Lohnverhältnisses zu spalten, seien nach hinten losgegangen."[397] In der Theorie des Operaismus gab es die Analyse, dass Krisen ein Angriff des Kapitals auf die Klassenzusammensetzung sind.[398] Eben-

---

395 Vgl.: ebd.

396 Wright, 2005, S.170.

397 Wright, 2005, S.176.

398 Der nicht operaistische Theoretiker Ingo Elbe verweist darauf, dass dies nur eine logische Folge der Kapitalakkumulation auf die Kämpfe darstellt, und insistiert: „Radikalere Bestrebungen um Lohnerhöhung über den Wert der Ar-

so wurde die immer grössere Maschinerie als Reaktion auf die Kämpfe der Arbeiter interpretiert mit dem Ziel, diese Kämpfe zu zerstreuen.

1974/1975 habe das Kapital zwar die Offensive der Massenarbeiter gestoppt, aber nur um den Preis, die Probleme zu vervielfachen, weil neue Subjekte produziert wurden. „War diese neue Arbeiterfigur die Geburt des vorangegangenen Kampfzyklus, so sei die Krise der kapitalistischen Entwicklung die Hebamme gewesen. Wie in *Partei gegen die Arbeit* versuchte Negri in *Proletari e Stato*, seine Analyse der Klassenzusammensetzung in eine Erörterung des tendenziellen Falls der Profitrate einzubetten."[399] Negri wollte, dass diese Krisentheorie modifiziert wird, um das aktuelle Problem des Kapitals zu erfassen, das seiner Auffassung nach darin bestand, dass die Klassenkämpfe trotz der Krise nicht abflauten. „Das Kapital sei [deshalb, Anm. P. M.] gezwungen, sich die besonderen Eigenschaften der Geldform zu Nutze zu machen, um die Profitmasse und Profitrate wieder in ein korrektes Verhältnis zueinander zu bringen. Folglich müsse jetzt die Kritik der politischen Ökonomie erweitert werden und die neue Funktion des Geldes als Kommando miteinbeziehen."[400]

Aber trotz erheblicher Schwierigkeiten ist es dem Kapital schliesslich gelungen, seine organische Zusammensetzung zu verändern und damit die Arbeiterklasse zu reorganisieren. Damit sah Negri wiederum die operaistische These Raniero Panzieris bestätigt, dass die Maschinerie nicht neutral ist.[401] Diese Reorganisierung der Klasse hat aber diesmal zu einer noch größeren Vergesellschaftung des Kapitals geführt, also zu einer Vermassung der abstrakten Arbeit und damit auch zu einer Ausweitung des Klassenkampfes auf die gesamte gesellschaftliche Ebene.[402] Hier sah Negri eine große Chance. Im Zuge der gesamtgesellschaftlichen Ausweitung des Kapitals und der Arbeiterklasse sah der Operaismus auch eine einhergehende Intellektualisierung des Proletariats. In diesem Zusammenhang sprach Franco Berardi schon 1974 von einer „wissenschaftlich-technischen Intelligenz" innerhalb der Arbeiterklasse. Ganz so neu waren die Thesen von Negri also nicht, wie Wright bemerkt, er ist aber weitergegangen als andere Theoretiker vor ihm.

---

beitskraft hinaus machen, dabei schnell die Erfahrung von der Naturgewalt der Sachzwänge der kapitalistischen Produktion.' Sie führen letztlich zum Sinken der Mehrwertrate und Erlahmung der Akkumulation...(Elbe, 2008, S.509).

399 Wright, 2005, S.176.

400 Ebd.

401 Vgl.: http://www.wildcat-www.de/wildcat/33/w33alpt1.htm , rev. 18.03.09.

402 Vgl.: Wright, 2005, S.176 f.

> „Unter dem „gesellschaftlichen Arbeiter“ hatte Alquati Anfang der siebziger Jahre ein neues politisches Subjekt verstanden, das den Massenarbeiter überholte und als solches mit der Proletarisierung und Vermassung der intellektuellen Arbeit zusammenhing (Alquati n.d.:90-93). In Negris Definition war die intellektuelle Arbeit enthalten, sie ging aber gleichzeitig weit über sie hinaus.[403]

An dieser Stelle könnte man meiner Meinung nach einen Bruch nachvollziehen, indem das Kapitel der so genannten *„Maschinenfragmente“* nicht mehr gelesen wurde mit Fokus auf die Maschinen, sondern auf den General Intellect. „Für ihn beruhte, die Theorie des Operaismus auf der einen grundlegenden These, dass die Arbeit immer abstrakter und gleichzeitig immer stärker vergesellschaftet wird', wie er es 1978 ausdrückt.[404] Wichtig ist zu beachten, dass der Operaismus nicht davon ausging, dass die Mehrheit der Arbeiter nun zur *„wissenschaftlich- technischen Intelligenz“* gezählt werden konnte. Es handelt sich vielmehr um eine Tendenz innerhalb der Klassen. Diese Art von Avantgarde innerhalb der Klasse zeichnete sich eben nicht durch Quantität aus, vielmehr begründet sich ihre Hegemonie auf der Qualität des Verhältnisses innerhalb der Akkumulation und damit im wirkungsmächtigeren Kampf gegen die Akkumulation. Wie Wright feststellt, ist dies die These innerhalb der operaistischen Theorie, die die Hegemonie des Massenarbeiters begründet hat. Anderseits zeigt sich auch der Bruch Negris mit dem klassischen Operaismus (der heute Postoperaismus genannt wird), denn es bedeutet den Abschied von den einzelnen Arbeiterfiguren, die den Operaismus bis dahin auszeichneten, bis hin zu dem gesellschaftlichen Arbeiter. Denn nicht jeder war ein „wissenschaftlich-technischer“ Arbeiter, aber in Negris Zuspitzung des gesellschaftlichen Arbeiters war dieser gerade nicht an eine jeweilige Branche gebunden, „sondern umfasse das ganze Proletariat: das Subjekt qua abstrakter Arbeit, wie es sich innerhalb des gesamten Zyklus des Verwertungsprozesses konstituiere.“[405] Diese Entwicklung hatte die Folge, dass er die Kämpfe von „proletarischen Jungendzirkeln“, Feministinnen, Schwulen, Lesben usw. analysierte und zu dem Schluss kam:

> „[...] ging es in all diesen Kämpfen den Protagonisten darum, ihre Bedürfnisse außerhalb der Logik der kapitalistischen Gesellschaftsverhältnisse zu erfüllen. Da aber Bedürfnisse immer historisch bestimmt seien, könnten sich auch die Bedürfnisse des gesellschaftlichen Arbeiters nur im Universum des Kapitals kon-

---

403 Ebd., S.177.

404 Negri 1979a: 11 nach Wright 2005, S.177.

405 Wright, 2005, S.177.

stituieren, argumentierte er- wieder einmal in deutlicher Anlehnung an die *Grundrisse.*"[406]

Er argumentierte ganz klassisch operaistisch damit, dass das Kapital die lebendige Arbeit braucht, um sich zu reproduzieren, wenn aber diese verweigert wird, könne das antagonistische Subjekt - die Klasse - gewinnen. Auf den gesellschaftlichen Arbeiter übertragen, hatte dies zur Konsequenz: „Zu dem Zweck sei es dringend nötig, das bestehende System von Bedürfnissen durch ein ‚System von Kämpfen' zu ersetzen. Dies zu fördern, darin liege nach wie vor die Berechtigung einer revolutionären Partei."[407]

Da das Kapital sich aber auf alle gesellschaftlichen Verhältnisse ausgedehnt hatte war der Gegner nun der Staat, deshalb forderte Negri: „Marx` traditionelle Formel sei nun neu zu fassen als direkter Antagonismus zwischen Proletariern und Staat."[408]

5.2 „Proletari e Stato" und Reaktionen

In *„Proletari e Stato"* stellte er eine zentrale operaistische Kategorie, den Lohn, infrage. War der Lohn im Operaismus noch das zentrale Thema der Kämpfe, kritisierte Negri nun, dass einige Teile der Linken die Klassenverhältnisse aus diesem Blickwinkel betrachteten. Seiner Meinung nach war es jedech wichtig, jetzt für eine Reduzierung der Arbeitszeit zu kämpfen. Anstelle des Kampfes zwischen notweniger Arbeit und Mehrarbeit ist nun der Kampf um die Reduzierung der notwenigen Arbeit getreten. Allerdings behaupteten viele Teile der außerparlamentarischen Linken, dass die Reduzierung der notwendigen Arbeitszeit ab 1975 die beste Förderung im Kampf war, da in Politik, Wirtschaft und Medien die überwiegende Mehrheit davon ausging, dass die Löhne in Italien zu hoch waren und es deshalb der Ökonomie so schlecht ging. Aber diese Kämpfe um die Reduzierung der Arbeitszeit konnten kaum gewonnen werden, ganz im Gegenteil.[409] Diese Niederlagen spiegelten sich in den Analysen *„Proletari e Stato"* unter den operaistischen Theoretikern wider. Während einige gerade den Abschied vom Massenarbeiter begrüssten und das neue Potenzial des gesellschaftlichen Arbeiters erkannten, gab es andere wie z.B. Serigo Bolog, der Negri vorwarf, die Niederlagen des Massenarbeiters nicht ausreichend zur Kenntnis zu nehmen und stattdessen ein neues Subjekt zu suchen, obwohl seiner Einschätzung nach,

406 Ebd., S.179.

407 Negri 1977*b: 135-138, zitiert nach Wright, 2005, S.179.

408 Wright, 2005, S.180.

409 Vgl.: Wright, 2005, S. 180-S.183.

es diese Einheit eines neuen Subjektes gar nicht gäbe, sondern das Gegenteil der Fall wäre.[410] Auch die Römische Autonomia hatte bedenken:

> „Wir haben Dein Interesse an den ‚neuen Schichten' (proletarische Jugendliche, Feministinnen, Homosexuelle) und an neuen und begrifflich neu gefassten politischen Subjekten (dem „gesellschaftlichen Arbeiter") immer geteilt und tun es immer noch. Aber gerade weil diese Phänomene ohne Zweifel politisch wichtig sind, sind äußerste analytische Strenge, große Vorsicht bei Untersuchungen und ein stark empirischer Ansatz nötig (Fakten, Daten, Beobachtungen und nochmals Beobachtungen, Daten, Fakten)."[411]

Wright weist daraufhin, dass die Kritik der operaistischen Theoretiker die Analysen von Negri nicht veränderten und er arbeitete stattdessen an einer für den „gesellschaftlichen Arbeiter" angemessen „Untersuchungsweise".

Die Theorie von Negri setzte sich schliesslich in einem Grossteil der operaistischen Bewegung durch.[412]

5.3 Kritik an der Kategorie des gesellschaftlichen Arbeiters - Negri jenseits von Marx und Operaismus?

Wright greift einige der kritisierten Punkte an Negri heraus, um nachzuvollziehen, wie es zum gesellschaftlichen Arbeiter kam und diese Gegenargumente durch Negri widerlegt wurden. Insgesamt kommt er zu einem kritischen Fazit, weil viele der Gegenargumente in der heutigen Debatte sich wiederholen.

Wright bemerkt, dass die Operaisten schon immer das theoretische Risiko der Verflachung eingegangen sind, indem sie die verschiedenen Schichten der Arbeiterklasse unter dem Massenarbeiter zusammenfassten. Die konsequente Fortführung alle Tätigkeiten unter dem gesellschaftlichen Arbeiter zu subsumieren, führte dazu, jedes konkrete Verständnis von Klasse aufzulösen. „Je weiter sich die Debatte um den gesellschaftlichen Arbeiter entfaltete, desto klarer wurde, wie unbestimmt Negris Abstraktion war."[413] Das Argument lautet also: Es handelt sich um keine adäquate Klassenanalyse, ein Argument, das heute Negri immer noch in Bezug auf Multitude und General Intellect vorgeworfen wird.[414] Diesem Argument folgte damals wie heute das zweite, das durch

---

410 Ebd., Vgl.: S.183 f.

411 Rivlota di classe 1976: 136, zitiert nach Wright, 2005, S.185.

412 Ebd. Wright, 2005, S.187.

413 Wright, 2005, S.185.

414 Vgl.: Haug, 2003, S.43 bis S.67 und Vgl.: Hardt/Negri, 2004, S.246 bis S. S.257.

einen Trick von Negri gelöst wurde, indem er das Wertgesetz nivellierte.[415]

> „So argumentierte auch Vittorio Dini (78: 5 u.7), der vor allem kritisierte, wie Negri seinen Begriffsapparat inhaltlich entleerte. Früher habe Negri die historische Bestimmtheit der Kategorie Arbeit dargelegt; jetzt wolle er das vom Operaismus lange aufrechterhaltene Spannungsverhältnis zwischen Fabrik und Gesellschaft mit einem theoretischen Trick lösen, indem er einfach behauptete, dass alle Momente des Zirkulationsprozesses gleichermaßen wertproduktiv seien."[416]

Auch warf er ihm vor, den gesellschaftlichen Arbeiter aus der einfachen Gleichsetzung von Tendenz und Aktualität abzuleiten.

Wright lobt auch einige Aspekte Negris neuer Marx-Interpretation, wirft ihm aber vor, sich nicht mit der Kritik an seiner Analyse befasst zu haben und jeden Widerspruch damit zurückweist, dass nun alles abstrakte Arbeit ist. Was dazu führte, dass er Kapital nur noch als Kommando bzw. Gewalt interpretierte. Wright kommt zu dem Ergebnis, dass Negri sich vom Marxismus wie vom Operaismus verabschiedet hat, da er eine zentrale Kategorie wie z.B. das Wertgesetz verwirft wie auch auf eine genaue Klassenanalyse verzichtete, aber dieser Fehler, bemerkt er, ist zum Teil im Operaismus verankert:

> „Dieser Fehler rührte von der besonderen Denkweise her, die Negri von Mario Tronti, dem Vater des italienischen Operaismus, geerbt und vervollkommnet hatte. Diese Denkweise ging von realen gesellschaftlichen Prozessen aus, bezog sich aber schnell nur noch auf sich selbst. Eben um das zu vermeiden, hatte Marx die schwindelerregenden begrifflichen Höhenflüge der *Grundrisse* aufgeben und sich nüchterneren, aber historisch spezifischen Passagen des *Kapitals* zugewandt. Wenn das Negri nicht überzeugte, so hätte er wenigstens auf Tronti selbst hören können, dass „ein Diskurs, der sich aus sich selbst heraus entwickelt, das tödliche Risiko eingeht, sich immer und ausschließlich durch den Fortgang seiner eigenen formalen Logik bestätigen. (Tronti 1971a: 16)"[417]

Ich bin der Meinung, dass die Argumentation Wrights plausibel ist, aber man kann sie auch kritisch reflektieren. Wenn der Postoperaismus schon im Operaismus angelegt ist, dann nicht jenseits davon, vielmehr ist er eine konsequente Fortführung, wie er selbst schreibt. Er konstatiert, dass

415 Vgl.: Grundrisse Nr.28, Vgl.: 2008, S.23 bis 34.

416 Wright, S.186, 2005.

417 Ebd., S.189.

der Operaismus von realen gesellschaftlichen Prozessen ausgeht und diese die Dynamik der kapitalistischen Gesellschaft bestimmen oder anders gesagt: Arbeit vs. Kapital. Der problematische Punkt ist also das Verhältnis von beiden und ihre gegenseitige Beeinflussung. Anstatt die Dynamik des Kapitals aus sich selbst zu begreifen oder innerhalb seiner sozialer Formen, wie es z. B. die Wertkritik macht[418], versuchten die Operaisten, an den „bewegten Marx" (Hanloser/Reitter) aus den Grundrissen anzuknüpfen. Auch ist der Marx des Kapitals gar nicht so nüchtern, wie es scheint, vielmehr analysiert er auch die Dynamiken bzw. Kämpfe der Arbeiterklasse.[419] Man kann es aufgrund operaistischer Analysen auch als richtigen Schritt Negris sehen, die neuen Kämpfe in eine Klassenanalyse mit einzubeziehen, denn: „Vielleicht zeigt sich erst heute die ganz Wahrheit der Leninschen These, dass es keine revolutionäre Bewegung ohne revolutionäre Theorie gibt [...] heute wie nie zuvor gilt auch das Gegenteil: dass die revolutionäre Theorie nicht ohne revolutionäre Bewegung möglich ist."[420] Mario Tronti warnte auch davor, was passieren könnte, wenn sich die Theorie von den realen Kämpfen entfernt: „Die Theorie hält so jene Kräfte getrennt, obwohl sie selbst mehr zu ihrer Vereinigung und Vereinheitlichung beitragen könnte."[421] Diesen Gedanken Trontis, wonach die Theorie dazu beitragen könnte, gesellschaftliche Kämpfe zusammenzuführen, hat Negri versucht, gerecht zu werden. Vielleicht hat Negri deshalb auch nicht das Scheitern des Massenarbeiters untersucht und sich stattdessen auf neue Konflikte konzentriert. Die anderen beiden Argumente, wonach Negri keine genaue Klassenanalyse geleistet und dies mit einem Trick gelöst hat, indem er das Wertgesetz aufgab, um es zu prüfen - dazu müsste ich Negris Klassenkonzept noch genauer durchleuchten, was allerdings nicht Teil meiner Arbeit ist, aber das viel wichtigere Argument, warum Negri dieses Konzept aufrechterhalten kann, ist Teil meiner Arbeit: seine Analyse zum Wertgesetz. Denn das Argument, wonach Marx das Wertgesetz analysiert hat, ist kein richtiges Argument, es muss gefragt werden, ob dieses Wertgesetz heute noch gilt. Ist es tatsächlich zu einer Verbreitung der abstrakten Arbeit auf die gesamte Gesellschaft gekommen? Was wäre, wenn Negris Tendenz, wonach die immaterielle Arbeit das Wertgesetz aufhebt, stimmen würde, dies aber gar nicht auf die gesamte gesellschaftliche Produktion zutrifft?[422] Die Beantwortung dieser Frage zieht unmittelbare Konse-

418 Vgl.: Postone, 2003.

419 Vgl.: Hanloser/Reitter, 2008.

420 Tronti, 1977, S.15.

421 Ebd.

422 Eine These, die teilweise auch von der Theorie-Zeitschrift Krisis vertreten wird.

quenzen für die Klassenanalyse nach sich, aber dazu muss erst die Frage des Wertgesetzes, wie ich es in meiner Arbeit versuche, beantwortet werden.[423] Ich bin der Meinung, dass man Trontis Methode auch mit der weiteren Existenz des Wertgesetzes weiterentwickeln kann.

6. General Intellect bei Marx

Wie schon in den vorherigen Kapiteln angedeutet wurde, ist der General Intellect eine sehr wichtige Kategorie, um die immaterielle Arbeit genauer zu bestimmen. Der General Intellect wird in Anlehnung an Karl Marx verwendet. „Dabei ist der „Ausdruck ‚general intellect' vermutlich nur ein einziges Mal verwendet worden und zwar in den Grundrissen (MEW 42, 602)…, um die Tendenz zu fassen, die die Wissenschaft zur Hauptproduktivkraft werden lässt."[424] Um den General Intellect bei Marx wiederzugeben, werde ich auf Wolfgang Fritz Haug zurückgreifen, der sich ebenfalls um eine Darstellung des General Intellect von Marx bemühte, um in den nächsten Kapiteln auf die spezielle Interpretation dieser Kategorie durch den Postoperaismus einzugehen.[425] Die Grundrisse[426] werden auch als „das Buch der Bewegung" (Wright) des Operaismus bezeichnet. In diesem Buch befindet sich das Kapitel: „Fixes Kapital und Entwicklung der Produktivkräfte der Gesellschaft."[427] Weil unter fixem Kapital meist Maschinen verstanden werden, wird es meist als „Maschinen Kapitel" oder „Maschinen Fragmente" bezeichnet.[428] Dieses Kapitel war für den Operaismus zunächst wichtig, um die These von der angeblichen Neutralität der Maschinen zu kritisieren. Haug kritisiert diese frühe These denn:

> „[…] die These von der Neutralität der Maschinen sollte kritisiert werden. Die Benennung ist irreführend, denn das Thema ist unvergleichlich komplexer: Die Benennung zwischen den Produ-

---

423 Eine spannende Frage wäre auch: Wenn das Wertgesetz noch in Kraft ist, wie man dann die neuen sozialen Bewegungen in eine Klassenanalyse mit einbeziehen könnte, in der aber das Wertgesetz noch seine Gültigkeit hat? Ich bin mir sicher, dass dies möglich ist, aber zu prüfen wäre zunächst die Frage des Wertgesetzes.

424 Haug, 2005, S.43.

425 Diese Vorgehensweise ist deshalb sinnvoll, weil Marx, was ich in diesem Kapitel noch zeigen werde, davon ausgeht, dass der General Intellect (allgemeiner Verstand) erst in einer postkapitalistischen Gesellschaft die Hauptproduktivkraft wird, während der Postoperaismus davon ausgeht, dass dieser Zustand heute auf dem Boden des Kapitalismus bereits eingetreten ist.

426 Vgl.: MEW 42, 2005.

427 Vgl.: Ebd., S.590.

428 Vgl., Haug, 2005 und vgl.: Wright, 2005.

zenten einerseits, dem akkumulierten kulturell-kognitiv-technischen Potenzial (‚general intellect') andererseits und schließlich dem Kapital bilden das strategische Dreieck, in dem die marxsche Analyse sich entfaltet, um schließlich emanzipations- und geschichtstheoretisch Dimensionen auszuloten."[429]

Wie Haug schon andeutet, entzündete sich der Streit darüber, ob das Potenzial des General Intellect schon eingetreten ist oder nicht. Der Postoperaismus, anders als der Operaismus, bejaht dies und setzt sich deshalb auch nicht mehr mit den Maschinen, sondern mit dem General Intellect auseinander, weil - ihrer Analyse folgend - dieser die Hauptproduktivkraft ist. Wie sich das genau darstellt, werde ich noch zeigen. Hier geht es zunächst einmal darum, wie Marx das Kapitel zu seiner Zeit an sich verstanden wissen wollte. Haug und die Postoperaisten stimmen überein, dass Marx in diesem Kapitel darüber nachdenkt, „was mit einer auf Tauschwert basierenden Ökonomie geschieht, wenn Arbeit zwar qualitativ in die strategische Position der Regelung und Überwachung der Produktion eingerückt ist, quantitativ aber, zumindest bezogen aufs einzelne Produkt, zu einer bloßen Restgröße wird."[430]

Marx beginnt in seiner Untersuchung in den so genannten. „Maschinenfragmenten" mit einer Darstellung der Fabrik.[431] Fabrik bedeutet: Die Konzentration von Arbeitern, Maschinen und Arbeitsmitteln und das in einem kontinuierlichen mechanischen Prozess, in dem sie zusammenwirken (wozu Geschick und Pünktlichkeit gehören). Im Laufe dieses Produktionsprozesses entsteht eine immer grössere Maschinerie. In diesem „Produktionprozeß des Kapitals aufgenommen, durchlauft das Arbeitsmittel aber verschiedne Metamorphosen, deren letzte die Maschine ist."[432] Die dabei immer grösser werdende Maschinerie erscheint dem Arbeiter zunehmend als fremde Macht, die ihm gegenübersteht und ihm als die Macht der Maschine selbst erscheint. Damit wird er zum Anhängsel der Maschine selbst. Die Maschine ist dabei vergegenständlichte Arbeit, die der lebendigen Arbeit im Arbeitsprozess gegenübertritt.[433] [434]

---

429 Haug, 2005, S.45.

430 Ebd., S.43.

431 Vgl., MEW 42, 2005, S.590.

432 Ebd., S.592.

433 Vgl., ebd. S.590.

434 Der Operaist Mario Tronti schloss daraus, dass durch die immer grössere Maschinerie auch die Entfremdung immer grösser wird, da der Arbeiter immer mehr zum Anhängsel der Maschine wird, die ihm als Gewalt einer fremden Macht erscheint. Die ironischerweise seine vergegenständlichte Arbeit ist. Indem er die Maschine als fremde Gewalt empfindet und diese Empfindung mit der Maschinerie wächst, steigt nach Tronti auch das Potenzial zum Wider-

Das Verhältnis zwischen vergegenständlichter Arbeit und lebendiger Arbeit fällt immer mehr auf die Seite der vergegenständlichten, denn die Vergrößerung der Produktivkraft führt zu einer immer größeren Negation, der notwendigen Arbeit.[435] Dabei subsumierte die Maschinerie lebendige Arbeit, der sie gegenübertritt. Zu beachteten ist, dass das, was produziert wird, nur für den Tauschwert hergestellt wird und sein Gebrauchswert ist dabei lediglich nur Bedingung. Daher ist die immer grösser werdende Maschinerie nicht dafür da, die menschlichen Bedürfnisse planmäßig zu befriedigen, sondern nur für den Profit der Waren - ihr Gebrauchswert ist lediglich ein Anhängsel.[436] Auch die Arbeitsmittel, sowie die Maschinerie werden nicht zufällig erneuert, sondern nur in einer Form modernisiert, die dem Kapital adäquat ist. „Die Akkumulation des Wissens und des Geschicks, der allgemeinen Produktivkräfte des gesellschaftlichen Hirns, ist so der Arbeit gegenüber absorbiert in dem Kapital und erscheint daher als Eigenschaft des Kapitals, und bestimmter des Capital fixe, soweit es als eigentliches Produktionsmittel in den Produktionsprozeß eintritt."[437]

So führt die Akkumulation des Wissens zu einer Vergrösserung der Produktivkraft und einer immer größeren Negation der notwendigen Arbeit. Diese Tendenz des Kapitals führt wiederum zu einer immer grösseren Maschinerie. Diese Maschinerie subsumierte lebendige Arbeit, der sie wiederum gegenübertritt. Innerhalb dieses Prozesses reproduziert sich die Maschinerie auf einer höheren Stufe, indem veraltetes Arbeitsmittel durch effektivere ersetzt wird, die verbessert oder neu erfunden wurden durch die Wissenschaft.

> „Insofern ferner die Maschinerie sich entwickelt mit der Akkumulation der gesellschaftlichen Wissenschaft, Produktivkraft überhaupt, ist es nicht in dem Arbeiter, sondern im Kapital, daß sich die allgemein gesellschaftliche Arbeit darstellt. Die Produktivkraft der Gesellschaft ist gemessen an dem Capital fixe, existiert in ihm in gegenständlicher Form, und umgekehrt entwickelt

---

stand. „Der einzelne Arbeiter muß seiner eigene Arbeit gegenüber gleichgültig werden, damit die Arbeiterklasse sie hassen lernen kann. Innerhalb der Klasse ist nur der entfremdete Arbeiter wahrhaft revolutionär." (Tronti, 1977, S.64).

435 Eine vergegenständlichte Arbeit ist im Kapitalismus bei Marx immer eine entfremdete Arbeit, wie Roger Behrens bemerkt: „Er ‚vergegenständlicht' seine Idee, produziert einen Gegenstand, also ein Ding, das ihm schließlich gegenübersteht. Dieser nunmehr als ‚Stuhl' verwirklichte Idee ist die ‚Entäußerung' der Idee; und eine Entfremdung, denn nun gehört der Stuhl nicht mehr dem Menschen, der ihn fertigte." (Behrens, 2002, S.56)

436 Vgl., MEW 42, 2005, S.594.

437 Ebd.

sich die Produktivkraft des Kapitals mit diesem allgemeinen Fortschritt, den das Kapital sich gratis aneignet."[438]

Dabei weist Marx darauf hin: „Das Wissen erscheint in der Maschinerie als fremdes außer ihm; und die lebendige Arbeit subsumiert unter die selbständig wirkende vergegenständlichte."[439] Diese Entwicklung, der zufolge der Anteil der vergegenständlichten Arbeit immer größer wird, führt dazu, dass der Arbeiter als überflüssig erscheint, da das Kapital permanent versucht, seine Arbeitskraft einzusparen.[440]

Diese Aussage impliziert aber auch, dass das Kapital sich nur auf einer bestimmten Stufe der Wissenschaft entwickeln kann:

> „Wie bei der Verwandlung des Werts in Kapital, so zeigt sich bei näheren Entwicklung des Kapitals, daß es einerseits eine bestimmte gegebene historische Entwicklung der Produktivkräfte voraussetzt - unter diesen Produktivkräften auch die Wissenschaft-, anderseits sie vorantreibt und forciert."[441]

Dabei ist zu beachten, dass die Maschinerie als Gebrauchswert im Kapitalismus nicht neutral ist, denn ihre Entwicklung und ihre Anwendung vollziehen sich unter dem Zwang der Verwertung des Werts.442 „Daraus, daß die Maschinerie die entsprechendste Form des Gebrauchswertes des Capital fixe, folgt keineswegs, daß die Subsumtion unter das gesellschaftliche Verhältnis des Kapitals das entsprechendste und beste gesellschaftliche Produktionsverhältnis für die Anwendung der Maschinerie [ist, Anm. P.M.]."[443] Sie wird auch nach dem Kapitalismus ein Gebrauchswert sein (Maschinerie hört nicht auf, Gebrauchswert zu sein, nur weil sie kein Kapital mehr ist), aber ihre Entwicklung und ihre Anwendung könnten anders gestaltet sein. Ironischerweise führt gerade die Entwicklung der Maschinerie durch die Wissenschaft im Kapitalismus

---

438 Ebd., S.595.

439 Ebd.

440 Das heisst aber nicht, dass sich damit der Arbeitstag innerhalb des Kapitalismus verkürzen muss. Der Wissenschaftler Roger Behrens merkte beispielsweise an, dass niemals zuvor der Arbeitstag in der Menschheitsgeschichte so lang war wie im Kapitalismus, obwohl die Entwicklung der Produktivkräfte es anders erlauben, geschieht dies nicht im Kapitalismus. Vgl. Behrens 2002 und Vgl. MEW 42, S.607.

441 MEW 42, 2005, S.594.

442 Unter anderem führten diese Aussagen von Marx in der Theorie des Operaismus dazu, die Maschinerie als nicht neutral anzusehen, während Haug diese Auffassung kritisiert. Vgl. die erste Seite dieses Kapitels, in dem die Argumentation deutlich wird.

443 MEW 42, 2005, S.596.

dazu, dass die Wissenschaft die produktive Arbeit -als einzige Quelle des Werts - ablöst und das Kapital sich so selbst abschafft.

Marx bemerkt dazu:

> „In demselben Maße, wie die Arbeitszeit - das bloße Quantum Arbeit- durch das Kapital als einziges wertbestimmendes Element gesetzt wird, in demselben Maße verschwindet die unmittelbare Arbeit und ihre Quantität als das bestimmende Prinzip der Produktion- der Schöpfung von Gebrauchswerten und wird sowohl quantitativ zu einer geringeren Proportion herabgesetzt, wie qualitativ als ein zwar unentbehrliches, aber subalternes Moment gegen die allgemeine wissenschaftliche Arbeit, technologische Anwendung der Naturwissenschaften nach der einen Seite, wie [gegen die] aus der gesellschaftlichen Gliederung in der Gesamtproduktion hervorgehende allgemeine Produktivkraft - die als Naturgabe der gesellschaftlichen Arbeit (obgleich historisches Produkt) erscheint. Das Kapital arbeitet so an seiner eignen Auflösung als die Produktion beherrschende Form."[444]

Marx weist auch daraufhin, dass das Capital fixe als Produktionsmittel nur Wert produziert bzw. ihn nur durch zwei Möglichkeiten vermehrt. Erstens: wenn das Produkt der Arbeit, also eine gewisse Menge in ihm vergegenständlichter Arbeit inkorporiert wurde und zweitens: wenn es das Verhältnis der Mehrarbeit zur notwendigen Arbeit vermehrt, indem es die Arbeit befähigt durch Vermehrung ihrer Produktivkraft die Reproduktionskosten des lebendigen Arbeitsvermögens in kürzerer Zeit zu schaffen. „Durch diesen Prozeß wird in der Tat das Quantum zur Produktion eines gewissen Gegenstandes nötige Arbeit auf einem Minimum reduziert, aber nur damit ein Maximum von Arbeit in dem Maximum solcher Gegenstände verwertet werde."[445] Auch noch einmal betont Marx; das unterkapitalistischen Verhältnissen die Maschine die Arbeit selbst verändert: „er [der Kapitalist, Anm. P. M.] raubt ihr durch die Maschine vielmehr alle Selbständigkeit."[446] Während einerseits die Arbeitskraft selbst die Maschinerie verändert bzw. diese vergrößert, führt diese Entwicklung zu einer Monotonisierung der Arbeit, in der es scheint, als ob die Maschine die Arbeitskraft unterwirft, anderseits beinhaltet dies auch eine immer größere Möglichkeit zur Befreiung (von)[447] der Arbeit: „[...] die menschliche Arbeit auf ein Minimum reduziert, die Kraftaus-

444 Ebd.

445 MEW 42, 2005,S.597.

446 Ebd.

447 Einige Wissenschaftler behaupteten auch, Marx meine nicht nur eine „Befreiung der Arbeit", sondern auch eine „Befreiung von der Arbeit", vgl.: Postone 2003.

gabe. Dies wird der emanzipierten Arbeit zugute kommen und ist die Bedingung ihrer Emanzipation."[448]

Eine Grundvoraussetzung, damit es überhaupt zum Einsatz der Maschinerie kommt, ist die massenhafte Konzentration der Arbeiter mit dem Ziel, Arbeitskraft einsparen zu können. Sie kommt also nicht zum Einsatz, um die fehlende Arbeitskraft zu ersetzen, sondern dient dazu, die massenhaft vorhandene auf ihr nötiges und mögliches Mass zu reduzieren.
Und „diese Wirkung der Maschinerie gilt nur, soweit sie als capital fixe bestimmt, und sie ist nur dadurch als solche bestimmt, daß der Arbeiter als Lohnarbeiter und das tätige Individuum überhaupt als bloßer Arbeiter sich zu ihr verhält."[449] Zu beachten ist, dass der Wert des Capital fixe nur reproduziert wird, wenn er im Produktionsprozess verbraucht wird, denn wenn er nicht benutzt wird, verliert er seinen Gebrauchswert, ohne dass sich sein Wert dabei auf ein Produkt überträgt. So beinhaltet der Produktionsprozess den Zwang, sich zu reproduzieren. Dies geschieht mit Hilfe der Wissenschaft auf einer immer höheren Ebene. Dies passiert, sobald die große Industrie eine höhere Stufe erreicht hat und damit sämtliche Wissenschaften in den Dienst des Kapitals aufgenommen wurden.[450] „Die Erfindung wird dann ein Geschäft und die Anwendung der Wissenschaft auf die unmittelbare Produktion selbst ein für sie bestimmender und sie sollizitierender Gesichtspunkt."[451]
Haug fasst das Gesagte zusammen:

> „Gesellschaftliches Wissen und allgemeiner Verstand wirken so ‚als Eigenschaft […] des Capital fixe' (594), und es ist ‚nicht in dem Arbeiter, sondern im Kapital, dass sich die allgemein gesellschaftliche Arbeit darstellt' (595), deren Früchte jenes gratis erntet. Während das Kapital die Arbeitszeit ‚als einziges wertbestimmendes Element' setzt, ‚verschwindet die unmittelbare Arbeit und ihre Quantität als das bestimmende Prinzip der […] Schöpfung von Gebrauchswerten und wird sowohl quantitativ zu einer geringeren Proportion herabgesetzt wie qualitativ als ein zwar unentbehrliches, aber subalternes Moment gegen die allgemeine wissenschaftliche Arbeit, technologische Anwendung der Naturwissenschaften' (596)."[452]

---

448 Ebd., S.598.

449 MEW 42, 598.

450 Ebd., S.599 f.

451 Ebd., S.600.

452 Haug , 2005, S.47.

Diese Zusammenfassung von Haug zur ersten Hälfte der so genannten „Maschinen Fragmente" macht seiner Meinung nach deutlich: Es handelt sich dabei um eine Analyse von Marx, die die Entwicklungen um die Mitte des 19.Jahrhunderts in England beschreibt. Aber in der zweiten Hälfte des Kapitels denkt Marx über die bestehenden Verhältnisse hinaus und lotet das emanzipatorische Potenzial des allgemeinen gesellschaftlichen Wissens und Verstandes aus. Der Arbeiter tritt dann selbst neben den eigentlichen Produktionsprozess und eignet sich die Früchte der allgemeinen Produktivkraft an. Und so wird

> „der Diebstahl an fremder Arbeitszeit, worauf der jetzige Reichtum beruht, erscheint miserable Grundlage gegen diese neuentwickelte, durch die große Industrie selbst geschaffene. Sobald die Arbeit in unmittelbarer Form aufgehört hat, die große Quelle des Reichtums zu sein, hört und muß aufhören, die Arbeitszeit sein Maß zu sein und daher der Tauschwert [das Maß [sic]] des Gebrauchswerts. Die Surplusarbeit der Masse hat aufgehört, Bedingung für die Entwicklung des allgemeinen Reichtums zu sein, ebenso wie Nichtarbeit der wenigen für die Entwicklung der allgemeinen Mächte des menschlichen Kopfes."[453]

Weil Arbeitszeit nicht mehr die Quelle des Reichtums ist, verschwindet das Wertgesetz nach Marx also in einer postkapitalistischen Gesellschaft, wie Haug meint, während der Postoperaismus davon ausgeht, dies sei auf dem Boden des Kapitals verwirklicht.[454] Die Entwicklung, die sich am fixen Kapital darstellt, hat die Tendenz, das Wertgesetz und Lohnarbeit infrage zustellen, denn das Kapital fungiert als „prozessierender Widerspruch", indem es einerseits die Arbeitszeit auf ein Minimum reduziert, aber anderseits die Arbeitszeit die Quelle des Reichtums ist und „verkürzt gesagt, als ‚Tauschwert des Gebrauchswerts' setzt' (601). Es, arbeitet so an seiner eignen Auflösung als die Produktion beherrschende Form' (596)."[455] Haug betont auch immer wieder, dass Marx darauf hin-

---

453 MEW 42, 2005, 601.

454 Haug stellt auch fest, dass es sich in der MEW- und der MEGA-Ausgabe um einen Fehler bei diesem Zitat handelt und behauptet, dass es sich aufgrund dieses Fehlers um eine Fehlinterpretation von Marx seitens des Postoperaismus handelt: „Die Moskauer Redakteure der 1930er Jahre könnten sich aber nichts unter ‚Tauschwert des Gebrauswert' vorstellen und veränderten den Ausdruck und damit den sinn zu: ‚Tauschwert [das Maß] des Gebrauchswerts'. Aber in Zeit gemessene abstrakte Arbeit bildet in der Tat die ‚Substanz' des Tauschwerts der Güter, während Tauschwert niemals das Maß des Gebrauchswerts sein kann. Dadurch das die MEW und MEGA diesen Fehler beibehalten haben, hat dazu geführt die Postoperaisten die tollsten Theorien daraus entwickelten." (Haug, 2005, S.48.).

455 Haug, 2005, S.47.

weist, dass sich durch die frei werdende Zeit die freie Entwicklung der Individualität entfaltet, in der sich eine künstlerische, wissenschaftliche usw. Ausbildung der Individuen und mit den geschaffenen Mitteln entwickelt.

„Die freie Entwicklung der Individualitäten und daher nicht das Reduzieren der notwendigen Arbeitszeit, um Surplusarbeit zu setzten, sondern überhaupt die Reduktion der notwendigen Arbeit der Gesellschaft zu einem Minimum."[456] Dies führt zu der eben beschrienen qualitativen Veränderung, wonach Arbeitszeit nicht mehr den Wert bildet.

„Die Arbeit erscheint nicht mehr so sehr als in den Produktionsprozess eingeschlossen, als sich der Mensch vielmehr als Wächter und Regulator zum Produktionsprozess selbst verhält. [...] den Naturprozess, den er in einen industriellen umwandelt, schiebt er als Mittel zwischen sich und die unorganische Natur, deren er sich bemeistert. Er tritt neben den Produktionsprozess statt sein Hauptagent zu sein."[457]

Damit tritt also der Arbeiter neben den Produktionsprozess, überwacht diesen nur noch, indem die Bildung der Wissenschaft und des allgemeinen Verstandes bzw. des General Intellect zur Produktivkraft werden. „Die Entwicklung des capital fixe zeigt an, bis zu welchem Grade das allgemeine gesellschaftliche Wissen, knowledge, zur unmittelbaren Produktivkraft geworden ist und daher die Bedingungen des gesellschaftlichen Lebensprozesses selbst unter die Kontrolle des general intellect gekommen und ihm gemäß umgeschaffen sind."[458] Haug konstatiert, dass mit diesem Zitat zum Ausdruck gebracht wird, wie die gesellschaftlichen Lebensbedingungen unter der Kontrolle des General Intellect sein könnten. Dies lässt sich sowohl auf die natürlichen als auch sozialen Lebensbedingungen beziehen. Während einige meinen, Marx hätte damit nur die Entwicklung der Maschinerie gemeint, hält Haug dem entgegen: „Diese Auffassung verkennt die dialektisch-experimentelle Denkweise, die sich im Manuskript von 1857/58 niedergeschlagen hat. Der Marx der Grundrisse achtet auf Tendenzen und fragt nach empirischen Anzeichen, an denen sich die latenten Möglichkeiten ablesen lassen."[459] Ich meine: Hier sieht man bei Haug den Argumentationsstrang, den der Postoperaismus auch für dieses Kapitel verwendet, wenn es darum geht, dass Marx eben auch die allgemeinen Lebensbedingungen gemeint hat. Haug argumentiert mit Marx weiter, dass dieser Prozess, in dem der General Intellect Hauptproduktivkraft wird, sich aber erst ab einer be-

---

456 MEW 42, 2005, S.601.

457 Marx, zitiert nach Haug 2005, S.48.

458 MEW 42, 2005, S.602.

459 Haug, 2005, S.50.

stimmten Stufe der wissenschaftlich-technischen Entwicklung entfalten könne, die vorher unter dem Kapital stattgefunden hat. Denn nur auf einem bestimmten produktiven Level ist der gesellschaftliche Reichtum gross genug, auch um sich nicht unmittelbare produktive Arbeit (z. B. wissenschaftliche Arbeit, Kunst usw.) zu leisten. Diese nicht unmittelbare produktive Arbeit führt aber dazu, dass sich die Produktivkraft immer weiter vermehrt und damit sinkt der Anteil der produktiven Arbeit, während sich der Anteil nicht produktiver Arbeit kontinuierlich erhöht. Oder wie Marx es ausdrückt: „Das Kapital fügt hinzu, dass es die Surplusarbeitszeit der Masse durch alle Mittel der Kunst und Wissenschaft vermehrt, weil sein Reichtum direkt in der Aneignung von Surplusarbeitszeit besteht; da sein Zweck direkt der Wert, nicht der Gebrauchswert."[460]

Dieses Verhältnis verschiebt sich so lange, bis sich schließlich die Produzenten die Produktionsmittel aneignen und diese dann ganz verschwinden, „denn der wirkliche Reichtum ist die entwickelte Produktivkraft aller Individuen. Es ist dann //4/ keineswegs mehr die Arbeitszeit, sondern die disposable time das Maß des Reichtums."[461] Haug weist noch darauf hin, dass die unmittelbare Arbeitszeit dann nicht mehr den abstrakten Gegensatz zu der freien Zeit bildet. Er legt bei seiner Analyse ebenfalls grossen Wert darauf, dass Marx den General Intellect gerade eben nicht identifiziere.[462] Denn „der Produktionsprozess wiederum ist für Marx nun ‚Experimentalwissenschaft, materiell schöpferische und sich vergegenständlichende Wissenschaft mit Bezug auf den gewordenen Menschen, in dessen Kopf das akkumulierte Wissen existiert."[463] Auch ist er der Ansicht, dass dort, wo es sich spekulativ bei Hegel um den „allgemeinen Geist" handelt, dieser gesellschaftlich in den Grundrissen bei Marx in „general intellect" übersetzt wurde. Er geht davon aus, dass es den Marxschen General Intellect an sich genau sowenig gibt, wie Rousseaus Volonté générale. Vielmehr „[...] gibt [es] nur eine Menge sich individuell entwickelnder Intellekte, deren Entwicklung die - wie immer gewonnenen, verteilt und zugänglichen - gesellschaftlich akkumulierten und gespeicherten Wissensmassen und die Tradierung der Fähigkeiten zu ihrer Aneignung und Nutzung voraussetzt."[464] Deshalb findet er es auch genauer, wenn Marx im dritten Band des Kapitals vom „assoziierten Verstand"[465] spricht. „Dies entspricht dem politischen Ziel

460 MEW 42, 2005, 603 f.

461 Ebd., S.604.

462 Dies wirft er Paolo Vrino vor zutun.

463 Haug, 2005, S.51.

464 Ebd.

465 MEW 25, 2005, S.267.

einer ‚Assoziationen freier und gleichgestellter, nach einem gemeinsamen und rationellen Plan bewusst tätiger Produzenten' (MEW 18, 62)."[466] [467]

Damit ist im Wesentlichen der General Intellect bei Marx dargestellt worden. Marx sah die Verwirklichung des General Intellect nach dem Kapitalismus gekommen. Während Haug daran festhält, geht die Theorie des Postoperaismus davon aus, dass der General Intellect sich auf dem Boden des Kapitalismus verwirklicht hat. Um dies zu prüfen, muss gefragt werden: Hat sich der Kapitalismus tatsächlich soweit verändert? Um diese Frage zu beantworten, versuche ich in den nächsten Kapiteln zu zeigen, wie die Theorie des Operaismus sich dahingegen verändert hat, dies anzunehmen.

7. General Intellect bei Hardt/Negri

In der bisherigen Darstellung wurde gezeigt, wie im Operaismus die Analyse des gesellschaftlichen Arbeiters sich im Verlauf der Theoriediskussion zum General Intellect im Postoperaismus entwickelte und zu einer Revision des Wertgesetzes führte. Aber in der postoperaistischen Theorie verweisen Michael Hardt und Antonio Negri auf die Bedeutung und Grenzen des Marxschen Begriffs vom General Intellect und erweiterten diese Marxsche Kategorie mit poststrukturalistischen Untersuchungen. Dabei finden Michel Foucault, Felix Deleuze und Gilles Guattari besondere Beachtung. Hardt/Negri teilen auch ihre Abneigung gegen die Dialektik und den historischen Materialismus, was grossen Einfluss auf ihre Analyse des Wertgesetzes hat.[468]

Nach Hardt/Negri argumentierte Foucault seit den 1970er-Jahren, dass man den modernen Staat im Übergang vom „Ancien Régime" nur verstehen kann als den Übergang von „Souveränität" zur „Disziplin", als zunehmenden Zusammenhang der Biopolitik im Dienste der kapitalistischen Akkumulation. In der kapitalistischen Gesellschaft ist Biopolitik vor allen Dingen das Körperliche, Somatische, Biologische und damit vollzieht sich die Kontrolle in dieser Gesellschaft nicht nur im Bewusstsein und der Ideologie, sondern ebenso durch den Körper.[469] Diese führte

466 Haug, 2005, S.51.

467 Haugs Aussage impliziert, dass aufgrund der Tatsache des späteren Erscheinens des Kapitals dies besser ausgearbeitet ist, während einige Theoretiker des Operaismus dagegenhalten, dass die Grundrisse besser ausgearbeitet sind (vgl. Wright, 2005).

468 Foucault kritisiert immer wieder besonders Hegel und im Allgemeinen die Dialektik. Vgl.: Demirovic, 2008 S.188.

469 Hardt/Negri, 2002, S.42.

zu einem Bruch mit einigen zentralen Marxschen Kategorien[470] und „eines der zentralen Ziele von Foucaults Forschungsstrategie jener Zeit war es, Auffassungen des historischen Materialismus einschließlich verschiedener marxistischer Strömungen hinter sich zu lassen, die das Problem der Macht und der gesellschaftlichen Reproduktion auf der Ebene des Überbaus behandelten, als von der realen Basis, von der Produktion getrennt."[471] Dies hat meiner Meinung nach auch Folgen für die Werttheorie und könnte ein Hinweis auf den Einfluss von Foucault auf die Werttheorie bei Hardt/Negri sein. Die Position Foucaults zum Wertgesetz fast Alex Demirović folgendermassen zusammen:

> „Damit wird es möglich, in konkreten Schritten einer Mikrophysik der Kapitalverhältnisse den inneren Zusammenhang herzustellen - nicht ausschließlich in dem Sinne, dass nun alle Verhältnisse unmittelbar dem Verwertungsprozess unterworfen sind, was die Werttheorie prädisponieren würde, sich zum gleichen metaphysischen Erklärungsprinzip aller sozialen Verhältnisse aufzuwerfen, aber doch so, dass die herrschende Klasse, die ihre Grundlage im Aneignungsprozess von Mehrarbeit anderer hat, alle Verhältnisse derart zu organisieren versucht, dass sie sich der Kapitalverwertung fügen, sie stürzen, verstärken oder direkt zu ihr beitragen."[472]

Ohne auf Foucaults Einschätzung zur Werttheorie zu achten, kritisieren Hardt/Negri an Foucault, dass es ihm nicht gelungen ist, sich von der strukturalistischen Epistemologie zu lösen, was dazu führte, dass er angeblich die Biopolitik als ein Feld der Immanenz charakterisierte und damit die Dynamik der biopolitischen Verhältnisse unterschätzte. Denn die „strukturalistische Epistemologie heißt hier Rückgriff auf funktionalistische Wege im Bereich der Geisteswissenschaften, Methoden, die letztlich die Dynamik des Systems, die schöpferische Zeitlichkeit seiner Bewegungen und die schöpferische Zeitlichkeit seiner Bewegungen und die ontologische Substanz der kulturellen und sozialen Reproduktion vernachlässigen (Lefebvre 1971; Deleuze 1992b; Jameson 1972)."[473] Deshalb konnte er die Dynamik des Bios[474], die Multitude, also die angeblich realen Antriebskräfte der Produktion in einer biopolitischen Gesellschaft auch nicht finden.[475] Aber genau dieses ist eben Deleuze und Guattari

---

470 Nach Demirovic bezeichnete sich Foucault selbst als „nietzscheanischer Kommunist", der mit dem Marxismus fertig sei. Vgl.: Demirovic, 2008, S.186.

471 Hardt/Negri, 2002, S.42.

472 Demirovic, 2008, S.192.

473 Hardt/Negri, 2002, S.42.

474 Bios und Multitude werden bei Hardt/Negri synonym verwendet.

475 Vgl.: Hardt/Negri, 2002, S.43.

gelungen. Denn „Deleuze und Guattari präsentieren im Gegenzug ein poststrukturalistisches Verständnis von Biomacht".[476] Dies entmystifiziere den Strukturalismus bzw. alle Konzepte, die an einer Unverrückbarkeit ihres epistemologischen Gerüstes festhalten. Stattdessen konzentrieren Hardt/Negri ihre Analyse auf den ontologischen Ansatz. Dabei loben sie die Erkenntnis von Deleuze und Guattari: „Das permanente Funktionieren sozialer Maschinen, ihre verschiedenen Apparate und Funktionszusammenhänge produzieren, gemeinsam mit den Subjekten und Objekten, die sie konstituieren, die Welt."[477] Obwohl Deleuze und Guattari verstanden haben, dass es soziale Maschinen gibt, die die Welt ebenso produzieren wie „rein" materielle und dabei ebenfalls ein Subjekt-Objekt-Verhältnis besteht, könnten sie dies, so Hardts/Negris Kritik, dennoch nur positiv fassen, weshalb sie die wirkliche Kraft der Bewegung nicht richtig verstehen können. Es geht Hardt/Negri dabei konkret um das Verhältnis von Biomacht und gesellschaftlicher Produktion, das ihrer Ansicht nach eine Reihe marxistischer Wissenschaftler aktuell besser analysieren - besonders in Italien - und die dem Postoperaismus zugerechnet werden, indem sie gerade die biopolitische Dimension der Produktion als Teil der lebendigen Arbeit fassen. Dabei verwenden sie „Begriffe wie ‚Massenintellektualität', ‚immaterielle Arbeit' und das Marxsche Konzept des ‚General Intellect' ".[478] Es gibt auch andere Wissenschaftler, die diese Diskurse aufgriffen haben wie z.B. André Groz, aber der Unterschied zu diesen besteht darin, dass er im Gegensatz zum Postoperaismus nur die objektive Bewegung des Kapitals betont und die subjektive Seite, die Kämpfe, die diese Bewegung erst hervorgebracht haben, vernachlässigt.[479] Im Gegensatz zum Postoperaismus, der versucht, die Veränderungen der produktiven Arbeit herauszuarbeiten, indem er erstens die objektiven Veränderungen, wonach alle Arbeiten zunehmend immaterielle werden und zweitens die subjektiven Veränderungen, die Ausbeutung und Klassenkampf betreffen, ebenfalls in die Untersuchungen mit einbezieht. Im Folgenden möchte ich genauer auf diese zwei Seiten der produktiven Arbeit eingehen. Hardt/Negri insistieren:

> „Das erste beschäftigt sich mit den jüngsten Veränderungen der produktiven Arbeit sowie deren Tendenz, zunehmend immaterielle zu werden. Die zentrale Rolle bei der Produktion des Mehrwerts, die früher der Arbeitskraft der Fabrikarbeiter, dem ‚Massenarbeiter', zukam, spielt heute überwiegend die intellektu-

---

476 Ebd.

477 Ebd.

478 Ebd.

479 Vgl.: ebd., S.423 und vgl.: Gorz, 2004.

> elle, immaterielle und kommunikative Arbeit. Es ist daher notwendig, eine neue politische Werttheorie zu entwickeln, der es gelingt, das Problem dieser neuen kapitalistischen Akkumulation des Werts als Kern des Ausbeutungsmechanismus (und deshalb vielleicht auch einer potenziellen Revolte) zu erkennen."[480]

Ich denke, der Begriff der politischen Werttheorie spielt dabei auf die Verhältnisse von Objekt und Subjekt bzw. Struktur und Handlung an. Diese Kategorie nimmt sowohl Bezug auf die objektiven Veränderungen als auch die subjektiven, aber in welchem Verhältnis stehen diese zueinander? Da gerade Negri in der Theorie Tradition Mario Trontis steht, wie ich im Kapitel des gesellschaftlichen Arbeiters darlegt habe, geht es Hardt/ Negri um mehr als nur ein wechselseitiges Verhältnis, sondern, so meine These, handelt es sich bei der politischen Werttheorie darum, dass der Wert das Kräfteverhältnis im Klassenkampf widerspiegelt. Denn das Wertgesetz ist nach Hardt/Negri aufgehoben, weshalb sich der Wert nicht aus der Arbeitszeit ergibt, sondern aus einem gesellschaftlichen Kräfteverhältnis. Dazu konstatiert Negri passend: „Der Tauschwert hingegen entspringt den gesellschaftlichen und politischen Verhältnissen im Verlauf der Entwicklung der Produktionsweisen in ihrer Gesamtheit."[481] Und so vermutete ich, dass der Mehrwert nach Hardt/Negri selbst nur noch Ausdruck der Kommandogewalt des Kapitals ist, genauso, wie Negri dies schon in seinen Arbeiten zum gesellschaftlichen Arbeiter dargestellt hat. Die Kategorie der politischen Werttheorie verweist dabei im Kontext des General Intellect noch auf einen anderen Aspekt, den Haug beschreibt: „Neben ‚immaterieller Arbeit' und ‚Massenintellektualität' ist es in der Tat vor allem der ‚general intellect', der als ‚symbolisches Kapital' (Bourdieu) im Diskurs des italienischen Postoperaismus fungiert."[482] Anhand dieses Zitats wird noch einmal deutlich, dass Hardt/Negri ihre Untersuchung nicht auf die Fabrik beschränken, sondern die gesamte Gesellschaft als wertproduzierendes Verhältnis analysieren. Dabei betonen Hardt/Negri, dass der marxsche General Intellect heute verwirklicht ist, weil gesellschaftliches Wissen unmittelbare Produktivkraft geworden ist. Deshalb ist der Bedeutungszuwachs der immateriellen Arbeit feststellbar. „Tatsächlich, wenn wir die Veränderungen der Form Arbeit, die Mutationen der Produktivkraft betrachten, sehen wir etwas radikal Neues, ein Ungeheuer: Die Form, in der wir handeln, um Waren zu produzieren und die Welt hervorzubringen, ist entmaterialisiert."[483] Hardt/Negri beziehen sich auf die so ge-

480 Hardt/Negri, 2002, S.43.

481 Negri, 2007, S.18.

482 Haug, 2005, S.52.

483 Negri, 2007, S.18.

nannten „Maschinen Fragmente“ und interpretieren sie dahingehend, dass die entmaterialisierten Waren durch immaterielle Arbeit produziert werden. Da die immateriellen Waren in der kapitalistischen Produktion immer mehr zunehmen, breitete sich auch die immaterielle Arbeit aus, weshalb intellektuelles Wissen und wissenschaftliches Wissen eine immer werdende grössere Rolle in der Produktion spielen. In ihrer Analyse betonen sie, dass Arbeit, sobald sie durch wissenschaftliche Fähigkeiten organisiert wird, selbst immer überflüssiger wird und damit auch die Arbeitszeit als Wertbildesmass: „Konsequenterweise verliert die Bemessung der Arbeitszeit als Norm, die der lebendigen Arbeit ihren Platz in der Ordnung der Welt zuweist, ebenfalls ihre Relevanz. Der Arbeitstag, [...] lässt sich nicht mehr auf reine einfache Arbeitszeit zurückführen.“[484]

Die Quanten von Arbeitszeit, die früher den Wert einer Ware bestimmt haben, sind heute aufgrund der immateriellen Produktion bedeutungslos geworden. Aufgrund der immateriellen Produktion, die immer auch ein gesellschaftliches Gesamtergebnis ist, spricht Negri auch davon, dass dieses von einem „kollektiven Individuum“, dem general intellect produziert wird.[485] Der Grund, dass überhaupt produziert wird, liegt aber nicht wie im industriellen Kapitalismus beim Kapital, sondern im Wissen, denn dies wird unabhängig vom Kapital produziert und erst im Nachhinein angeeignet. Das meint Negri, wenn er schreibt:

> „Im Zeitalter des General Intellect wird die produktive Kooperation nicht mehr länger vom Kapital aufgezwungen, sondern ist, ganz im Gegenteil, ein Vermögen der immateriellen lebendigen Arbeit, der mentalen Arbeit, die nur kooperativ existieren kann – beispielsweise der Sprache, die auf die Kooperation angewiesen ist. Die kapitalistische Entwicklung ist gewissermaßen an einem Punkt angelangt, der durch eine neue ursprüngliche Akkumulation bestimmt ist, eine ursprüngliche Akkumulation, deren Schüssel der General Intellect selbst ist.“[486]

Indem sich das Kapital noch das Kommando über die Waren aneignet, spricht Negri davon, dass die Arbeit auch heute noch im Zeitalter des general Intellect noch ausgebeutete Arbeit ist.[487] Dessen ungeachtet vertreten Hardt/Negri die These, dass die Produktion des general intellect dazu führe, dass die Multitude von der kapitalistischen Entwicklung in immer größerem Maße dazu befähigt wird, selbstständig eine Produktion ohne kapitalistisches Kommando zu organisieren. Die Multitude er-

484 Ebd., S.19.

485 Vgl.: Ebd.

486 Ebd., S.21.

487 Vgl.: ebd., S.23.

gibt sich ebenfalls aus dem general intellect bzw. aus seiner subjektive Seite. Denn der General Intellect ist die unmittelbare und kommunikative Dimension der lebendigen Arbeit im kognitiven Kapitalismus.[488] Damit ist general intellect direkt gesellschaftlich (bzw. abstrakte Arbeit) und verweist auch auf das Potenzial zur Rückeroberung des Kommandos über die Produktion. Denn „die unmittelbar gesellschaftliche Dimension der Ausbeutung von lebendiger immaterieller Arbeit zeigt Arbeit eingetaucht in all die Verhältnisse, die das Gesellschaftliche ausmachen, doch zugleich werden die kritischen Momente beschleunigt, aus denen sich, über das gesamte System der Arbeitstätigkeiten verteilt, die Potenziale der Insubordination und der Revolte entwickeln".[489] Durch den General Intellect bedarf es einer politischen Werttheorie, da sich sein Wert aus Kämpfen und nicht aus der Arbeitszeit ergibt, aber auch, weil der general intellect direkt durch Subjektivität produziert wird. Sein gesellschaftlicher Charakter ergibt sich also nicht aus dem Tausch (abstrakter Arbeit) wie bei anderen Waren, sondern, wie Hardt/Negri analysieren, aus der unmittelbar gesellschaftlichen immateriellen Produktion. Aber deshalb weisen sie auch darauf hin: „Nach einer neuen Werttheorie bedarf es also einer neuen Theorie der Subjektivität, deren erste Ausgangspunkte Wissen, Kommunikation und Sprache sind."[490] Neue Subjektivität, weil, wie eben angesprochen, diese Dinge von einem gesellschaftlichen Subjekt produziert werden, der Multitude.[491] Dabei betonen Hardt/Negri, dass es eine verkürzte Sichtweise wäre, nur einen Idealtypus der immateriellen Produktion (z.B. Programmierer) zu beachten, vielmehr müsse die ganze Gesellschaft als immaterielle Produktion verstanden werden. „Die neuen Formen der Produktivkräfte zu entdecken - also immaterielle Arbeit, massenhaft auftretende intellektuelle Arbeit, die Arbeit des ‚General Intellect' - würde genügen, so die Annahme, die Dynamik und das schöpferische Verhältnis zwischen materieller Produktion und gesellschaftlicher Reproduktion konkret zu begreifen."[492] Denn in der biopolitischen Produktion ist es zentral, auch den Körper als Ort der immateriellen Produktion zu betrachten. Dabei verweisen sie auch immer wieder auf die Arbeiten von Judith Butler und betonen, dass zur immateriellen Arbeit auch die affektive Arbeit gehört. All das beachten die Untersuchungen nicht, die immaterielle Arbeit an privilegierten Orten vermuten.

---

488 Corsani, 2004, S.156-S.175.

489 Hardt/Negri, S.44, 2002.

490 Ebd.

491 Wobei es sich bei der Multitude nicht um ein einheitliches Subjekt handelt, sondern um unterschiedliche Subjektivitäten.

492 Hardt/Negri, S.44, 2002.

„In diesen Arbeiten wird das Eingelassensein der Produktion in den biopolitischen Kontext fast ausschließlich als Problem der Sprache und der Kommunikation präsentiert. Eine folgenreiche Verkürzung ist entsprechend die Tendenz, ausschließlich die intellektuellen und körperlosen Aspekte der neuen Arbeitstätigkeit in der biopolitischen Gesellschaft zu behandeln. Die Produktivität der Körper ist, ebenso wie der Wert des Affekts, in diesem Kontext absolut zentral."[493]

Hardt/Negri gehen von einem biopolitischen Körper aus, der sich in der gemeinsamen Produktion des General Intellect gebildet hat. Daher machen hier auch sämtliche Marxschen Konzepte von Basis und Überbau, Produktion und Reproduktion keinen Sinn mehr, weil es kein aussen oder innen mehr gibt, da der General Intellect eine Produktionsweise der Immanenz ist, weshalb nach Hardt/Negri diese dialektischen Erklärungen nicht mehr zutreffen. Denn der politische Körper, der ein Teil des General Intellect ist, „ist Produktion und Reproduktion, Basis und Überbau, weil er Leben im wahrsten, Politik im eigentlichen Sinn ist. Unsere Untersuchung muss in den Dschungel gehen, wo die Gesetze der Produktion und des Konflikts herrschen, die der kollektive biopolitische Körper uns bietet".[494] [495]

7.1 General Intellect und Biomacht

Hardt/Negri sind der Ansicht, dass Marx den General Intellect an einem bestimmten zukünftigen Punkt der kapitalistischen Produktionsweise, an dem die Arbeitskraft durch Kommunikation, Sprache und Wissenschaft als Hauptquelle des Wertes abgelöst wird bzw. dies heute erreicht sei. Sie versuchen auch nachzuweisen, dass die Analyse des General

---

493 Ebd.

494 Ebd., S. 45.

495 Hardt/Negri kritisieren daher auch die Theorien der Weltsystemtheorie: Diese fassen die „Turbulenzen" lediglich aus der Dynamik zwischen unterschiedlichen staatlichen Akteuren und es fehlt der Hinweis auf den widersprüchlichen Charakter der kapitalistischen Verhältnisse, um die Konflikte der internationalen Ordnung zu verstehen. „Soziale Kämpfe und Klassenkampfe werden durch die Untersuchungsmethode selbst verborgen. Diese Perspektive erlaubt es nicht, den ‚produktiven Bios' zu verstehen. Das gleiche gilt mehr oder weniger für die Autoren der Weltsystem-Schule, die sich in erster Linie auf die Zyklen des Systems und auf Systemkrisen konzentrieren (vgl. die Arbeiten von Wallerstein und Arrighi). Sie schaffen damit eine Welt (und eine Geschichte) ohne Subjektivität. Ihnen entgeht das Wirken des produktiven *Bios* und damit die Tatsache, dass das Kapital kein Ding, sondern ein sozialen Verhältnis ist, ein antagonistisches Verhältnis, dessen eine Seite das produktive Leben der Menge ausmacht." (Hardt/Negri S.424 , 2002).

Intellect durch das Konzept der Biomacht erweitert werden müsse, um ihn zu verstehen. Denn „die Produktivkräfte sind heute in der Tat vollkommen biopolitisch: Sie durchziehen und konstituieren unmittelbar nicht nur die Produktion, sondern auch den gesamten Bereich der Reproduktion".[496] Daher behaupten sie auch, dass sich im Zeitalter des General Intellect die „Phänomenologie der Arbeit" (Hardt/Negri) verändert habe.[497] Der General Intellect entsteht also einerseits durch die Akkumulation von Knowhow, Techniken und Wissen, anderseits ist er nicht nur geistiger Art, sondern ebenso körperliche Arbeit. „Wir haben bereits dargelegt, dass neue Kräfte und Positionen affektiver Arbeit die Arbeitskraft ebenso sehr bestimmen, wie es geistige Arbeit tut. Der Ausdruck Biomacht bezeichnet diese produktiven Möglichkeiten des Lebens, die in gleicher Weise geistig und körperlich sind."[498] Weiterhin ist, ihrer Analyse folgend, Biomacht ein Verhältnis, das die gesamte Gesellschaft unter das Kapital stellt, was sie in Anlehnung an Marx auch als reelle Subsumtion bezeichnen - mit weit reichenden Implikationen: „Das Verhältnis zwischen Produktion und Leben hat sich somit dahingehend verändert, dass es sich im Verständnis der politischen Ökonomie vollständig umgekehrt hat. Leben wird nicht mehr in Reproduktionszyklen produziert, in dem Arbeitstage untergeordnet sind; nun ist es im Gegenteil das Leben, das jegliche Produktion bestimmt."[499] Damit ist in Grundzügen das Verhältnis zwischen General Intellect und Biomacht erklärt.

7.2 Zwischenfazit

Ich möchte allerdings noch darauf hinweisen, dass dies nicht nur eine Veränderung des Werts zur Folge hat, wie ich bereits beschrieben habe, sondern notwendigerweise auch auf den Mehrwert Auswirkungen hat: „In der Tat liegt die Bestimmung des Werts von Arbeit und Produktion tief im Inneren des Lebens. Die Industrie produziert nur das an Mehrwert, was durch gesellschaftliche Tätigkeit erzeugt wird - und genau aus diesem Grund liegt der Wert, begraben unter einer Unmenge von Leben, jenseits allen Maßes."[500] Ich möchte auf einen scheinbaren Widerspruch aufmerksam machen, der im späteren Teil dieser Arbeit noch kritisch diskutiert wird. Wieso gibt es einen Mehrwert, wenn es kein Wertgesetz mehr gibt? Ich bin der Meinung, dass der Mehrwert Teil des Wertgesetzes bei Marx ist und nur das eine mit dem anderen zu haben ist. Ich

---

496 Hardt/Negri, 2002, S.372.

497 Ebd., S.372.

498 Ebd., S.373.

499 Ebd., S.373.

500 Ebd.,S.373.

denke, wie Hardt/Negri sich an dieser Stelle ausdrücken, erinnert das an die Methoden von Negri in „Marx oltre Marx“ (1979): Marxsche Kategorien verwenden, aber völlige Neuinterpretationen meinen. So schreibt Sergio Bologna über Negri: „es ist die Sprache der marxistischen Tradition, aber sie enthält einen Rest von Simulation, der sie verzerrt und weitschweifig macht.“[501] Anders als Bologna glaube ich, dass Negri dies sehr bewusst macht, nicht, weil er denkt, Marx hätte die realen Verhältnisse nicht richtig beschrieben, sondern weil sich die realen Verhältnisse verändert haben und damit auch die marxsche Interpretation. Auf die Ausgangsfrage bezogen, warum Hardt/Negri trotzdem von einem Mehrwert ausgehen: Marx hat unter Mehrwert die Aneignung fremder Arbeitszeit verstanden und heute, im Zeitalter des General Intellect jenseits des Masses, handelt es sich bei der Kategorie Mehrwert im Verständnis von Hart/Negri um die Aneignung von Affekten.

> „Es gäbe keinen Mehrwert, wäre die Produktion nicht allerorts von gesellschaftlicher Intelligenz, vom ‚General Intellect‘ und zugleich von affektiven Ausdrucksformen, welche die gesellschaftlichen Verhältnisse bestimmen und die Artikulationen des sozialen Wesens regeln, beseelt. Der Wertüberschuss liegt heute in den Affekten begründet, in den kreuz und quer von Wissen durchzogenen Körpern, in der geistigen Intelligenz sowie in der bloßen Macht zu handeln.“[502]

Damit ist im weitesten Sinne die Kategorie des General Intellect bei Hardt/Negri umrissen.

---

501 Bologna, 1985, S.12, zitiert nach Wright, 2005, S.189.

502 Hardt/Negri, 2002, S.373.

III. Die Kritik der Wertkritik

1. Einführung

Michael Hardt und Antonio Negri gehen davon aus, dass sich der Charakter der Arbeit qualitativ gewandelt habe. Das Wertgesetz, so lässt sich in *Empire* und in *Multitude* lesen, ist in der Epoche des Postfordismus gegenstandslos geworden, der Begriff, der durch diese veränderte Arbeit produzierten Ware, wie Karl Marx ihn im Kapital noch ausführte, ist nicht mehr angemessen. Die ergiebigste Diskussion dieser Überlegungen wurde im deutschsprachigen Raum im Umfeld der sich selbst als „wertkritisch" bezeichnenden Zeitschrift *Krisis* geführt. Die verschiedenen Autoren befassen sich intensiv mit dem Thema der neuen immateriellen Güter und kommen im Gegensatz zu Hardt und Negri zu dem Ergebnis, dass das Wertgesetz auch angesichts einschneidender Veränderungen der Arbeit weiterhin Gültigkeit besitzt, gerade weil es sich bei immateriellen Gütern nicht um Waren im traditionellen Marxschen Sinn handelt. Diese Bestimmung unterscheidet sie nicht nur von der Position Michael Hardts und Antonio Negris, sondern ebenso von den Überlegungen im Rahmen der monetären Werttheorie, wie sie etwa Michael Heinrich vertritt. Ich werde mich bei der Darstellung der Wertkritik insbesondere auf die Einlassungen von Ernst Lohoff, Stefan Meretz und Peter Samol konzentrieren, wobei im Folgenden vor allem die Kritik Lohoffs erörtert wird.

2. Ware vs. Bezahlgut

Der Kapitalismus mit seinem Streben, aus Wert mehr Wert zu machen, führt zu immer neuen Innovationen, entsprungen unter anderem aus dem Versuch der Einzelkapitalien, durch technische Neuerungen und Umbau der Arbeitsorganisation gegenüber der Konkurrenz einen Extramehrwert zu erzielen. Gesamtgesellschaftlich führt dies, zeitversetzt, zu einer Steigerung der Produktivkraft und der Wertmasse[503], die Innovation des Einzelkapitals setzt sich mit der Zeit als allgemein durch, der Extramehrwert kann nur für kurze Zeit erwirtschaftet werden und verschwindet, sobald die Konkurrenz die Innovation übernommen hat.

Lohoff ist der Ansicht, dass seit Beginn der mikroelektronischen Revolution die technischen Neuheiten zwar weiterhin dem Einzelkapital zugute kämen, aber gesamtgesellschaftlich zu einem gegenteiligen Effekt führen

---

503 Bis zur fordistischen Epoche stieg c während v konstant blieb, weil in neuen Sektoren neue produktive Arbeit geschaffen wurde.

würden, der nicht die gesamtgesellschaftlich produzierte Wertmasse vergrößert, sondern verkleinert.[504] Die Rationalisierungsinnovationen würden zur Reduzierung der produktiven lebendigen Arbeit im Herstellungsprozess der Waren führen und so die gesamtkapitalistische Verwertungsmöglichkeit der Arbeitskraft verkleinern. Vor der mikroelektronischen Revolution ist es noch so gewesen, dass die Verwertungsbasis sich mit der Produktinnovation ausgeweitet hat, etwa durch das Entstehen neuer produktiver Arbeitsbereiche, die zu einer Vergrößerung der Wertmasse geführt hat, was jedoch heute nicht mehr der Fall ist. Denn im Gegensatz zum Fordismus zeichnet sich die Epoche des Postfordismus dadurch aus, dass die Steigerung der Maschinerie (was im Postfordismus eine Steigerung der mikroelektronischen Produkte und Anwendungen bedeutet) nicht zu einer Schaffung von neuer produktiver Arbeit führt, sondern zu einer Abnahme (während also c steigt, fällt v).[505] So kommt es zu einem disproportionalen Verhältnis zwischen Produktinnovation und neuer produktiver Arbeit, die die Verwertungsbedingungen selbst unterlaufen könnten. Lohoff weist darauf hin, dass die Kategorie „Ware“ bei Marx sehr genau definiert ist, etwa hinsichtlich der Frage, welche Güter unter diese Kategorie fallen und welche nicht. Es reiche folglich nicht aus, einfach neue Dinge herzustellen oder zu erfinden, egal, wie nützlich diese Dinge in einem emphatischen Sinn auch sein mögen. Die Ware ist in der Marxschen Theorie durch ihre spezifisch gesellschaftliche Form bestimmt: „An der ‚Ware‘ hat der kapitalistische Reichtum nämlich ‚seine Elementarform‘. Reichtum, der diese Metamorphose nicht hinter sich bringt, zählt im genuin kapitalistischen Sinn gar nicht als solcher und bildet keinen Teil der gesellschaftlichen Wertmasse.“[506] Die Ware bildet also die Elementarform des Reichtums, weil in ihr produktive lebendige Arbeitskraft verausgabt wurde. Durch die Fortschritte, die in den Produktivkräften enthalten sind, sind die einzelnen Waren immer weniger wert, deshalb müssen die Warenberge immer schneller wachsen, um den Wertverlust auszugleichen, dies funktionierte bis in die 1970er-Jahre, so Lohoff. Er betont, dass die Hoffnung illusorisch sei, dass sich durch neue Sektoren wie die immaterielle Arbeit[507]

---

504 Vgl.: Lohoff, 2006.

505 Zur Definition von c und v siehe mein erstes Kapitel zur Einführung ins Marxsche Wertgesetz.

506 Lohoff, 2006, S.14.

507 Ich habe die Kategorie der immateriellen Arbeit bereits im Kapitel zur Soziologie der immateriellen Arbeit dargestellt. Es ist aber zu beachten, dass die Krisis Redaktion unter immaterieller Arbeit etwas anderes versteht als die Theorie des Postoparismus. Die Krisis Redaktion versteht unter dem Begriff immaterielle Arbeit nur Arbeit, die in einem direkten Zusammenhang mit mikroelektronischen Anwendungen stehen. Darunter fällt z.B. die Entwick-

das Verhältnis zu Gunsten der lebendigen Arbeit ausgleichen und neue Arbeitsplätze geschaffen sowie der Wertverlust ausgeglichen werden könne. Dennoch gehen viele Wissenschaftler[508] davon aus, dass die Informationsgüter einen ähnlichen Wachstumsschub bewirken könnten, wie die klassischen Industriegüter. Dabei spielt es fast keine Rolle, ob es sich um marxistisch orientierte Theoretiker handelt oder nicht.[509] Dabei spricht man von Informationskapitalismus, Wissensgütern und vom Ende des industriellen Kapitalismus. „Ob ‚immaterielle Waren', als Waren gehandelte Dienstleistungen oder handfeste konventionelle Wald- und Wiesenwaren die Märkte bevölkern, ist piepegal: Ware ist Ware."[510] Im Gegensatz zu Lohoff vertreten Hardt und Negri die These, dass Wissen eine Produktivkraft an sich ist, deren Wert nicht mehr gemessen werden kann, die aber produktive Arbeit im Marxschen Sinne darstellt. Sie teilen damit Lohoffs Analyse von „vom Ende des industriellen Kapitalismus". Lohoff unterscheidet allerdings kategorial zwischen Waren und Bezahlgütern. Hardt und Negri nehmen diese Unterscheidung nicht vor, Produkte immaterieller Arbeit betrachten sie grundsätzlich als Waren. Damit nehmen Hardt und Negri eine dritte Position ein zwischen Lohoffs Analyse und derjenigen der monetären Werttheorie. Die monetäre Werttheorie geht davon aus, dass es sich bei immateriellen Waren in Hinblick auf ihre „Substanz", die abstrakte Arbeit, um ganz normale Waren handelt. Im Gegensatz dazu stellen die *Empire*-Autoren grundlegend das Marxsche Wertgesetz in Frage, da im „Begriff von Arbeitskraft als »variables Kapital« [...], die Arbeitskraft so verstanden wird, dass sie nur durch das Kapital ihren Zusammenhang erfährt und in Bewegung zu setzen ist."[511] Deshalb können sie weder das Abschmelzen der Wertmasse, noch immaterielle Waren als eine normale Ware analysieren. Indem Lohoff zeigt, dass die Wertmasse sich insgesamt verkleinert, diese Krisen Tendenz verweist gerade auf die anhaltende Gültigkeit des Wertgesetzes auch im Postfordismus.

---

lung einer Software, während z.B. die Herstellung eines mikroelektronischen Produktes wie die eines PC keine immaterielle Arbeit ist, obwohl der PC auch Teil der mikroelektronischen Revolution ist. Der materielle Datenträger (z.B. PC, CD usw.) macht also die immaterielle Arbeit erst möglich. Es handelt sich im Gegensatz zum Postoperaismus um eine technische Definition von immaterieller Arbeit, in der die affektive Arbeit keine Beachtung findet.

508 Vgl.: Marazzi, 1999.

509 Vgl.: Ebd., S.16.

510 Lohoff, 2006, S.16.

511 Ebd.

3. Ist Wissen eine Ware? Kritik an der monetären Werttheorie

Nach Lohoff übersehe die monetäre Werttheorie, dass immaterielle Güter zwar einen Preis hätten, aber deshalb noch lange keinen Wert haben müssten, da im Marxschen Verständnis Wert und Tauschwert nicht dasselbe sind. Nur eine Ware kann Wert und Tauschwert haben. Lohoff kritisiert Heinrich bzw. die monetäre Werttheorie dafür, dies nicht zur Kenntnis zu nehmen. Die Aussage Heinrichs, „als Waren bezeichnet man nur etwas, das getauscht wird“[512], betrachtet er als folgenschwere Verkürzung des Warenbegriffs, die etwa anhand von Produkten der immateriellen Arbeit - z.B. den Informationsgütern - deutlich werden. Diese können verkauft werden, Tausch im Marxschen Sinne findet jedoch gar nicht statt. Die Hardware, ein Computer etwa, sei ein Tauschgut. Wenn es sich aber um ein Informationsgut handelt, wie beispielsweise ein Computerprogramm, ist die Kategorie Tausch in einem präzisen ökonomischen oder ökonomiekritischen Sinne nicht korrekt, höchstens in einem metaphorischen. Lohoff weist darauf hin, dass es für einen Tauschakt bzw. ein dem zu Grunde liegendes Tauschverhältnis zweier Bedingungen bedarf: „zum einen müssen beide Warenbesitzer nach vollbrachtem Tauschakt jeweils das Gut in Händen halten, das vor dem Tausch dem Gegenüber gehört hat. Zum anderen müssen beide Tauschpartner das, was sie zu Markte tragen, definitiv weggeben.“[513] Die zweite Bedingung wird zwar von den Käufern erfüllt, die für Musik, Videodateien etc. bezahlen, die Verkäufer jedoch bekommen zwar das Geld, das Informationsgut aber besitzen sie nach wie vor. „Die monetäre Transaktion vermittelt keineswegs den Händewechsel der entsprechenden Güter, sondern vermehrt lediglich die Anzahl der Menschen, die dasselbe Produkt legal nutzen dürfen.“[514] Das Besondere an Informationsgütern, im Gegensatz zur materiellen Produktion besteht darin, dass sie nur einmal produziert werden müssen und dann beliebig oft verkauft werden können. „So etwas ist kein Tausch, und der Gegenstand, der auf diesem Weg verbreitet wird, ist kein Tauschgegenstand und damit auch keine Ware.“[515] Da sie keine Tauschgegenstände bzw. Waren sind, unterscheiden sich Informationsgüter von materiellen Waren erheblich, da diese nicht reproduziert werden müssen und stellen eine neue Beziehungsform von Produzent und Produkt und Produzent und Benutzern

---

512 Heinrich 2004, S.38.

513 Lohoff 2006, S.17.

514 Ebd., S.17.

515 Ebd., S.18.

her.[516] Lohoff weist daraufhin, dass Marx sehr wohl um die Existenz von Waren wusste, die keinen Wert hatten wie etwa Boden, während Wert hingegen immer die Warenform annehmen muss.[517]

Zusammenfassend lässt sich sagen: Die monetäre Werttheorie ist in der Lage, Dienstleistungen und immaterielle Waren in ihre Theorie dergestalt zu integrieren, sodass das Wertgesetz Bestand hat - dies ist bei Hardt und Negri nicht der Fall. Der monetären Werttheorie gelingt dies jedoch im Gegensatz zur Lohoffschen Wertkritik nur, weil sie die besondere Form der immateriellen Waren leugnet und sie analytisch behandelt wie jede andere Ware auch. Würde Heinrich die besondere Form der immateriellen Waren anerkennen, müsste er entweder das Wertgesetz wie Hardt und Negri aufgeben, seine Konzeption der monetären Werttheorie partiell revidieren, um den Unterschied zwischen Wert und Preis in Hinblick auf die immateriellen Waren zu präzisieren, oder nach einer gänzlich anderen Konzeption der immateriellen Waren zu suchen, etwa mit dem Konzept der Rente[518]. Dies würde aber zur Folge haben, die Besonderheit immaterieller Waren anzuerkennen, die nach Lohoff darin besteht, keinen Wert zu haben. Da die monetäre Werttheorie davon ausgeht, dass jede Ware zu ihrem Wert verkauft wird, kann sie nicht erkennen, dass erstens immaterielle Waren nicht getauscht werden und dass zweitens das, was einen Preis hat, noch lange keinen Wert haben muss. Folgenschwer ist dementsprechend für Lohoff die Verkürzung der monetären Werttheorie: „Statt die spezifische Qualität der in den Produkten inkorporierten Arbeit ins Auge zu fassen, richtet sich das Augenmerk nur darauf, dass im gesellschaftlichen Vermittlungsakt gleiche Arbeitsquanten einander gegenübertreten."[519]

Lohoff und Hardt bzw. Negri sind sich also im ersten Punkt gegen Heinrich einig, dass Ware nicht gleich Ware ist. Während Lohoff den Preis allerdings noch in einem Verhältnis zum Wert erklären kann (während die monetäre Werttheorie Wert und Preis gleichsetzt), können Hardt und Negri den Preis nicht mehr in einem Zusammenhang mit einem Wert erklären, da das Wertgesetz für sie heute nicht mehr Bestand hat. Sie leiten den Preis einer Ware nur noch über den Kampf zwischen dem

---

516 Vgl.: ebd., S.47.

517 Vgl.: ebd., S.19. Das Beispiel, das Boden einen Preis hat, aber keinen Wert, habe ich weiter vorn schon erklärt, als ich mit Krahl die „Trinitarischen Formel" dargestellt habe, indem z.B. das Grundeigentum fruchtbarer Boden als die Quelle des Wertes erscheint. Aber die Quelle des Wertes ist nur die menschliche Arbeitskraft.

518 So schlägt Sabine Nuss der monetären Werttheorie das Konzept der Rente vor. (vgl.: Nuss, 2006).

519 Lohoff, 2006, S.48.

Kommando des Kapitals (das sich in ihrer Sicht die kommunistischen Produktivkräfte „parasitär" (Hardt/Negri) aneignet) und dem Klassenkampf der Multitude her. Bei Guenther Sandleben und auch in Heinrichs Konzeptionen kommt der besondere Charakter der immaterielleren Bezahlgüter nicht mehr zur Geltung, da sie nach der Analyse von Lohoff eben keine Waren herstellen. Allerdings stellt sich die Frage, warum Informationsgüter, und damit Produkte immaterieller Arbeit, überhaupt als Waren erscheinen können.

4. Informationsgüter und der Warenschein

Aufgrund der Tatsche, dass Informationsgüter, wie etwa Software, nicht an eine materielle Hardware gebunden sind, also nicht verbraucht werden können, und sich beliebig oft reproduzieren lassen, besitzen sie für Lohoff einen universalen Charakter, ähnlich wie Wissen selbst. Aufgrund dieser besondern Eigenschaften bezeichnet Lohoff sie als „Universalartefakte", die ihren universalen Charakter auch dann nicht verlieren, wenn sie auf dem Markt verkauft werden: „Statt Warengestalt nehmen sie eine andere, paradoxe gesellschaftliche Form an, die Formprivatisierter Universalartefakte."[520] Mit Hilfe von juristischen Konstruktionen werden diese Universalartefakte privatisiert und sollen so in die Warenform gepresst werden. Obwohl aber privatisierte Universalartefakte nun einen Preis haben, bemerken viele Ökonomen nicht, dass diese Konstruktionen eine völlig neue soziale Beziehung herstellen, die von der Beziehungsform von derjenigen, die die Warenbesitzer auszeichnet, abweicht.[521] „Weil fungierendes Kapital sich in Maschinen und Rohstoffen darstellen muss, gilt es dem ökonomischen Denken, etwa in der Art wie es in der ‚Natur' eines Birnenbaumes liegt, Birnen zu tragen. Diese fetischistische Vorstellung lässt den Gedanken gar nicht zu, dass der Unterschied von privatisierten Universalgütern und Tauschgütern für das Problem der Wertproduktion relevant sein könnte."[522]

In diesem Abschnitt wird meiner Ansicht nach auch deutlich, dass es bei Lohoff zu einer Reduzierung der Kategorie immaterieller Arbeit auf Informationsgüter kommt.

---

520 Lohoff 2006, S.28.

521 Vgl.: ebd., S.29 ff.

522 Ebd., S.31.

5. Wissen: Allgemeine Arbeit ohne Wert

Dieser Abschnitt ist zentral um Lohoffs Position nachzuvollziehen, dass er die Produktion von Wissen der allgemeinen Arbeit zu ordnet und deshalb im Gegensatz zu Hardt/Negri auch weiterhin an dem Wertgesetz festhalten kann. Er kritisiert, dass ein Teil innerhalb der Diskussion der Wissenschaftler, die von Marx inspiriert sind, davon ausgehen, dass Wissen grundsätzlich einen Wert produziert und damit produktive Arbeit ist. Sie nehmen dies nach Lohoff an, weil sie Gebrauchswert und Tauschwert verwechselten und so zu einer fetischistisch-naturalisierenden Analyse des Wertes gelangen.[523] Als Beispiel setzt er sich mit Ulrich Klotz auseinander, aber es könnte eben so gut, meine ich, Christian Marazzi, Wolfgang-Fritz Haug oder wieder Michael Heinrich gemeint sein. Klotz geht davon aus, dass Informationsarbeit einen Wert hat und folglich der neue Arbeitstypus des Wissensarbeiters ein ganz gewöhnlicher Teil des produktiven Gesamtarbeiters ist. Diese Analyse führe zu einer marxistisch-ricardianischen Wertanalyse: „[D]er größte Teil der Kosten von Informationsprodukten tritt in der Entwicklung der Informationsgehalte auf. Die für die kapitalistische Produktion dieser Produkte und der zu Grunde liegenden Informationsgehalte gesellschaftlich notwenige Arbeit ist produktiv im Sinne von Wert bildend."[524] Dies führt Klotz zu der Annahme, Marx habe zum einen geistige Arbeit immer pauschal als wertproduktiv analysiert „zum anderen schließt er von der Unterwerfung der Informationsarbeit unter kapitalistisches Kommando und unter die Lohnform direkt auf deren Wertschöpfungspotenz".[525] Lohoff kommt zu einem anderen Ergebnis aufgrund seiner Erkenntnis von der Differenz zwischen Ware und privatisiertem Universalgut. Bei einem privatisierten Universalgut kann es sich nicht um getrennte private Arbeit handeln, die nötig sind, um Mehrwert zu produzieren. Stattdessen schlägt er vor, sie mit dem Marxschen Terminus der „allgemeinen Arbeit" zu fassen. Die Privatisierung der Universalgüterproduktion würde dann wie Verwandlung allgemeiner Arbeit in privatisierte allgemeine Arbeit gefasst werden. „Werttheoretisch hätte das weitreichende Implikationen. Unabhängige Privatarbeit konstituiert Wert, allgemeine Tätigkeit nicht, auch dann nicht, wenn sie privatisiert wird."[526] Lohoff kritisiert auch andere marxistisch orientierte Autoren, wie z.B. Ralf Krämer dafür, dass sie Wissen als produktive Arbeit analysieren und damit Wissen nur als für den unmittelbaren Produktionsprozess wichtig ansehen würden.

523 Vgl.: ebd., S.32.

524 Klotz, 2002, S.640, zitiert nach Lohoff 2006, S.33.

525 Lohoff, 2006, S.34.

526 Ebd., 2006, S.35.

„Dagegen blendet er [Krämer, Anm. P.M.] konsequent aus, wie Marx die Einverleibung gesellschaftlichen Wissens, des ‚general intellect', durch das Kapital werttheoretisch behandelt."[527] Lohoff betont diesbezüglich: „Marx kannte zwar keine digitalen Informationsgüter, die Phänomene Wissen und Wissenserzeugung waren ihm keineswegs unbekannt."[528] Und genau diese, mit den modernen Produkten der immateriellen Arbeit so verwandten Produkte, fasste Marx bereits unter dem Begriff der „allgemeinen Arbeit" zusammen. Wie schon erwähnt, wird Wissen anders produziert als produktive Arbeit, die nur von getrennten privat Produzenten geleistet werden kann, daher auch sein Verweis auf den General Intellect, der bei Marx die Analyse der gemeinsamen Produktion von Wissen bezeichnet. Gerade weil er den General Intellect bei seiner Analyse berücksichtigt, lässt dies Marazzi hier näher an seine Analyse rücken als beispielsweise Heinrich. Allgemein ist festzuhalten, dass der Verweis auf den General Intellect der Gesellschaft bzw. der gesamtgesellschaftlichen Arbeit bei so unterschiedlichen Wissenschaftlern wie Lohoff, Hardt/Negri oft nur deshalb erwähnt wird, um die vollkommen neue und andere Form der immateriellen Ware zu signalisieren. Lohoff integriert die neue Form der Wissensproduktion daher mittels der „allgemeinen Arbeit" ins Wertgesetz, worauf Hardt und Negri wegen der oben bereits angedeuteten Aufgabe des Wertgesetzes, verzichten.

6. Zweierlei Wissensarbeit, produktive und unproduktive

Lohoff hält die Marxsche Analyse für ausreichend, um das Wissen zu analysieren, während Hardt und Negri dies bestreiten, da Marx ihrer Ansicht nach nur eine Untersuchung der Fabrik geleistet hat. Lohoff betont, dass sich analytisch geistige Tätigkeiten in den Bereich des vorhandenen Wissens und den Bereich der neuen Wissensproduktion trennen lassen. Nach den Marxschen Kriterien kann einerseits die Produktion von neuem Wissen niemals produktive Arbeit sein, anderseits kann die Anwendung von vorhandenem Wissen produktive Arbeit sein. Nicht Wissen an sich, sondern nur solches, welches durch seine Anwendung hilft, Arbeitszeit in der Produktion einzusparen. Daraus folgt: Nicht jede geistige Arbeit ist produktiver Arbeit zuzurechnen, sondern nur solche, die in den unmittelbaren Produktionsprozess fließt. „Geistige Arbeit gilt nach Marx dann, aber auch nur dann, als Teil der im kapitalistischen Sinne produktiven Gesamtarbeit, wenn sie vom Kapital im unmittelbaren Produktionsprozess von Waren vernutzt wird."[529] Im Produktions-

527 Ebd.

528 Ebd.

529 Ebd., S.36.

prozess fließen „Muskel", „Nerv" und „Hirn" zusammen, um eine Ware zu produzieren, etwa bei der Herstellung von Textilien. Die geistige Arbeit, die dabei verausgabt wird, ist in diesem Fall produktive Arbeit. Auch gegen Hardt und Negri gewendet, weist Lohoff daraufhin, dass dies nach Marx auch noch dann gilt, wenn die Kopfarbeit von der Handarbeit vollständig physisch getrennt ist. Diese Lesart der Marxschen Bestimmungen würde damit der These Hardt und Negris widersprechen, nach der die Hegemonie der immateriellen Arbeit das Wertgesetz überflüssig macht.[530] Lohoff konstatiert: „prinzipiell, so Marx, bleibt diese Sorte geistiger Arbeit auch dann wertproduktive Arbeit, wenn der kapitalistisch organisierte Produktionsprozess statt handfester Waren immaterielle Waren oder Dienste hervorbringt."[531] Lohoff erwähnt, dass Marx dabei sehr wohl an immaterielle Arbeit dachte, wie etwa in der Unterhaltungs- und Bildungsindustrie.[532] Marx machte dies deutlich an Zirkusartisten und Lehrern, die potenziell produktive Arbeiter sind. So leisten z.B. Englischlehrer als Lohnarbeiter, während sie Schüler unterrichten, produktive Arbeit, während, wenn diese zu Hause weiter an ihren allgemeinen Sprachfähigkeiten arbeiten, dies keine produktive Arbeit darstellt. Stofflich betrachtet bilden beide Aspekte eine Einheit, aber analytisch lassen sich beide sehr wohl trennen. Geistige wertproduktive Arbeit bei Marx ist gebunden, sie findet statt „an einem bestimmten Ort für einen bestimmten Zeitraum existierender singulärer Produkte".[533] Eine Analyse, die Hardt und Negri nicht mehr für angemessen halten, wie ich in Kapitel III versucht habe zu zeigen. Sie gehen davon aus, dass das ganze Leben bereits unter das Kapital subsumiert ist. Es gibt für sie also keine Freizeit mehr und damit auch keinen Unterschied zwischen Arbeitszeit und Nichtarbeitszeit. Damit würde also die spezifische Bestimmung „an einem bestimmten Ort für einen bestimmten Zeitraum"[534] ihrer Ansicht nach wegfallen. Lohoff weist auch daraufhin, dass Marx die Produktion von Dienstleistung und immateriellen Waren nur als marginales Phänomen betrachtet hat. „Alle diese Erscheinungen der capitalistischen Produktion auf diesem Gebiet sind so unbedeutend, verglichen mit dem Ganzen der Produktion, dass sie gänzlich unberücksichtigt bleiben können."[535] Wenn Marx die immaterielle Arbeit bereits analysierte, aber ihr aufgrund der Produktivkräfteentwicklung seiner Zeit keine größere Beachtung gewidmet hat, dann macht dies nochmals

530 Vgl.: ebd., S.37.

531 Lohoff, 2006, S.37.

532 Vgl.: ebd., S.38 f.

533 Ebd., S.38.

534 Ebd.

535 MEGA II 3.6., S.2182., zitiert nach Lohoff, 2002, S.38.

deutlich, worauf ich eingangs hingewiesen habe. Für Lohoff handelt es sich bei immaterieller Arbeit gesamtgesellschaftlich betrachtet um eine quantitative, nicht um eine qualitative Verschiebung. Dennoch findet Lohoff das Wissen bei Marx hinreichend behandelt, um produktive geistige Arbeit zu definieren. Marx habe produktive Arbeit nicht nur mit dem Industrieproletariat gleichgesetzt, sondern zugleich die potenzielle Wertproduktivität der geistigen Arbeit festgehalten. Marx beschreibt das Problem immaterieller Produktion wie folgt:

> „Bei der nichtmateriellen Production, selbst wenn sie rein für den Austausch betrieben wird, also Waaren produciert [sic], ist zweierlei möglich: 1.) Sie resultiert in Waaren [sic], Gebrauchswerthen [sic], die eine von den Prucenten [sic] und Consumenten verschiedene Gestalt besitzen, also in einem Intervall zwischen Production und Consumtion bestehen können, als verkäufliche Waaren [sic] in diesem Intervall circulieren [sic] können, wie bei Büchern, Gemälden, kurz allen Kunstproducten [sic], die von der Kunstleistung des excellierenden [sic] Künstlers verschieden sind. Hier ist capitalistische Production in sehr beschränktem Maase [sic] anwendbar....2.) Die Production [sic] ist nicht trennbar von dem Akt des Producierens [sic], wie bei allen exekutiven Künstleren, Rednern, Schauspielern, Lehrern, Ärzten, Pfaffen etc. Auch hier findet capitalistische Produktionsweise nur in geringem Umfang statt und kann der Natur der Sache nach nur in einigen Sphären stattfinden. Z.B. bei Unterrichtsanstalt sein, wie derartige Unterrichtsfabriken zahlreich in England existieren... Ebenso bei Unternehmungen von Theatern, Vergnügungsanstalten u.s.w. Dem Publicum verhält sich hier der Schauspieler gegenüber als Künstler, aber seinem Unternehmer gegenüber ist er productiver Arbeiter."[536]

Während es bei Marx einerseits wertproduktive geistige Arbeiten gibt, wie die Anwendung von vorhandenem Wissen, gibt es anderseits bei Marx unproduktive geistige Arbeiten, wie die Produktion von neuem Wissen, die für ihn Teil der „allgemeinen Gattungsgeschäfte" sind. „Die mit diesem Gattungsgeschäft befassten Wissensarbeiter haben den gleichen werttheoretischen Status wie Richter oder Soldaten, sie verrichten also im kapitalistischen Sinne unproduktive Arbeit."[537] Auch wenn die Wissensproduktion unproduktive Arbeit ist, ist sie notwendige Arbeit und bildet ein enges Verhältnis zum Kapital. „Der wissenschaftliche Fortschritt steigert die allgemeinen gesellschaftlichen Produktivkräfte

536 Lohoff, 2006, S.38.

537 Ebd.

und vervielfacht damit die *stoffliche Produktion* des Kapitals, sie vermehrt aber nicht dessen Wertschöpfung."[538]

Zusammenfassend lässt sich also sagen: Marx begreift die Produktion von neuem Wissen als allgemeine Arbeit und nicht als Privatarbeit, und damit als unproduktive Arbeit. Er konstatiert in diesem Zusammenhang, dass technische Erfindungen, die in den Produktionsprozess übernommen werden, nicht direkt den Wert einer Ware beeinflussen, sondern stattdessen dem Einzelkapital nur einen Extramehrwert bzw. einen Extraprofit sichern. Dadurch kann das Einzelkapital unter den gesellschaftlichen Durchschnittskosten produzieren oder eine Monopolstellung erlangen. „In beiden Fällen entspringt die zusätzliche Mehrwertaneignung keineswegs der Vernutzung irgendeiner als wertproduktiv apostrophierten Erfinderarbeit, sondern der privilegierten Nutzung einer allgemeinen gesellschaftlichen Potenz."[539] Gerade diese Vorstellung kritisieren Hardt und Negri mit dem Argument, dass Marx nur eine Untersuchung der Fabrik geleistet habe, wie ich zuvor in meiner Arbeit beschrieben habe - und nun das ganze Leben unter das Kapital subsumiert ist. Demgegenüber konstatiert Lohoff, dass die Marxsche Analyse ausreicht, um Wissen zu analysieren und man auch weiterhin analytisch zwischen produktiver Arbeit und unproduktiver Arbeit trennen kann. Damit sieht er die wichtige These Hardt und Negris von der Hegemonie der immateriellen Arbeit widerlegt - Lohoff geht in seiner Argumentation davon aus, das es sich nur um eine quantitative Verschiebung der sowieso schon immer bei aller produktiven Arbeit anfallenden Kopfarbeit handelt und damit auch um keine qualitative, wie Hardt und Negri behaupten. Bemerkenswert ist an dieser Lohoffschen Bestimmung, dass nicht von der affektiven Arbeit gesprochen wird, die jedoch für die *Empire*-Autoren ein zentraler Einsatz ist, um die neue Qualität der immateriellen Arbeit zu beschreiben. Die affektive Arbeit spielt für seine Argumentation auch keine Rolle, weil es nach Lohoff gleichgültig ist, ob irgendetwas nach dem Motto „buy with a smile" verkauft wird, dies sei nicht der entscheidende Punkt für wertproduktive Arbeit. Auch Hardt und Negris Hinweis auf die „Sexualisierung der Arbeit" sagt nichts darüber aus, ob eine Arbeit wertproduktiv ist oder nicht. Entscheidend ist für Lohoff ausschließlich, ob die Ware *„an einem bestimmten Ort für einen bestimmten Zeitraum"*[540] ein singuläres Produkt ist. Bestimmte immaterielle Güter fallen unter diese Definition und andere nicht. Diese Letztgenannten möchte ich mit Lohoff dem Bereich der „allgemeinen Arbeit" zuordnen.

---

538 Ebd.

539 Ebd., S.41.

540 Ebd., S.38.

7. Warum es trotzdem einer Erweiterung der Marxschen Theorie bedarf

Im Wesentlichen habe ich die Position von Lohoff dargestellt, zwei Punkte scheinen mir wichtig zu betonen, weil sie eine Weiterentwicklung der Marxschen Analyse implizieren. Der erste geht noch nicht über Marx hinaus: Lohoff weist nach, dass im Kapitalismus nicht jede gesellschaftliche Praxis Anteil an Wertschöpfung hat, sondern nur die Arbeit von „voneinander unabhängigen Privatproduzenten". Lohoff begreift die Kategorie Wert also als ein soziales Verhältnis zwischen voneinander unabhängigen Privatproduzenten. Aus diesem Grund könne auch nicht jede Wissensproduktion zur Wertschöpfung beitragen. „Allgemein gesellschaftliche Tätigkeit schafft dagegen keinen Wert, auch dann nicht, wenn sie die Form einzelkapitalistisch angewandter Lohnarbeit annimmt und sich das Kapital mit ihrer Hilfe einen Anteil an der gesellschaftlichen Profitmasse sichert."[541] Diese Analyse impliziert zwei Annahmen. Dass zum einen die Menschen nicht bewusst ihren gesellschaftlichen Zusammenhang organisieren, sondern diesen „über die Beziehung der Produkte und über monetäre Relationen herstellt."[542] Zum anderen beinhaltet es die Aufsplitterung der Produktion in verschiedene Fertigungszweige. Der zweite Punkt geht hingegen über die Überlegungen von Marx hinaus, kann jedoch als Weiterentwicklung seiner Theorie verstanden werden. Die angesprochene Aufsplitterung der Produktion in verschiedene Fertigungszweige macht eine Weiterentwicklung der Marxschen Theorie notwendig, denn die Warenproduktion beinhaltet eine immer weiter spezialisierte Produktion für einen immer kleiner werden Anwendungsbereich. Lohoff konstatiert, dass Marx dies bei seiner Wertformanalyse nicht weiter berücksichtige. Aus diesem Grund abstrahierte er diesen Moment von der allgemeinen Arbeit. Lohoff kommt zu dem Schluss, dass dies einer Erweiterung aufgrund der enormen Produktivkräfteentwicklung bedar. „Mit der Entwicklung von Universalartefakten treten indes die beiden in der Marxschen Wertformanalyse zusammen gedachten Bestimmungen *‚der voneinander unabhängig betrieben Privatarbeit'* auseinander. Die hier eingeführte Differenzierung von privatisierter allgemeiner Arbeit und Privatarbeit erlaubt, dem kategorial-begrifflich Rechnung zu tragen."[543] Lohoff verweist nochmals auf die Trennung von „privatisierter allgemeiner Arbeit und Privatarbeit". Die privatisierte allgemeine Arbeit sei nicht durch die Ausdifferenzierung der Arbeitsteilung entstanden müsse folg-

541 Ebd., S.43.

542 Ebd.

543 Ebd., S.44.

lich auch nicht reproduziert werden.[544] Er schlägt die Kategorie „privatisierter allgemeiner Arbeit" vor, um zu unterstreichen, dass diese Arbeit ein Bezahlgut produziert, aber eben keine Ware.

8. Keimform einer neuen Gesellschaft?

Hardt und Negris Einlassungen zur immateriellen Arbeit unterstellen der immateriellen Produktion einen emanzipatorischen Charakter, wenn nicht revolutionäres Potenzial. In Empire schreiben sie: „Indem sie ihre eigenen schöpferischen Energien ausdrückt, stellt die immaterielle Arbeit das Potenzial für eine Art des spontanen und elementaren Kommunismus bereit."[545] Stefan Meretz, der im Umfeld der Zeitschrift *Krisis* veröffentlicht, insbesondere auf seinem Blog *keimform.de*, bescheinigt der immateriellen Arbeit ebenso ein gesellschaftsveränderndes Potenzial in emanzipatorischer Hinsicht, für ihn ist dieser neue Arbeitstyp „Keimform einer neuen Gesellschaft". Da die Position von Meretz in gewisser weise typisch ist für die (nicht nur deutschsprachige) Diskussion um das gesellschaftstranszendierende Potenzial der immateriellen Arbeit, möchte ich seine Argumente abschließend kurz nennen. Meretz stellt in seinen Beiträgen stets heraus, dass es sich bei immateriellen Produkten, wobei er vor allem „digitale Waren" als Beispiele nennt, nicht um gewöhnliche Produkte handelt. Sein Argument ist dabei zunächst kein begriffslogisches, sondern ein funktionales: Die Tatsache, dass sie umkämpft sind, macht am deutlichsten, dass es sich nicht um normale Waren handeln kann. Aufgrund ihrer besonderen Form, die nur mit Mühe in den Warencharakter gepresst werden können, sind sie so umkämpft, wie es sich heute darstellt.[546] In den Warencharakter werden digitale Programme oder Dateien wie Soundfiles etwa durch rechtliche Strukturierungsversuche eines unübersichtlichen Feldes, etwa durch „Digital Rights Management", eine Technologie, die private Vervielfältigung von digitalen Produkten durch einen Kopierschutz oder durch einen Aktivierungsschlüssel bei einem Rechteserver regelt oder unterbindet. Diesem Rechtemanagement liegt die Unterstellung zugrunde, dass das ausgreifende Kopieren von einmal erstandenen Daten nicht das Recht des Produktkäufers ist. Fragen, ob der Käufer das Produkt selbst kauft oder lediglich deren Benutzungsmöglichkeit erwirbt (wie etwa bei der Wohnungsmiete

---

544 Vgl. ebd., S.44 f.

545 Hardt/Negri, 2002, S.305.

546 Ich habe bereits im ersten Kapitel, insbesondere mit John Holloway, deutlich gemacht, dass im Kapitalismus jede Ware umkämpft ist. Daher ist es zweifelhaft, ob allein der Verweis, dass immaterielle Waren angeblich umkämpfter sind als andere Waren, ausreicht, um zu begründen, dass es sich um nicht normale Ware handelt.

oder einem Videoausleih), schließen sich für Meretz hier an. Er zitiert eine aktuelle Microsoft-Studie[547], die den Lehren Schulmaterial zur Verfügung stellt, um Schüler im Unterricht etwa für das Copyright zu sensibilisieren.[548] Interessanterweise kommt diese Studie zu dem Schluss, dass dies angeblich getan werden muss, da viele Bürger nur über ein mangelndes Unrechtsbewusstsein gegenüber der Verletzung des digitalen Eigentums verfügen. Sie setzten eine Urheberrechtsverletzung nicht mit dem Diebstahl einer Ware gleich. Trotz Staat und Gewaltmonopol scheint es nach Ansicht von Meretz schwer zu sein, die Warenform von digitalen Gütern aufrechtzuerhalten. Deshalb ist dies ein interessanter Ort sozialer Konflikte und möglicherweise Keimforum einer neuen Gesellschaft. Als Beispiele dienen ihm die sogenannte freie Software, er stellt fest:

> „Die reale, weil praktische Vergesellschaftung eines großen Teils des gesellschaftlichen Reichtums ist ein wesentlich günstigerer Ausgangspunkt für emanzipatorische Entwicklungen jenseits von Ware und Geld als das traditionelle politik- und staatsfixierte Delegieren der eigenen Handlungsmacht, das die hiesigen linken ‚Reformansätze' auszeichnet- so verständlich sie angesichts der Krise des Sozialstaat aus sein mögen."[549]

Er stellt aber auch fest, dass es „interessanterweise […] die aufstrebende ‚Peripherie' [ist, Anm. P. M.], die das neue wertfreie Potenzial nutzt, denn selbstredend bedeutet ‚Entwertung' durch Freistellung im Kontext der Warenproduktion zunächst schlicht Kostenreduktion."[550] Genau hier setzt die Kritik von Peter Samol an, der an dem Keimformansatz kritisiert, dass es sich bei freier Software schlicht um Kostenreduktion für einzelne Kapitale handelt, aber mitnichten um den Beginn einer neue Gesellschaft.[551] Diese Kritikpunkte könnten ebenso gegen Hardt und Negri gewendet werden. Des weiteren kritisiert Samol am Keimformansatz, dass er nur den Kampf um die immaterielle Produktion berücksichtigt und die materielle vernachlässigt. „Das Konzept hat allerdings den Hacken, dass man freie Software nicht essen kann. Man kann in ihr nicht wohnen und sie hat auch keinen Heizwert. Die Mittel zur Erfüllung solcher Bedürfnisse muss man sich weiterhin auf dem Markt besorgen."[552]

547 Vgl.: www.microisoft.com/germany/piraterie/publikationen.mspx, rev. 25. 04. 2006, zitiert nach Meretz 2006, S.82.

548 Es gibt viele weitere Beispiele, wie in der Bevölkerung ein „Unrechtsbewusstsein" erzeugt werden soll, z.B. durch Fernsehwerbung usw.

549 Meretz, 2006, S.84.

550 Ebd., 2006, S.81.

551 Vgl.: Samol, 2006, S.90 bis S.124.

552 Ebd., 2006, S.113.

9. Zwischenfazit

Meretz Hoffnung auf die immateriellen Produkte als Heilsbringer und Überwinder der gegenwärtigen Gesellschaft erscheinen weitgehend naiv. Nach einer verändernden gesellschaftlichen Praxis und damit die Frage nach Struktur und Handlung zu stellen, ist eine sinnvolle Fragestellung, um die Theorie der (monetären) Wertkritik zu erweitern. Die daraus gezogenen Schlüsse können aber in Hinblick auf Stefan Meretz geradezu geschichtsphilosophische Deutung der immateriellen Arbeit nicht als ausgereift betrachtet werden für eine gesellschaftsverändernde Praxis, die das Wertgesetz in Frage stellt. An dieser Stelle wirken die Überlegungen von Hardt und Negri ausgereifter, weil sie mit ihrer Darstellung in *Empire* und *Multitude* den Bereich der gesellschaftlichen Produktion versuchen, umfassend in den Blick zu nehmen. Lohoffs Zugang zur immateriellen Arbeit bleibt weitgehend auf den Bereich des Wertgesetzes beschränkt, die darüber hinausgehenden gesellschaftstheoretischen Annahmen sind für ihn nicht von Interesse. Er unterscheidet zwei Abteilungen immaterieller Arbeit, die eine ist Wert schaffend, die andere nicht. Immaterielle Arbeit ist produktive Arbeit, wenn sie an einem bestimmten Ort zu einer bestimmten Zeit stattfindet. Immaterielle Arbeit, die privatisierte allgemeine Arbeit ist, bildet keinen Wert, schafft aber Bezahlgüter, die einen Preis haben. Das Wertgesetz existiert für Lohoff weiterhin.

In Hinblick auf Lohoffs Diskussion ist unplausibel, warum er nicht in Betracht zieht, dass das Kapital keine neuen Verwertungsbedingungen finden könnte. Die Annahme, dass die gesamtgesellschaftliche Wertmasse im Zeitalter der immateriellen Arbeit abschmelzen würde, scheint mir eine ungedeckte Behauptung zu sein. Michael Heinrich hat darauf hingewiesen, dass bereits Marx' Annahme eines tendenziellen Falls der Profitrate zwar in Bezug auf einzelne Kapitalsparten richtig ist, gesamtgesellschaftlich aber eine kontrafaktische Annahme ist, da sich das Kapital stets dorthin verschiebt, wo die höchsten Profitraten vorzufinden seien. Historisch hat sich der Kapitalismus als sehr dynamisch erwiesen und ist aus Krisen gestärkt hervorgegangen.[553] Des Weiteren ist mit Nadja Rakowitz zu fragen, ob Lohoff nicht die dynamischen Verhältnisse des Weltmarktes bei seiner These vom Abschmelzen der Wertmasse unterschätzt, die impliziert, was er mit Norbert Trenkel u.a an anderer Stelle expliziert - das Ende der Arbeit.[554] Dagegen insistiert Rakowitz: „Die Tendenz des Kapitals zur steigenden organischen Zusammensetzung hat allerdings eine immanente Grenze. Thesen, die eine Gesellschaft ‚ohne

---

553 Vgl.: Heinrich, 2004, S.175 bis S.179.

554 Vgl.: Lohoff, Trenkle, Lewed, Wölflingseder, 2004.

Arbeit' für den Menschen, da dieser von Maschinen ersetzt werde, für die Zukunft prognostizieren, verwechseln hier immer Grenze und Schranke des Kapitals und müssen sich immer unterhalb der Ebene des Weltmarkts bewegen und damit immer unterhalb der Verhältnisse, die sie beschreiben wollen."[555]

Zudem könnte man in Anlehnung an Rosa Luxemburgs Imperialismustheorie[556] auf die innere Kolonisation des Kapitals verweisen und damit auf die Fähigkeit des Kapitals, stets neue Produktionszweige zu modifizieren bzw. regelrecht neu zu erfinden, alles (einst) außerhalb des Kapitals gelegene (Emotionen, Individualität, affektive und sexuelle Bedürfnisse) in den Verwertungsprozess zu integrieren und damit, wie Land und Boden im 19. Jahrhundert, „ursprünglich zu akkumulieren."[557] Dies würde auch und notwendigerweise für den hier nicht weiter ausführbaren Zusammenhang von Kapitalakkumulation und menschlicher Bedürfnisstruktur im Kapitalismus gelten.[558]

In Hinblick auf die obige Diskussion ist festzuhalten, dass es Michael Heinrich im Gegensatz zu Ernst Lohoff nicht gelingt, den spezifischen Charakter des Wissens als ein Bezahlgut herauszuarbeiten. Lohoffs Position zeigt hier deutliche Schnittmengen mit der Theorie des Postoperaismus. Beide kommen zu dem Schluss, dass Wissen keinen Wert habe[559], auch wenn diese Übereinstimmung eher zufällig sein dürfte, da sie auf gänzlich unterschiedlichen Analysen beruhen. Während die Postoperaisten zu dem Resultat kommen, dass es kein Wertgesetz mehr gäbe, weil die Ware Wissen grundsätzlich keinen Wert haben könne, kommt Ernst Lohoff zu dem Ergebnis, dass es sich bei Wissen nicht um eine Ware handelt, sondern um eine allgemeine und privatisierte Arbeit.

---

555 Rakowitz, 2003, S.178.

556 Vgl.: Luxemburg, 1970.

557 Vgl.: Weber/Karlhuber, 2002, S.21 bis S.27 und Vgl.: Hardt/Negri, 2004, S.237 bis S.241.

558 Vgl.: Adorno, 1942 und Haug, 2009.

559 Oder um genau zu sein: Für die Krisis-Redaktion ist nur ein *Teil* des Wissens ohne Wert.

IV. Exkurs: Wert-Abspaltung

1. Einführung: Geschlecht und Postoperaismus

Wie ich bereits dargestellt habe, hat dass Revidieren des Wertgesetztes in den theoretischen Einlassungen bei Antonio Negri und Michael Hardt explizierte Folgen für ihre weiteren Analysen zu Staat, Recht, Klasse, Wert, Preis und - wie ich in diesem Kapitel zeigen werde auch bei der Kategorie Geschlecht. Um mich Hardt und Nergis kategorialer Bestimmung anzunähern und kritisieren zu können, werde ich die Theorie der Wertabspaltung von Roswitha Scholz nutzen. Dies bietet sich an, weil sie den Zusammenhang von Wert und Geschlecht analysiert und es sich daher zur Überprüfung der Analyse der *Empire* Autoren eignent. Diese können Geschlecht in der Theorie der Multitude, ähnlich wie bei der Kategorie des gesellschaftlichen Arbeiters, nur in der Perspektive des Klassenkampfes fassen. Ein neuer Aspekt bei der Analyse von Geschlecht besteht in ihrer Analyse der immateriellen Arbeit, bei der wie am Beispiel der affektiven Arbeit gezeigt wurde, es zu einer zunehmenden „Feminisierung der Arbeit" (Hardt/Negri) kommt. Aber diese „Feminisierung der Arbeit" (Hardt/Negri) wird nur zur Kenntnis genommen, weil analysiert wird, dass immaterielle Arbeit und abstrakte Arbeit identisch und damit an sich produktive Arbeit ist, wie ebenfalls im Kapitel zur immateriellen Arbeit gezeigt wurde. Bereits Felicita Reuschling wiess daraufhin, dass:

> „Nicht nur Marx sondern auch N/H [Hardt und Negri, Anm. P.M.] neigen dazu, sich erst dann mit Tätigkeiten zu beschäftigen wenn diese als Lohnarbeit auftauchen und deshalb quasi mathematisch als Faktor in die Kapitalismusanalyse zu integrieren sind. Bei N/H [Hardt und Negri, Anm. P.M.] scheint damit jedoch nicht nur die monetarisierte Reproduktionsarbeit gemeint zu sein. Es geht stattdessen um den „sozialen Wert von fürsorglicher Arbeit in Familie und Erziehung, allen Tätigkeiten, die in der Regel mit mütterlichen Aktivitäten verbunden werden." Interessant wird diese jedoch erst dadurch dass sie „als eine Komponente der immateriellen Arbeit in eine dominante Position mit höchster Wertschöpfung innerhalb der gegenwärtigen informationellen Ökonomie eingedrückt ist."[560]

Also nur weil sie das Wertgesetzt revidieren und damit den Unterschied von produktiver und unproduktiver Arbeit, können sie wertunproduktive Reproduktionsarbeit (die meist weiblich konntiert ist) der wertpro-

---

[560] Reuschling, 2010, S.7.

duktiven Produktionsarbeit[561] (die meist männlich konnotiert ist) gleichsetzen, was ein Verschwimmen der Kategorien nach sich zieht. Steve Wright bemerkt, dass bereits in den 1970er-Jahren Negri für eine ähnliche Argumentation kritisiert wurde, auch im Zusammenhang mit seiner Werttheorie.

> „So argumentierte auch Vittorio Dini (78: 5 u.7), der vor allem kritisierte, wie Negri seinen Begriffsapparat inhaltlich entleerte. Früher habe Negri die historische Bestimmtheit der Kategorie Arbeit dargelegt; jetzt wolle er das vom Operaismus lange aufrechterhaltene Spannungsverhältnis zwischen Fabrik und Gesellschaft mit einem theoretischen Trick lösen, indem er einfach behauptete, dass alle Momente des Zirkulationsprozesses gleichermaßen wertproduktiv seien."[562]

Wenn Hardt und Negri Geschlecht nur in ihrer Theorie als gleichwertige Kategorie durch die Aufgabe des Wertgesetzes integrieren konnten, stellt sich die Frage: Lässt sich die Kategorie Geschlecht mit einer Marxschen Theorie analysieren, die das Wertgesetz nicht aufgibt, aber auch nicht in einen Haupt- und Nebenwiderspruch[563] zurückfallt? Dem auch noch Hardt und Negri immer noch verhaftet bleiben, wenn sie beispielsweise Geschlecht als Klassentheorie analysieren. Zu fragen ist auch, ob die Marxschen Theorien, die am Wertgesetz festhalten, in der Lage sind, die Kategorie Geschlecht analytisch präziser erklären zu können?

Besonders geeignet scheint mir aus den erwähnten Gründen und Fragen die Theorie der Wert-Abspaltung als eine Formtheorie, die Geschlecht und Wert als spiegelbildlich analysiert.

---

561 Wie bereits im Kapitel zum Wertgesetz gezeigt wurde, ist auch bei Marx nicht jede Lohnarbeit produktive bzw. wertbildende Arbeit.

562 Wright, 2005, S.186.

563 Dieses Begriffspaar, das bereits bei Georg Wilhelm Friedrich Hegel vorkommt und von Marx übernommen wurde, fasst bei ihm die Tatsache, dass ein Widerspruch im Kapitalismus nicht unabhängig, sondern von anderen bestimmt oder abhängig ist. Von feministischen (auch Marxschen) Theorien wurde dabei kritisiert, dass in der Marxschen Theorie die Hierarchisierung des Geschlechterverhältnisses oft nur als ein Nebenwiderspruch der Produktion analysiert wurde.

2. Einführung in die Wert-Abspaltung

Die Wert-Abspaltungstheorie von Roswitha Scholz ist eine Weiterentwicklung der „fundamentalen Wertkritik" (Scholz), zu der auch die im vorherigen Kapitel erwähnte Theorie Zeitschrift *Krisis* zu subsumieren ist.[564] Die „fundamentale Wertkritik" (Scholz) wie auch ihre Erweiterung stehen dabei in der Perspektive der Wertkritik des schon mehrfach angesprochen Mosihe Postone, aber sind mit dieser nicht identisch oder gleichzusetzen, sondern stellen dabei vielmehr eine Radikalisierung seiner Thesen dar - wie Ingo Elbe in seinem Werk „Marx im Westen" bereits ausführlich nachgewiesen hat.[565] [566]

Scholz versucht bei ihrer Weiterentwicklung Wertkritik und Femininums zu einer ganzen Totalitätsanalyse zu synchronisieren und damit die Wichtigkeit einer Marxschen Theorie für die geschlechtsspezifische Forschung zu betonen:

> „Spätestens seit dem Zusammenbruch des Ostblocks spielt die Marxsche Theorie im Feminismus keine große Rolle mehr. Fragestellungen, die vor allem bis Mitte der 80er Jahre noch die Diskussion bestimmt, also zum Beispiel: Wie kann die sogenannte „Frauenfrage", das asymmetrische Geschlechterverhältnis, mit dem Marxschen Konzept organisch verbunden werden? Wie kann die Geschlechtsneutralität Marxscher Kategorien aufgebrochen werden? Welche theoretischen Weiterungen sind dazu notwendig? scheinen [sic] der Vergangenheit anzugehören. Ausgerechnet in einer Zeit, in der große Krisen sozialer, ökonomischer und ökologischer Art buchstäblich die Welt erschüttern...sind sogenannte Großtheorien, die die globale

---

564 Scholz gehört bis in die 1990er-Jahre selbst zur Krisis, bis sie sich an der neu gegründeten Wert-Abspaltungs Zeitschrift Exit beteiligte, an der auch Robert Kurz u.a. mitwirkte.

565 Vgl.: Elbe, 2008.

566 Eine Gemeinsamkeit von Postone und Scholz ist, dass der Wert als soziale und tiefenstruktur Kategorie interpretiert wird. „Begriffe wie, Konkurrenz und ungleiche Entwicklung und Kategorien, wie Profit als Oberflächenphänomene, zu bezeichnen, ist Ausdruck einer Postion, die Kategorien wie Ware, Wert und Kapital der Tiefenstruktur zuordnet." (Postone S.8, 2008) Und „Wert zum Beispiel wird gewöhnlich im Wesentlichen als wirtschaftliche Kategorie interpretiert...vielmehr ist sie aber eine Kategorie zur Erfassung bestimmter abstrakter Formen der gesellschaftlicher Vermittlung, des gesellschaftlichen Wohlstands und der Zeit, die die Produktion, die Verteilung, den Konsum, und allgemeiner das gesellschaftliche Leben in der kapitalistischen Gesellschaft strukturieren. Die zeitliche Dimension der Kategorie der Tiefenstruktur gibt der Dynamik des Kapitalismus eine Grundlage." (Postone S.8 f., 2008).

Krisenlage begrifflich erhellen könnten, in Verruf geraten."[567]

Ob dies ihrer Ansicht nach Hardt und Negri gelungen sein könnte, wird im nächsten Unterkapitel behandelt. Scholz selbst siedelt die Wert-Abspaltungs-Theorie auf einer Metaebene an und wirft anderen (auch Marxschen) feministischen Theorien vor, auf einer rein „soziologischen Oberflächenebene" (Scholz) zu verharren.[568] Anstatt zu einem Totalitätsverständnis vorzudringen, verbleiben sie, ähnlich wie der Arbeiterbewegungs-Marxismus, auf einer empirischen Sozialforschungsebene und können deshalb nur wie der Traditionsmarxismus „in soziologischen Verkürzungen der Kategorien... Verteilungsgerechtigkeit innerhalb der warenproduzierenden Systeme"[569] fordern. Scholz weist zwar auf die Berechtigung dieser Forderungen hin, betont aber auch, dass damit nicht die Grundkategorien kapitalistischer Vergesellschaftung bzw. Wertform zur Disposition stehen.[570] Eine feministische Analyse, die die Wertform ignoriert, ist theoretisch verkürzt - wie auch eine Wertform Analyse verkürzt ist, wenn sie die Kategorie Geschlecht nicht auf der gleichen Meta-Ebene ansiedelt, denn Wert und Geschlecht sind ein Spiegelbild, wie sie insistiert:

> „die Wert-Abspaltungsthese behauptet nun - kurz gesagt - eine *„Abspaltung"* des Weiblichen, der Hausarbeit etc. vom Wert von der abstrakten Arbeit und den damit zusammenhängenden Rationalitätsformen, wobei bestimmte weiblich konnotierte Eigenschaften, wie Sinnlichkeit, Emotionalität usw. der Frau zugeschrieben werden; der Mann hingegen steht etwa für Verstandeskraft, charakterliche Stärke, Mut usw. Der Mann wurde in der modernen Entwicklung mit Kultur, die Frau mit Natur gleichgesetzt." [571]

Scholz verweist darauf, dass „moderne" Geschlechterrollen und Kapitalismus gleichzeitig entstanden sind, was alles andere als ein Zufall war. Sie führt an, dass es bis hin zum 18. Jahrhundert - streng kategorial gesehen - noch kein „modernes System von Zweigeschlechtlichkeit" (Carol Hagemann-White, zitiert nach Scholz 2005) geben habe.[572] Erst seit dem 18. Jahrhundert setzte sich die abstrakte Arbeit gesellschaftlich im vollen Umfang durch und damit kam es zu einer Ausdifferenzierung von Pro-

---

567 Scholz, 2000, S.5.

568 Vgl.: ebd., S.12.

569 Ebd., S.8.

570 Vgl.: ebd., S.8 bis S.9.

571 Ebd., S.9.

572 Scholz, 2005, S.24.

duktion und Reproduktionsarbeit, die es in den Subsistenzwirtschaften so noch nicht gab.

Frauen wurden davor als minderwertige Männer angesehen, einerseits zeigt dies, dass sie gerade keine privilegierte oder gleichgestellte gesellschaftliche Stellung hatten, anderseits, dass die spezifische moderne Kategorie Geschlecht erst mit der voll durchgesetzten Macht der abstrakten Arbeit bzw. des Werts erklärt werden kann. Sie konstatiert, dass erst mit dem Kapitalismus „der Mann [...] in der modernen Entwicklung mit Kultur, Frau mit Natur gleichgesetzt [wurde, Anm. P. M.] "[573] Scholz betont dabei, dass Wert und Abspaltung in einem dialektischen Verhältnis stehen und das eine nicht aus dem anderen abgeleitet werden kann.[574]

Trotz der großen Abstraktheit dieser Theorie, wie Scholz bemerkt, besitzt sie seit den Anfängen des Kapitalismus Gültigkeit, aber ist dennoch in der Lage, die historischen Dynamiken innerhalb des Kapitalismus zu fassen, wie sie z.B. im Zusammenhang mit der Postmoderne aufkommen. Diesen versucht sie gerecht zu werden, indem sie die „hierarchischen Geschlechterverhältnisse" (Scholz) analytisch in ihrer „theoretischen Mehrdimensionalität" (Scholz) mit den beiden Abstraktionsebenen, der kulturell-symbolischen und sozialpsychologischen, zufassen. Keine dieser Ebenen ist der einen oder anderen unter oder übergeordnet, was auch für den Wert gilt - sie befinden sich auf der Metaebene und stellen den Versuch dar, „die gesellschaftlichen Entwicklungen als Dialektik von Kontinuität und Wandel zu denken", wie Felix Hauf bemerkt.

1. Kulturell-symbolischen Ebene: Fasst z.B. die veränderten postmodernen Anforderungen an Frauen, für Beruf und Familie verantwortlich zu sein.
2. Sozialpsychologischen Ebene: Subsumiert z.B. die psychologisch unterbewusst in den Subjekten eingeschriebenen Vorstellungen, dass Frauen primär für die Reproduktion zuständig sind und dazu speziell weibliche Eigenschaften besitzen.

Mit Hilfe dieser Kategorien wird es möglich, auch die aktuellen Veränderungen im Zuge der *Globalisierung* oder des *Empire* (Hardt/Negri) theoretisch zu erklären. Die postmodernen „Flexi-Zwangsidentitäten" (Scholz) stellen nur eine erneute Modernisierung des „warenproduzierenden Patriarchat" (Scholz) dar. In dem Zwangsidentitäten zu moder-

---

573 Ebd., 2000, S.9.

574 Vgl.: Scholz 2000 und Scholz 2005.

nen Flexi-Zwangsidentitäten transformiert und gefordert werden.[575] Was auch eine deutliche Kritik an Judith Butler[576] wie auch an Hardt und Negri impliziert, wie im folgenden Verlauf des Kapitals noch expliziert wird. Sie erkennt zwar an, dass die dekonstruktivistischen Theorien (wie z.B. von Butler, Hardt und Negri) Veränderungen erkannt haben, aber leider nicht in der Lage sind, zum Wesen der Gesellschaft vorzudringen bzw. gesellschaftliche Totalität zu fassen, obwohl sie auch betont, dass „nicht alles „identitätslogisch"yx axy (Adorno) im Wert... aufgeht " (Scholz), aber dass dies analytisch schon genauer von der sog. Frankfurter Schule erkannt wurde als von neueren dekonstruktivistischen Theorien. Sie versucht deshalb, ihre Theorie mit dieser zu verbinden und stellt dabei heraus: „Die „Kritische Theorie" der Frankfurter Schule im Sinne Adornos bleibt dabei nach wie vor zentraler Bezugspunkt, hat sie doch das „Nichtidentische", die in der Hegelschen Dialektik eben gerade nicht aufgeben Differenz, das Besondere usw. sozialphilosophisch thematisiert, lange bevor der Feminismus und die „Postmoderne" allenthalben von sich reden machten."[577]

Obwohl sie die Wert-Abspaltungstheorie in dieser Perspektive ansiedelt, betont sie auch die Unterschiede zu Theodor W. Adorno, der z.B. nur die Tauschgesellschaft kritisierte -statt wie die Wertkritik die warenproduzierende Gesellschaft - wie es auch passend dazu in der Frankfurter Schule ein uneingestandenes traditionelles Marx Verständnis gab, dass sie eigentlich überwinden wollte, aber dem sie dennoch teilweise verhaftet blieb.[578] Genauere Ausführungen zu diesem Themenkomplex können an dieser Stelle nicht geleistet werden.

Wichtiger ist, darauf einzugehen, dass die Flexi-Zwangsidentitäten zu einer „Verwilderung des warenproduzierenden Patriarchats" (Scholz) führen. Womit einerseits eine enorme Flexibilisierung der Geschlechterrollen (auch bei Männern) und damit veränderte Anforderungen analysiert werden. Trotz dieser Flexibilisierung werden die Geschlechterhierarchien zwar durchlässiger, aber dennoch verschwinden sie nicht. So können Frauen z.B. in die Cheftage aufsteigen, aber verdienen trotzdem weniger als ihre männlichen Kollegen. Frauen, meist mit Migrationshintergrund, leisten die typisch weibliche Reproduktionsarbeit bei geringe-

---

575 Vgl.:, Ebd., 2000, S.12.

576 Butler entwickelt in ihrem Hauptwerk „das Unbehagen der Geschlechter" die These, dass Geschlecht -an sich- eine soziale Kategorie ist, die durch Diskurse und soziale-Praxen erzeugt werden. Vgl.: auch Butler 1991. Besonders in dem 2004 erschienen Werk *Multitude,* von Hardt und Negri, wird auf die Theorie Butlers Bezug genommen. Vgl.: auch Hardt/Negri 2004.

577 Ebd., S.8.

578 Vgl.: Scholz, 2005.

rer Bezahlung - für die Karriere machenden Frauen.[579] Auch Männerrollen dynamisieren sich in der Postmoderne, ohne sich aufzulösen. Sie beschreibt dies sehr anschaulich an einem Beispiel der Subalternen in den USA, die sie als symptomatisch für den Postfordismus verstanden wissen will.

> „...Neure Analysen zum Thema Globalisierung und Geschlechterverhältnisse legen die Schlußfolgerung nahe, daß nach einer Zeit, in der es so scheinen konnte (oder auch in bestimmter Hinsicht tatsächlich so war), als hätten sich systemimmanent Frauen immer mehr Freiräume und Chancen ergattert, es im Zuge von Globalisierungstendenzen gleichzeitig zu einer Verwilderung bzw. Barbarisierung des warenproduzierenden Patriarchats im Weltmaßstab kommt, wobei freilich auch hier die verschieden gesellschaftlichen-kulturellen Kontexte in verschieden Weltregionen berücksichtigt werden müssen. Es spricht einiges dafür, daß ein großer Teil der Bevölkerung auch hierzulande in Verhältnissen leben wird, wie wir sie zumindest zum Teil aus den (Schwarzen-) Ghettos in den USA oder den Slums aus Drittweltländern kennen. Frauen sind für „Geld und (Über-) Leben" zuständig. Sie werden zunehmend in den (Welt-) Markt integriert, ohne eine Chance zur eigenen Existenzsicherung zu bekommen. Sie ziehen die Kinder unter Heranziehung von weiblichen Verwandten und Nachbarinnen auf. Die Männer kommen und gehen, hangeln sich von Job zu Job und von Frau zu Frau, die sie womöglich noch miternähren (freilich kann es auch umgekehrt sein). Der Mann hat durch das Prekärwerden der Beschäftigungsverhältnisse, verbunden mit der Erosion von traditionellen Familienverhältnissen, nicht mehr die Rolle des Familienernährers inne (Schultz, 2004). Die soziale Atomisierung und Individualisierung schreitet vor dem Hintergrund ungesicherter Existenzformen und bei einer zunehmend schlechter werdenden ökonomischen Lage immer weiter voran, ohne daß die Geschlechterhierarchie prinzipiell verschwunden ist."[580]

Ihre Krisentheorie, die im Subtext des Zitates mitschwingt und die gleiche ist, wie die der Krisis Gruppe, welche bereits im letzten Kapitel kritisiert wurde. Anderseits trifft das eben erwähnte Zitat einen realen Kern der Postmoderne, die Verwilderung des „warenproduzierenden Patriarchats" (Scholz) macht deutlich, dass die Postmoderne ambivalent ist und den Optimismus von Hardt und Negri zweifelhaft erscheinen lässt. Auch wirkt Butlers Theorie vor diesem Hintergrund zynisch, weil sie, wie Scholz ihr vorwirft ,verkürzt ist - weil sie Ökonomie ignoriert- und

---

579 Vgl.: Ebd.

580 Ebd., S.26 f.

deshalb nicht erkennt, dass der Kapitalismus selbst eine „Realdekonstruktion"(Scholz)[581] der Geschlechterrollen mit sich bringt. „Anstatt daß Butler die modernen UND [sic!] die postmodernen Geschlechtervorstellungen in Frage stellt, affirmiert sie aber so bloß die schlechte postmoderne (Geschlechter-) Realität. Das rein kulturalistische Konzept von Butler gibt so keine Antwort auf aktuelle Fragen: Vielmehr wird das eigentliche Problem des hierarchischen Geschlechterverhältnisses... als Lösung proklamiert."[582] Proklamierte Butler noch die Geschlechterrollen zu dekonstruieren bzw. radikal unglaubwürdig zu machen. „Das Credo in der Oueer-Szene lautet in der Sexualität „anything goes"... Nichtidentifizierbarkeit ist die herrschaftsfreie Alternative"[583] und wird seitens Scholz entsprechend kommentiert: „Vielmehr haben wir längst das Problem, daß im Zuge der Globalisierungsprozessen Flexi-Zwangsidentitäten gefordert werden, ungeachtet des Wollens der Individuen. Aus „anything goes"" ist längst „anything must go" geworden."[584]

3. Kritik an der Postmoderne, Poststrukturalismus und Postoperaismus

Roswitha Scholz rügt Hardt und Negri ebenfalls für die beiden eingangs erwähnten Kritikpunkte: 1. dass die Geschlechteranalyse in einer Klassenanalyse aufgelöst wird und 2. dass „Frauen-"Arbeit (bzw. Reproduktionsarbeit) nur von Interesse ist, weil sie angeblich wertproduktiv sei. Zudem wirft sie ihnen vor, sich lediglich auf einer phänomenologischen Ebene der Analyse zu bewegen und nicht zum Wesen kapitalistischer Vergesellschaftung vorzudringen.[585] Sie bewegen sich deshalb auch nicht auf der gleichen Abstraktionsebene wie die Wert-Abspaltungstheorie

---

581 So insistiert Scholz, dass die Realdekonstruktion schon stattfindet, was sich an der Kleidung, der „doppelten Vergesellschaftung" von Frauen (also Hausfrau und Berufstätig bzw. Reproduktion und Produktion) oder der dem veränderten Habitus von Männern und Frauen zeigt, aber die Hierarchie zwischen den Geschlechtern ist damit noch nicht aufgehoben (Vgl.: Scholz, 2005, S.25). Reproduktionsarbeit kann auch nicht mit Produktionsarbeit gleichgesetzt werden, weil sie sich in völlig unterschiedlichen Zeitlogiken sich befinden. Sie spricht dabei auch von der Zeitsparlogik (abstrakte Zeit) und der Zeitverausgabung (Reproduktionszeit bzw. die Zeit der Abspaltung) (Vgl.: Scholz, 2005, S.116 und vgl.: Scholz, 2005, S.20). Bei der Zeitverausgabung z.B. Kindererziehung geht es darum zeit zuverlieren und nicht Zeit zusparren. Eine These, die Scholz von Frigga Haug übernimmt.

582 Scholz, 2005, S.25.

583 Ebd., 216.

584 Ebd., 218.

585 Ebd., S.247.

und kommen so auch nicht zu einer Totalitätsanalyse, die eine Formkritik beinhaltet.

Dies würde auch dazu führen, die Widersprüchlichkeit der postmodernen Vergesellschaftung nicht zu Kenntnis zunehmen, weil sie nur auf einer Ebene analysiert wurde.

So stellt sie fast, dass Hart und Negri zwar mit dem Übergang von der Disziplinargesellschaft zur Kontrollgesellschaft die postmodernen Flexi-Identitäten zur Kenntnis nehmen, aber die Ambivalenzen aufgrund einer fehlenden Wertanalyse ignorieren und sich zudem nur auf der Ebene einer Klassenanalyse bewegen, die nun postmodern als Multitude gefasst und in der den „Armen" ein besonderer Stellenwert eingeräumt wird.

> „Indem Hardt/Negri Verzicht leisten auf eine auf eine Kritik der gesellschaftlichen Formen und abstrakte Arbeit, Wert und Abspaltungsverhältnis bei ihnen nicht vorkommen, haben sie auch keinen Bezugspunkt mehr, um in der Kritik der negativen Totalität Differenzen wirklich ernst zu nehmen...Der von ihnen ikonisierte postmoderne „Arme" ist dementsprechend geschlechtslos und höchstens sekundär rassistisch verfolgt."[586]

Die Widersprüchlichkeit kapitalistischer Vergesellschaftung wird also rein optimistisch interpretiert. Während Hardt und Negri in ihren Einlassungen nicht zur Kenntnis nehmen, dass es im zugehe des Empire zu einer „universellen Konkurrenz" kommt, wie Scholz feststellt. Die immaterielle Arbeit, in der sie die Kooperation loben und damit das emanzipatorische Potenzial hervorheben und dabei ausser Acht lassen, dass die zunehmende Vernetzung gleichzeitig zu einer Vereinzelung führt, wie sich anhand von „postmodernen Individualisierungstendenzen" (Scholz) zeigen lässt. Diese Vereinzelung, die zu einer verschärften „Konkurrenten Haltung" (Scholz) führt und damit einer solidarischen Organisierung grade im weg steht, wird „bei ihnen im Begriff der „Singularitäten" neutralisiert."[587] [588] Dadurch kommt es zu einer Affirmierung der gesellschaftlichen Verhältnisse bei gleichzeitiger Ausblendung von Herrschaftsverhältnissen. So resümiert Scholz:

> „Dabei kann man sich des sich des Eindrucks nicht erwehren, daß trotz des Lobliebs auf das Nomadentum und Migrantentum wie auch der Adelung der „immateriellen Arbeit" mit dem Prädikat des „devenir femme" und mit dem Wissen um neu-patriarchale

586 Scholz, 2005, S.251.

587 Vgl.: ebd., S.251.

588 Hier bezieht sich Scholz auf die Pluralitäten der Singularitäten, der Multitude, was ich einige Kapitel zuvor bereist erläutert habe.

> Verhältnisse, in „Empire" nunmehr „Rasse" und Geschlecht zu Nebenwidersprüchen werden, um sie in der Vereinnahmung durch die diffuse Postklasse „Multitude" aufgehen zu lassen."[589]

Scholz interpretiert folglich die Multitude als soziale Klasse, mit der Hardt und Negri die Flexi-Identitäten bzw. Hybrid-Identitäten der Postmoderne analytisch einordnen wollen. Aber paradoxerweise führt dieser Versuch zu einer Haupt- und Nebenwiderspruchs[590]-Theorie, indem sie nur die Kategorie der Klasse erweitern, anstatt der Spezifika von unterschiedlichen Herrschaftsverhältnissen innerhalb des Kapitalismus analytisch Rechnung zu tragen. Scholz betont, dass Hardt und Negri einerseits das „devenir femme" (Frau-werden) von Arbeit untersuchen, anderseits „hat das asymmetrische Geschlechter Geschlechterverhältnis in ihrem Konzept keinen systematischen Stellenwert."[591] [592] Dadurch das jeder Tätigkeit produktive Arbeit attestiert wird, führt dazu, dass nicht mehr zwischen verschiedenen Herrschaftsverhältnissen differenziert werden kann. Es kommt zu einer „Gleichmacherei", die die spezifischen Unterschiede verwischt. Der Marxschen Theorie wurde des Öfteren vorgeworfen, dass ihre Kategorien von produktiver Arbeit (wertbildender Arbeit) und unproduktiver (nicht wertbildender Arbeit - meist Reproduktionsarbeit) bzw. meist als „Frauenarbeit" konnotiert und damit die „Arbeit von Frauen" als weniger wichtig zu analysieren. Dabei wurde aber übersehen, dass diese Kategorien keine moralischen sind (im Sinne

---

589 Scholz, 2005, S.250.

590 Die Haupt- und Nebenwiderspruch Theorie kommt aus dem Traditionellen Marxismus und privilegiert den Klassenkampf als Hauptwiderspruch und dessen Lösung, die Auflösung aller anderen (Neben-) Widersprüche zufolge hätte.

591 Scholz, 2005, S.248.

592 Interessanterweise versuchen Hardt/Negri im dritten Teil der *Empire* Reihe in *Common Wealth* die Hierarchie der Arbeitsteilung begrifflich zu fassen, indem sie konstatieren, dass es zu einem Anstieg beim Anteil von Frauen in der Lohnarbeit gekommen ist, zum anderen, dass sich die typisch weiblichen, oft prekären Arbeitsverhältnisse zunehmend auf die gesamte Produktion ausgebreitet haben und auch längst typisch männlich kontierte Lohnarbeit erfasst haben. Trotz dieser mitunter „bitteren Ironie" (Hardt/Negri) von der Feminisierung der Arbeit im Postfordismus kommt es immer noch nicht zu einer Geschlechtergleichheit. Dennoch insistieren sie, dies sei der Anfang vom Ende der Geschlechterhierarchien: „Wegen der möglichen Missverständnisse, zu denen die Rede von der „Feminisierung" führen kann, halten wir [Hardt/Negri, Anm., P. M.] es für sinnvoll, die geschlechtsspezifischen Ungleichheiten und Hierarchien in diesem Prozess zu betonen, die Verschiebungen insgesamt aber als *Biopolitisch-Werden* der Arbeit zu verstehen und damit das zunehmende Verwischen der Grenzen zwischen Arbeit und Leben, Produktion und Reproduktion hervorzuheben" (Hardt/Negri, 2010, S.148).

eines Urteils über den Stellenwert einer Arbeit), sondern es sich um Strukturkategorien handelt. Die theoretische Leistung von Scholz ist deutlich zu machen, wie spezifisch unterschiedlich Herrschaft im Kapitalismus sein kann - eben grade durch die differenzierten Kategorien bei Marx. Der Versuch von Hardt und Negri zu begründen, dass jede Arbeit produktive Arbeit im Kapitalismus sei, ignoriert das. Dies macht deutlich, wie wichtig Werttheorie und Analyse des Wertgesetzes für das Themenfeld Geschlecht und Herrschaft im Kapitalismus sind. Eine Kritik, die sie auch gegen Butler anführt, denn diese ignoriere bei ihrer Analyse die spezifische Struktur kapitalistische Herrschaft bzw. Vergesellschaftung.

4. Kritik an der Wert-Abspaltungstheorie

So erhellend die Analyse von Scholz auch ist, so sind einige Aspekte, insbesondere bei ihrer Analyse in Bezug auf Hardt und Negri, zu kritisieren.

So schreibt sie beispielsweise: „...in der Rezeption von Hardt/Negris „Empire“ kaum zur Kenntnis genommen, daß der neue „immaterielle“ Medienarbeiter als eine zentrale Säule ihres Multitude-Konzeptes im Zuge des Niedergangs der „New economy“ seit dem Erscheinen von „Empire“ selbst massiv in die Krise gekommen ist.“[593] Dieses Argument halte ich für nicht zulässig, denn ich habe bereits im Kapitel zur „Soziologie der immateriellen Arbeit“ darlegt, dass Hardt und Negri die Hegemonie nicht an einer quantitativen Größe messen (damit stellen sich gewisse Fragen für ihre Theorie nicht, z.B. wie viele immaterielle Arbeiter gibt es, wie gross ist der erzielte Umsatz der immateriellen Arbeit usw.). Vielmehr handelt es sich um eine qualitative Grösse, deren Kriterium allein die am weitesten entwickelte Produktionsweise ist. Hardt und Negris Theorie wäre dahingehend zu fragen, ob die fortgeschrittenste Produktionsweise allein schon deshalb die Hegemonie im Produktionsprozess hat.

Ausserdem reduziert Scholz mit diesem Argument immaterielle Arbeit auf die „New economy“, aber das ist nicht die Definition dieser Kategorie von Hardt und Negri, sondern nur ihre eigne, die sich mit der im vorherigen Kapitel behandelten Position der Krisis-Gruppe deckt. So habe ich bereits im Kapitel zur immateriellen Arbeit dargestellt, dass Hardt davon ausgeht, dass die affektive Arbeit der wichtigste Teil immaterieller Arbeit sei. Dieser beinhaltet Aspekte von Emotionen, Gefühlen, Fürsorge usw.; diese finden sich z.B. im Gesundheitssektor.

593 Scholz, 2005, S.251 f.

Auch erwähnt sie:

> „...zu Recht wurde Hardt/Negri in diesem Zusammenhang häufig der Vorwurf gemacht, daß sie im Kontext einer ansonsten diffus gedachte „Multitude" neben sozialen Bewegungen, wie etwa in Chiapas selbst noch einem fundamentalistischen Islamismus a la Khomeni, wie auch palästinensischen Selbstmordattentäter, also eindeutig barbarischen Entwicklungen, einen widerständigen Charakter zuschreiben, wobei ihr post-operaistisches Konzept ohnehin in der gesellschaftlichen Subjekt-Objekt Beziehung befangen bleibt..."[594]

Auch dieses Argument ist meiner Meinung nach gegen den Postoperaismus nicht haltbar, denn der schon mehrfach erwähnte Postoperaist Palo Virno[595] spricht explizit von der „dunklen Seite der Multitude", womit er dem Fakt Rechnung trägt, dass die Multitude sehr wohl reaktionär sein kann.[596] Gerade dass unter der Analyse der Multitude widersprüchliche Tendenzen gefasst werden und sie Emanzipation wie Reaktion fasst, macht die Stärke des Ansatzes aus. Indem z.B. selbst reaktionäre Terrorgruppen, wie z.B. al-Qaida u.a. gefasst werden, die über unklare Hierarchien verfügen (die Züge einer reaktionären sozialen Bewegung haben), die netzwerkartig organisiert sind, teilweise einzelne Terror-Zellen autonom agieren und über manche moderne Kommunktionmittel, Informationen und Propaganda austauschen, zeigt eben, wie vielfältige soziale Gruppen und Netzwerke mit dieser theoretischen Analyse einschlossen werden können. In ihrem aktuellen Werk *Common Wealth* beziehen sich Hardt/Negri explizit auf Virno[597] und betonen: „Die Tatsache, dass die Menge [Multitude, Anm. P. M.], die auf Grundlage des Gemeinsamen agiert, die Grenzen der Macht immer schon überschreitet, verweist auf ihre Unvereinbarkeit mit dem herrschenden System - oder anders gesagt: auf die ihren antisystemischen Charakter-, doch begründet das noch immer nicht eine emanzipatorische politische Ausrichtung."[598]

So wird auch durch diese Perspektive z.B. al-Qaida nicht als ein Geist der Vergangenheit beschworen, sondern als ein soziales postmodernes Netzwerk und damit um ein Produkt eben dieser postmodernen kapitalistischen Verhältnisse. Könnte diese Perspektive nicht auch für eine

---

594 Ebd., S.249.

595 Virno bezieht sich auf Hardt und Negri und stimmt mit ihnen in grossen Teilen überein, weshalb es sich bei seinen theoretischen Einlassungen um eine Differenzierung bzw. Erweiterung ihres Ansatzes handelt.

596 Vgl.: Virno, 2005.

597 Hardt/Negri, 2010, S.181.

598 Ebd., S.190.

Totalitätsanalyse der Postmoderne hilfreich sein, wie sie Scholz beabsichtigt?

Auch ist die Wert-Abspaltung näher am Postoperaismus, als es Scholz wahrscheinlich lieb ist. So schreibt sie beispielsweise in *Das Geschlecht des Kapitalismus*: „ ‚Liebe', Zärtlichkeit, Fürsorge, Hege und Pflege können dabei nicht nach der Zeitlogik organisiert werden... In diesem Sinne ist die warenförmige Produktionsweise auf die Hierarchisierung beider Zeitlogiken zugunsten der Zeitsparlogik und so auf die Frauenunterdrückung angewiesen."[599] So plausibel auch die unterschiedlichen Zeitlogiken von Produktion und Reproduktion sind, ist meiner Ansicht nach darauf zu verweisen, dass es falsch ist, Reproduktion und Produktion mit bestimmten Tätigkeiten zu identifizieren. Reproduktionstätigkeiten finden ausserhalb der kapitalistischen Arbeit statt, die konkrete Tätigkeit kann dabei dieselbe sein. So können aus Zärtlichkeit, Fürsorge, Hege und Pflege sehr wohl Waren werden, was Scholz aber wie auch die Krisis irritiert, ist der Gebrauchswert der immateriellen Arbeit, der anders zu sein scheint als der anderer Waren. Selbst wenn dies zu treffen sollte, tut dies nichts zur Sache, denn Helmut Reichelt bemerkte bereits: „In der Tat wird getauscht, aber eine genauere Betrachtung des Austauschprozesses zeigt, daß konkrete Produkte, Gebrauchswerte - kategorial verstanden - gar nicht getauscht werden *können*."[600] Denn streng kategorial können eben nur Tauschwerte getauscht werden und damit ist der Gebrauchswert auf einer kategorialen Ebene für den Austauschprozess nicht vorhanden.

Ein anderer Punkt, die Kategorien der kulturell-symbolischen und sozialpsychologischen Ebene, werden zwar mehrfach erwähnt, aber eine explizit kategoriale Begriffsklärung findet nicht statt. Dies schwächt ihren Ansatz, denn wenn die Wert-Abspaltung Theorie Kategorien wie die Wertform, die kulturell-symbolischen und sozialpsychologischen Ebene auf demselben Abstraktionslevel ansiedelt und nicht etwa über- oder untergeordnet, verwundert es, dass eine nicht viel genauere Begriffsdefinition der Kategorie Wert geleistet wird. Selbst aus diesem Vorgehen ergeben sich Fragen: Ist dies nur ein theoretisches Versäumnis, was nachgeholt werden kann? Oder ist es eine nicht beweisbare bzw. haltbare These, dass die Kategorien sich auf dem gleichen Abstraktionslevel befinden?

Anschliessend könnte man auch die Frage stellen, ob sich Wert und Geschlecht überhaupt auf einer Abstraktionsebene befinden. Zwar liegen Wert und Reproduktion auf derselben Ebene, aber muss diese mit Ge-

599 Scholz, 2000, S.116.

600 Reichelt, 2006, S.162.

schlecht gleichgesetzt werden? Scholz bejaht dies, was auch, an ihrer Formulierung deutlich wird, dass der Wert ein Mann ist[601], aber ist das nicht eine Unterschätzung der kapitalistischen Form – Dynamik? Es wird im Kapitalismus zwar immer Produktion und Reproduktion oder Wert und Abspaltung geben, aber es ist überhaupt nicht belegt, dass dies immer mit der Kategorie Geschlecht verbunden sein muss - auch wenn dies historisch bisher der Fall war - könnten nicht die postmodernen Identitäten auch der Anfang vom Ende von moderner Zweigeschlechtigkeit sein?

So konstatiert Butler wie auch Hardt und Negri das Aufkommen von neuen postmodernen Subjektivitäten, was Scholz selbst mit dem Begriff Hybrid-Identitäten theoretisch fasst. Die Frage, die sich daraus ergibt: Könnte dies nicht mit der immateriellen Arbeit zusammenhängen, die auch zu neuen Subjektivitäten geführt hat und was hat dies mit dem Wert zu tun?

So interessant und erkenntnisreich der Theorieansatz der Wert-Abspaltung und der Kritik der ungenauen bis nicht vorhanden Analyse von Rassismus, Geschlecht, Antisemitismus[602] bei Hardt und Negri auch ist, so fragwürdig ist der Sprachstil bei Scholz, die immer wieder den wissenschaftlich redlichen Sprachgebrauch verlässt und bisweilen ins Polemische abtriftet. Dies verleiht ihrer Theorie eine scheinbare Unantastbarkeit und man kann sich des Eindruckes nicht erwehren, dass es sich dabei um eine politische Intervention handelt, verbunden mit dem gleichzeitigen Versuch der Begründung einer neue Theorieschule. Es ist zwar einerseits hilfreich, eine Theorie in Abgrenzung zu einer anderen darzustellen, aber bei Scholz wird dies auf die Spitze getrieben und schliesslich zum Eigentor. So werden an mehreren Punkten ihrer Analyse nicht einmal mehr evtl. Gemeinsamkeiten mit den jeweiligen Wissenschaftlern und Wissenschaftlerinnen überhaupt nur in Erwähnung gezogen. Besonders die Theorie von Butler hätte ihr an einigen Stellen ihrer Theorie als nützlicher Werkzeugkasten dienen können, aber es würde den Rahmen sprengen, dies an dieser Stelle ausführen.

---

601 Vgl.: Scholz, 1992, 1999.

602 Vgl.: Ebd., S.250, 2005.

5. Zwischenfazit

Der theoretische Ansatz von Scholz bewegt sich auf einer Meta-Ebene. Dies ist der Versuch einer Totalitätsanalyse kapitalistischer Vergesellschaftung und beansprucht damit folglich auch nur für diese Gültigkeit. Neben dem Wert siedelt sie in der warenproduzierenden Gesellschaft das Begriffspaar der kulturell-symbolischen und sozialpsychologischen Ebene an. Dieses interpretiert sie als Abspaltung vom Wert und kann als gesellschaftliches Spiegelbild des Wertes gesehen werden.

Julian Bierwirth fasst in der Theoriezeitschrift Krisis Nr.33 die Analyse der Wert-Abspaltung recht gut zusammen, wenn er Wert und Abspaltung wie folgt charakterisiert:

> „Es bildet sich daher in der Moderne ein Dualismus von Öffentlichkeit und Privatheit heraus. Öffentlichkeit wird dabei mit Schlagwörtern wie Leistung, Rationalität, Wirtschaftlichkeit, Kultur und Aktivität assoziiert, während die private Sphäre Sinnlichkeit, Emotionalität, Affektivität und Passivität verkörpern soll. Die Öffentlichkeit wurde dabei historisch als „männlich" angesehen, die Privatheit als „weiblich".[603]

Dass die Wert-Abspaltungstheorie in der Lage ist, historische Dynamiken zu erfassen, wurde deutlich an den Ausführungen des Begriffes der „Verwilderung des warenproduzierenden Patriarchats". Dieser macht deutlich, dass auch durch die zunehmende Emanzipation von Frauen dies nicht zu einem Verschwinden des Patriarchats und des Werts führte, sondern das Patriarchat modernisierte und es zudem zu neuen Herrschaftsverhältnissen (als Reaktion auf die Emanzipation) kam. Damit einhergehend, wie am Beispiel der Migrations-Niedriglohnarbeiterinnen gezeigt wurde, - die zunehmend die Reproduktionsarbeit leisten. Damit wird sie der inhaltlichen Klammer des Werts bei Postone gerecht, der den Wert als eine soziale Kategorie verstanden wissen wollte, mit der sich einerseits historische Prozesse verstehen lassen und anderseits scheinbar widersprechende Entwicklungen als eine mögliche Entwicklung eines Ganzen analysiert werden. Er bemerkte zur Kategorie des Werts:

> „...eine Kategorie zur Erfassung bestimmter abstrakter Formen der gesellschaftlichen Vermittlung, des gesellschaftlichen Wohlstands und der Zeit, die die Produktion, die Verteilung, den Konsum, und, allgemeiner, das gesellschaftliche Leben in der kapitalistischen Gesellschaft strukturieren. Die zeitliche Dimension der Kategorie der Tiefenstruktur gibt der Dynamik des Kapitalismus eine Grundlage; sie hilft in historischer präziser Weise, die

603 Bierwirth, S.101, 2010.

Existenz einer den Kapitalismus charakterisierenden historischen Dynamik zu erklären."

Während hingegen bei Hardt und Negri die geschichtliche Dynamik nur aus der Warte von sozialen Konflikten heraus[604] und nicht aus der inneren Dynamik des Werts selbst erklärt werden. Damit können sie nicht mehr die historisch spezifischen Besonderheiten des Kapitalismus erfassen, denn soziale Konflikte gab es in allen Gesellschaften. Entscheidend bei der Analyse der spezifischen Herrschaftsverhältnisse im Kapitalismus ist, dass sie im Gegensatz zu vergangen Gesellschaften über soziale Formen vermittelt wird - zu der auch der Wert gehört. So können sie auch nicht das warenproduzierende hierarchische Geschlechterverhältnis als solches analysieren, sondern es nur als sozialen Konflikt wahrnehmen und subsumieren es deshalb in den Klassenkampf. Zusätzlich durch das Negieren des Werts misslingt es jedoch systematisch, überhaupt Kriterien zu entwickeln, die klären, welche Arbeit im Kapitalismus bezahlt oder unbezahlt stattfindet und die damit einhergehende Hierarchisierungen kritisieren, wie bereits Reuschling attestierte.[605] So gehen zum einen die Hierarchisierungen von unterschiedlichen Arbeiten und zum anderen die Abspaltung vom Wert als Geschlechter spezifisches Verhältnis unter. Es kann auch kein struktureller Grund für die Hierarchisierungen von Geschlechtern genannt werden und kann deshalb auch als Leerstelle in der Theorie des Postoperaismus betrachtet werden.

Der Ansatz von Scholz zeigt, wie wichtig eine Analyse des Werts für eine Geschlechtertheorie ist. Dennoch scheint mir ihre Theorie ausbaufähig und streitbar zu sein, wie ich im Abschnitt zur Kritik an der Wert-Abspaltungstheorie dargelegt habe. Besonders schwer wiegt dabei, dass sie nicht nach Gemeinsamkeiten mit anderen Theorien fragt. So bleibt ihr Ansatz meiner Meinung nach unter seinen Möglichkeiten. Dabei wäre meiner Ansicht nach eine Ergänzung durch poststrukturalistische Theorien sinnvoll, gerade um ihre Theorien um eine intermediäre Ebene zu erweitern - eine Ebene, die in ihrer Theorie bisher eine Leerstelle darstellt.

Scholz Ansatz zeigte aber sehr wohl, dass eine Analyse von Geschlecht und Wert möglich ist, ohne dass eine aus dem anderen abzuleiten, vielmehr geht es darum, die Abspaltung auf derselben Analyse Ebene, wie

---

604 Was an die berühmte Stelle aus dem kommunistischen Mainfest erinnert „die Geschichte ist eine Geschichte von Klassenkämpfen" (Marx), die schon „bis zum Erbrechen" kritisiert wurde als „DIE" Erklärung für historische Dynamiken. Vgl.: Elbe, 2008.

605 Vgl.: Reuschling, 2010, S.7.

den Wert anzusiedeln, die dialektisch miteinander verbunden sind, wie gezeigt wurde. Sie bekommt so auch in den Blick, was Sonja Buckel an vielen Marxschen Diskussionen bemängelte: „die Produktionsfixierung der marxistischen Theorie hat im letzten Jahrhundert die merkwürdigsten Stilblüten getrieben, nicht zuletzt die Ausklammerung der generativen Reproduktionsarbeit, die in patriarchalen Gesellschaften vorrangig von Frauen verübt wird."[606]

Es geht Scholz also nicht darum, die „patriarchalen Geschlechterverhältnisse dennoch auf die kapitalistische Wertvergesellschaftung zu reduzieren"[607], wie es Felix Hauf als mögliche Interpretation in Betracht zieht, sondern darum, die Spezifika des warenproduzierenden Patriarchats im Gegensatz zu anderen, nicht warenproduzierenden Patriarchaten herausarbeiten - nämlich als grundlegendes Formprinzip kapitalistischer Vergesellschaftung. Aber zu fragen ist dennoch, ob Geschlecht und Wert auf der gleichen Metaebene liegen. Ist es nicht vielmehr so, dass nur Produktion und Reproduktion auf derselben Metaebene liegen (was immer noch anschlussfähig an Buckel wäre)? Was schliesslich bedeuten würde, das Geschlechter-Hierarchien im Kapitalismus evtl. einerseits abgeschafft werden könnten, aber anderseits nicht die Hierarchie von Produktion und Reproduktion? Wäre nicht genau hier der Punkt, an dem soziale Kräfteverhältnisse in die Analyse mit einbezogen werden müssten, um zu erklären, warum historisch bisher Frauen hauptsachlich die Reproduktionsarbeit erledigten?

Und könnten dann nicht gerade die postmodernen Identitäten auch den Anfang vom Ende moderner Zweigeschlechtlicher-Hierarchien markieren oder wären sie doch nur ihre Zementierung? Hierbei erscheint mir der Beitrag von Scholz mit der These der Modernisierung geschlechtlicher Hierarchien zwar plausibel, aber dennoch erscheint mir Butlers Theorie sich auf einer anderen Abstraktheit zu bewegen und hier wäre es möglich, die „Mikrophysik" der Macht zu fassen.

Wäre es deshalb nicht ratsam, Hardt, Negri und Butler als „Werkzeugkasten" zu benutzen für eine Marxsche feministische Theorie, wie z.B. der Wert-Abspaltungstheorie oder anderen, die das Wertgesetz nicht aufgeben? Auch denke ich, müsste man für die Erweiterung einer intermediären Analyse-Ebene auf explizite Hegemonietheorien zurückgreifen bzw. diese mit einbeziehen.[608]

---

606 Buckel, 2007, S.105.

607 Hauf, 2006, S.91.

608 Ich meine damit nicht, dass die Theorie von Butler, Hardt und Negri sich nur auf einer intermediären Analyseebene bewegen, sondern, dass sie dafür nutz-

Es zeigt sich, dass für die Analyse von Struktur und Handlung der Wert von enormer Bedeutung ist. Dies gilt insbesondere auch bei der Kategorie Geschlecht, die meiner Ansicht nach aus den dargelegten Gründen bei Hardt und Negri theoretisch unbestimmt ist.

---

bar gemacht werden können und damit in eine Totalitätsanalyse integriert werden könnten.

V. Fazit

1. Werttheorie bei Hardt/Negri

Wie sieht nun die Werttheorie von Michael Hardt und Antonio Negri aus?

Hardt/Negri analysieren Arbeit im postmodernen Kapitalismus als an sich abstrakte Arbeit. Dies ist das Besondere an der immateriellen Arbeit, dass sie schon vor dem Tausch nicht mehr messbar ist.

Die immaterielle Arbeit, die die hegemoniale Stellung im Produktionsprozess innehat, verweist auf den „General Intellect". Der „General Intellect" wurde von Karl Marx als die Hauptproduktivkraft im Kommunismus charakterisiert, weshalb Hardt/Negri davon aus- gehen, dass die Produktivkräfte innerhalb des Kapitalismus kommunistisch geworden sind. Paolo Vrino bezeichnet daher auch den postmodernen Kapitalismus als „Kommunismus des Kapitals"[609]. Mit dieser Bezeichnung soll ausgedrückt werden, dass auch die Produktionsverhältnisse dennoch weiterhin kapitalistisch sind. Der gesellschaftliche Reichtum, den die Multitude produziert hat, wird nachträglich vom Kapital *„parasitär" (Hardt/Negri)* angeeignet. Dieses Verhältnis definieren Hardt/Negri als Ausbeutung und vergleichen es mit einer neuen ursprünglichen Akkumulation. So insistiert Negri:

> „Im Zeitalter des General Intellect wird die produktive Kooperation nicht mehr länger vom Kapital aufgezwungen, sondern ist, ganz im Gegenteil, ein Vermögen der immateriellen lebendigen Arbeit, der mentalen Arbeit, die nur kooperativ existieren kann – beispielsweise der Sprache, die auf die Kooperation angewiesen ist. Die kapitalistische Entwicklung ist gewissermaßen an einem Punkt angelangt, der durch eine neue ursprüngliche Akkumulation bestimmt ist, eine ursprüngliche Akkumulation, deren Schüssel der General Intellect selbst ist."[610]

In meiner Arbeit wurde gezeigt, dass die Produktivkräfte im postmodernen Kapitalismus vollkommen biopolitisch sind. Dies schließt sowohl die Produktion als auch die Reproduktion gleichermassen mit ein. Bei der immateriellen Arbeit wird der Mehrwert nicht in der Produktion erzeugt, sondern durch die Aneignung der biopolitischen Produktion und bleibt somit umkämpft: „In der Tat liegt die Bestimmung des Werts von Arbeit und Produktion, tief im Inneren des Lebens. Die Industrie produziert nur das an Mehrwert, was durch gesellschaftliche Tätigkeit

---

609 Virno, 2005, S.157.

610 Hardt/Negri, 2007, S.21.

erzeugt wird, und genau aus diesem Grund liegt der Wert begraben unter einer Unmenge von Leben, jenseits allen Maßes."[611] Damit wird Mehrwert als Ausbeutung, aber im Gegensatz zu Karl Marx unabhängig von der Zeit analysiert.

2. Ultra-substanzialistische Interpretation des Marxschen Wertgesetzes

Es wurde gezeigt, dass die Interpretation des Marxschen Wertgesetzes durch Hardt/Negri ultra-substanzialistisch ist und daher mussten sie auch das Wertgesetz aufgeben. Da sie davon ausgingen, man könnte nur die Zeit von konkreter Arbeit messen. Man kann im postmodernen Kapitalismus den Wert einer Ware nicht mehr messen, weil nur noch abstrakte Arbeit verausgabt wird, deren Zeit nicht messbar ist. Diese Bestimmung des Marxschen Wertgesetzes ist aber analytisch sehr ungenau. Der einzelne Kapitalist weiss vielleicht, wie lange er seine Arbeiter am Tag beschäftigt hat (z. B. 8 Stunden), aber im Kapitalismus wusste ein Kapitalist zu keiner Zeit, wie viel abstrakte Zeit bzw. wertbildende Arbeit in seinem Produkt ist. Meiner Ansicht nach ist die Begründung von Hardt/Negri, das Wertgesetz aufzugeben, falsch, weil sie unterstellen, man hätte in Epochen des Kapitalismus den Wert einer Ware nachmessen können. Dass diese Annahme falsch ist, habe ich mit der Marxschen Werttheorie begründet, die Friedrich Engels auf den Punkt bringt, wenn er bemerkt, es handelt sich beim Wert um eine logische Tatsache, die aber keine empirisch messbare ist.

> „Der Wert tritt in dem Austauschverhältnis der kapitalistisch produzierten Waren nicht in die Erscheinung; er lebt nicht im Bewusstsein der kapitalistischen Produktionsagenten; er ist keine empirische, sondern eine gedankliche, logische Tatsche; der Wertbegriff in materieller Bestimmtheit bei Marx ist nichts anderes als der ökonomische Ausdruck für die Tatsache der gesellschaftlichen Produktivkraft der Arbeit als Grundlage des wirtschaftlichen Daseins..."[612]

Weil Hardt/Negri davon ausgehen, dass das Wertgesetz analysiert, dass in jeder Ware Wert ist, der vor dem Austausch gemessen werden kann, verfügen sie mit Abstand über die substanzialistischste Argumentation des Wertgesetzes, die in dieser Arbeit vorgestellt wurde. Sie verwechseln damit konkrete und abstrakte Arbeit, weil es zwar möglich ist nachzumessen, wie viel konkrete Arbeit verausgabt wurde, während es empirisch nicht möglich ist zu messen, wie viel abstrakte Zeit verausgabt

611 Hardt/Negri, 2002, S.373.

612 Engels, MEW 25, 2003, S.903 f.

wurde - da es sich um gesellschaftliche Zeit handelt. Das wirklich Neue an den Theorien - wie z.B. der monetären Werttheorie von Michael Heinrich - ist, dass sie behaupteten, das erste Mal in der Marxschen Theoriegeschichte den Wert einer Ware überhaupt messen zu können, indem sie Geld als einen Wertmesser analysierten, während hingegen Theoretiker, die tendenziell „durchschnittlich" substanzialistisch argumentieren wie z.B. der schon mehrfach erwähnte Guenther Sandleben dies aufgrund der Wertsubstanz bestreiten. Er geht davon aus, dass es einen Wert schon vor dem Austausch gibt, dieser sich aber trotzdem nicht nachmessen lässt, weil nicht festgestellt werden kann, wie viel gesellschaftlich notwenige bzw. wertbildende Arbeit in den Waren verausgabt wurde. Weshalb nach Sandlebens Argumentation auch Geld nicht der Wertmesser sein kann, da der Preis vom eigentlichen Wert einer Ware abweicht.

3. Gibt es alternative Werttheorien, die das Marxsche Wertgesetz nicht aufgeben?

Mit Heinrich lässt sich gegen die Werttheorie von Hardt/Negri einwenden: Ob die konkrete Arbeitszeit gemessen werden kann oder nicht, ist egal, um den Wert einer Ware zu bestimmen, da die abstrakte Arbeitszeit nach wie vor im Tausch durch das Geld gemessen werden kann. Mit Sandleben könnte man einwenden, dass der Wert noch nie nachgemessen konnte. Also was ist eigentlich das Neue am postmodernen Kapitalismus? Die Wertkritik, die ich besonders an den Thesen von Ernst Lohoff dargestellt habe, analysiert immaterielle Güter als Bezahlgüter, die aber keine Waren sind und deshalb auch keinen Wert haben. Sie wurden produziert durch das, was Marx mit der Kategorie der allgemeinen Arbeit ausdrückt. Bei der so genannten Aneignung, die Hardt/Negri feststellen, handelt es sich deshalb nur um eine Privatisierung von allgemeiner Arbeit, so Lohoff. Deshalb schlägt er vor, die Marxsche Theorie um den Begriff der „privatisierten allgemeinen Arbeit" zu ergänzen, um sie von der allgemeinen Arbeit, die noch nicht privatisiert wurde, analytisch zu trennen. Es stellt sich aber die Frage, ob diese Alternativen sich nicht mit der Werttheorie von Hardt/Negri kombinieren und kritisieren lassen? Mit Heinrich z.B. lässt sich gegen Ernst Lohoff die kritische Frage formulieren, ob der stoffliche Wechsel das Entscheidende ist, um ein Produkt als Ware zu charakterisieren. Ist die Kategorie der unproduktiven Arbeit - etwa bei der Zirkulationsarbeit (Händler, Fahrer, Postboten etc.) - dieser sehr spezielle Vorgang des immateriellen Produkttausches, nicht bereits auch bei Marx konzeptionalisiert? Und kann nicht mit dem Begriff der „Rente" analytisch der Vorgang der immateriellen Softwareprodukte gefasst werden, wie Sabine Nuss dies in *„Copyright und Copyri* *ot*"[613] versucht? Sind da am Ende nicht Lohoffs Einlassungen vielleicht doch als sinnvolle Ergänzung in Heinrichs Modell integrierbar? Diese Alternativen machen meiner Ansicht nach deutlich, dass das Wertgesetz nicht aufgegeben werden muss.

Es stellt sich aber auch die Frage, inwiefern diese Alternativen evtl. die Werttheorie von Hardt/Negri erweitern könnten. Wie ich bereits im vorherigen Kapitel dargestellt habe, kommen Hardt/Negri sowie Lohoff zu dem Schluss, Wissen habe keinen Wert[614]. Auch wenn diese Übereinstimmung eher zufällig sein dürfte, da sie auf gänzlich unterschiedlichen Analysen beruht und von daher höchst zweifelhaft ist, ob die Wertkritik den Postoperaismus erweiterten kann. Zweifelhaft ist ebenfalls, ob durch die Argumentation von Heinrich das Wertgesetz in den Postoperaismus integriert werden kann. Meiner Meinung nach kann zwar die monetäre Werttheorie die Werttheorie des Postoperaismus erweitern, aber damit würden sehr zentrale Punkte dieser Theorie verloren gehen.

Ich bin der Ansicht, um diese Frage zu klären, ist daraufhin hinzuweisen, dass diese Theorien (die am Marxschen Wertgesetz festhalten) analytisch viel exakter als die Analyse von Hardt/Negri sind. Sonja Buckel und Jens Wissel bemerken passend: „denn analytisch ist das Buch [Empire, Anm. P. M.] höchst ungenau und widersprüchlich."[615] Ich möchte bemerken, dass die Theorien (die am Wertgesetz festhalten) aufgrund ihrer analytischen Tiefe ihre wissenschaftliche Untersuchungsreichweite einschränken - im Gegensatz zu Hardt/Negri, die auf ihrer abstrakten Theorieebene mehr, aber ungenauer erfassen können. So findet die affektive Arbeit bei diesen Theorien überhaupt keine Beachtung. Dass Gefühle heute sogar zur Kapitalakkumulation beitragen und ausgebeutet werden, bekommen sie nicht in ihr Blickfeld. So können diese Theorien die spezifischen subjektiven Veränderungen der Arbeitswelt nicht erfassen, was auch ihre Analyse zu Subjektivierungen schwächt. Hardt/Negri befinden sich, wie ich gezeigt habe, auf einer anderen Darstellungsebene als die Theoretiker, die am Marxschen Wertgesetz festhalten.

Aber in Auseinandersetzung mit der Wert-Abspaltungstheorie wurden schliesslich auch die Schwächen der theoretischen Einlassungen in Bezug zur Subjektivierung im Postoperaismus deutlich, die darin bestehen, Hierarchien und Ideologien wie Rassismus, Geschlecht und Antisemitismus auszublenden oder unterkomplex darzustellen.

---

613 Vgl.: Nuss, 2006.

614 Oder um genau zu sein: Für die Krisis-Redaktion ist nur ein *Teil* des Wissens ohne Wert.

615 http://www.links-netz.de/K_texte/K_wissel_empire.html, rev. 4.06.2009.

4. Geschichtsphilosophische Deutung der immateriellen Arbeit

Welche Rolle spielen die Kämpfe um die Ware Arbeitskraft in der Analyse von Hardt/Negri? Wie ich gezeigt habe, ist mit der Negierung des Wertgesetzes in der Theorie von Hardt/Negri nicht mehr der Kampf um die Ware Arbeitskraft von Bedeutung. Dieser Kampf wurde ihrer Ansicht nach gewonnen, da die Produktivkräfte kommunistisch geworden sind. Entscheidend ist daher der Kampf der Produktivkräfte und damit der immateriellen Arbeit bzw. der Multitude gegen die kapitalistischen Produktionsverhältnisse. Dabei übernehmen Hardt/Negri in ihrer Werttheorie die Einlassung des Operaismus, dass gesellschaftliche Konflikte der Motor der Geschichte sind und stehen damit in einer theoretischen Linie zu Tronti, der bemerkte: „auch wir haben erst die kapitalistische Entwicklung gesehen und dann die Arbeiterkämpfe. Das ist ein Irrtum. Man muss das Problem umdrehen, das Vorzeichen ändern, wieder vom Prinzip ausgehen: und das Prinzip ist der proletarische Klassenkampf."[616]

Durch die Aufgabe des Wertgesetzes und der positiven Identifikation mit den Produktivkräften wurde aus der operaistischen Theorie, die einst den Kampf gegen die Arbeit propagierte, eine Theorie, die nun die Befreiung durch die immaterielle Arbeit fordert.

Im Kapitel zum gesellschaftlichen Arbeiter habe ich auch daraufhin hingewiesen, dass Negri vorgeworfen wurde, das Wertgesetz aufzugeben, um die Kämpfe ausserhalb der Produktion bedeutender zumachen, als sie sind. Indem Negri davon ausging, dass sich die Fabrik über die ganze Gesellschaft ausgedehnt hatte, waren die Kämpfe in der Reproduktion ein gleichwertiger Kampf neben dem in der Produktion. Es wurde in diesem Kapitel auch gezeigt, dass die Multitude eine konsequente Weiterführung des Konzeptes des gesellschaftlichen Arbeiters war und so ist „Multitude [...] ein Klassenbegriff."[617] Hardt/Negri erklären ihre Werttheorie aus der Perspektive von sozialen Kämpfen und nicht umgekehrt. Daher ist das Buch *Empire* und *Multitude* als eine „politische Intervention" (Buckel/Wissel)[618] zu verstehen.

Es wurde auch gezeigt, dass sich aus der Analyse des Wertgesetzes eine gesellschaftsverändernde Praxis entwickeln lässt. Die Analyse der immateriellen Arbeit, welche davon ausgeht, dass die Produktivkräfte kom-

---

616 Tronti, 2002, S.87, zitiert nach Birkner/Foltin, 2006, S.11.

617 Hardt/Negri, 2004, 121.

618 http://www.links-netz.de/K_texte/K_wissel_empire.html, rev. 4.06.2009.

munistisch sind, impliziert auch eine „konkrete Utopie" (Ernst Bloch). So bemerken Hardt und Negri:

> „Die Tatsache, dass biopolitische Produktion zugleich ökonomisch und politisch ist, das heißt, dass sie unmittelbar soziale Beziehung schafft und dass sie die Grundlage für eine konstituierende Macht bereitstellt, verhilft uns zu der Erkenntnis, dass die Demokratie der Multitude, um die es uns hier geht, so gut wie gar nichts mit ‚direkter Demokratie' im traditionellen Sinne zu tun hat, bei der jeder von uns Lebens- und Arbeitszeit opfern müsste, um ständig über jede politische Entscheidung abstimmen zu können. Man denke an Oscar Wildes ironische Bemerkung, das Problem mit dem Sozialismus sei, dass er zu viele Abende in Anspruch nähme. Die biopolitische Produktion bietet uns die Möglichkeit, die politische Arbeit der Schaffung und Aufrechterhaltung sozialer Beziehungen gemeinsam in den gleichen kommunikativen, kooperativen Netzwerken sozialer Produktion zu verrichten und nicht auf endlosen abendlichen Sitzungen."[619]

Dieser Entwurf einer „Konkrete[n] Utopie" (Ernst Bloch) als „politische Intervention" (Buckel/Wissel)[620] ist aus meiner Sicht ein Aspekt, in dem die Werttheorie von Hardt/Negri sehr viel ausgereifter als die Theorie von Heinrich und Stefan Meretz erscheint. Wie ich bereits im letzten Kapitel begründet habe, ist der Vorschlag für eine gesellschaftsverändernde Praxis, die das Wertgesetz infrage stellt, von Meretz in der Hoffnung auf immaterielle Produkte[621] als Heilsbringer und Überwinder der gegenwärtigen Gesellschaft weitgehend naiv beantwortet worden. Heinrichs Analyse ist mit dem abstrakten Verweis, man könne den Kapitalismus nicht zu Ende reformieren, sondern nur als Ganzes abschaffen[622], analytisch vielleicht richtig, aber sehr unkonkret und das *wie* kann als Leerstelle seiner Theorie betrachtet werden. An dieser Stelle wirken die Überlegungen von Hardt/Negri ausgereifter, weil sie mit ihrer Darstellung in *Empire, Multitude* und *Common Wealth* den Bereich der gesellschaftlichen Produktion versuchen umfassend in den Blick zu nehmen und die Frage des *Wie* beantworten.

Aber verliert das *wie* nicht an Überzeugungskraft, wenn die dahinterstehende Analyse höchst ungenau ist?

---

619 Hardt/Negri, 2004, S.385 f.

620 http://www.links-netz.de/K_texte/K_wissel_empire.html, rev. 4.06.2009.

621 Wie bereits gezeigt wurde, ist seine Definition von immateriellen Produkten auf digitale Güter beschränkt und umfasst nicht die ganze Produktion wie bei Hardt/Negri.

622 Heinrich, 2004, S.94.

5. Interpretation der Marxschen Kritik als eine Analyse der Fabrik

Bei der Analyse von Hardt/Negri - und dies zeigt sich in ihrer ultrasubstanzialistischen Interpretation des Marxschen Wertgesetzes - wird die Marxsche Kritik mit einer Analyse der Fabrik gleichgesetzt. So z.B. in dem die Fabrikarbeit als messbar analysiert wurde im Gegensatz zur immateriellen Arbeit. So auch die Einlassungen des operaistischen Theoretikers Raniero Panzieri, der, wie ich gezeigt habe, nicht nur Wertproduktion mit der Fabrikarbeit gleichgesetzt hat, sondern z.B. auch Ausbeutung und Entfremdung mit der monotonen Fabrikarbeit identifiziert. Genau diese verkürzte Technikkritik ist aus meiner Sicht der Grund, warum im Postoperaismus „jedwede Technikkritik als Old-School-Unsinn scheinbar überflüssig ist."[623] So könnte meiner Meinung nach aus einer Theorie, die anfangs den Produktivkräften kritisch gegenüberstand, ironischerweise eine Theorie werden, die Produktivkräfte affirmativ analysiert.[624] So bemerkte Panzieri in seinem Artikel *„Über die kapitalistische Anwendung der Maschinerie im Spätkapitalismus"*: „angesichts dessen versteht es sich, daß die ‚Informationstechniken', die den Protest der Arbeiter gegen den ‚totalen' Charakter der Entfremdungsprozesse in der rationalisierten Großfabrik neutralisieren sollen, immer größere Bedeutung gewinnen."[625] Indem also die entfremdete und ausgebeutete Arbeit als Fabrikarbeit charakterisiert wurde und von den nachfolgenden Operaisten wie z.B. Tronti, Negri und anderen übernommen wurde, führte dazu, dass die postmoderne, immaterielle Arbeit als nicht mehr entfremdete und ausgebeutete Arbeit erscheinen musste. In der Soziologie der immateriellen Arbeit wurde von Hardt/Negri nachgewiesen, dass die immaterielle Arbeit oft flexible und emotionale Arbeit ist und damit einen Gegensatz zur monotonen Fließbandarbeit darstellt. Dadurch ist die Arbeit (in der Produktion) scheinbar nicht mehr entfremdet

623 http://www.links-netz.de/K_texte/K_wissel_empire.html, rev. 4.06.2009.

624 In ihrem neusten Werk *Common Wealth* kritisieren Hardt/Negri immerhin - ähnlich wie zu Zeiten der alten operaistischen Bewegungen - die frühbürgerliche Fortschrittsgläubigkeit wie auch die marxistische Variante der sozialistischen Entwicklungsideologien, die in den sog. realexistierenden sozialistischen Staaten Einzug erhalten hatten. Aber diese Kritik führt nicht zu einer kritischen Revision ihren eigenen postmodernen Fortschrittsgläubigkeit in Bezug auf immaterielle Arbeit, General Intellect, den neuen immateriellen Produktivkräften im Allgemeinen oder gar dem Wertgesetz. Vgl.: 2010, S.95 bis S.106. Sie bekommen nicht in den Griff, dass der Zwang zur Produktivkräfteentwicklung und damit einhergehend die Fortschrittsgläubigkeit über die Wertform vermittelt ist. Vgl.: Postone, 2008.

625 http://www.wildcat-www.de/thekla/07/t07panzi.htm, rev. 18.03.0.

und ausgebeutet, sondern kommunistisch. Bei Marx hängen das Wertgesetz, Ausbeutung und Entfremdung strukturell zusammen. Durch Hardt/Negri können sie die Ausbeutung nicht mehr in der Produktion analysieren, sondern verschieben sie in die Zirkulation und können diese dort nur noch als *„parasitäre" (Hardt/Negri)* Aneignung erklären. Aber auch wenn Postoperaisten wie z.B. Paulo Virno[626] die immaterielle Arbeit als losgelöst von dem Wertgesetz analysieren und mit der Untersuchung zur Kulturindustrie von Theodor W. Adorno und Max Horkheimer vergleichen, dann hätten sie wenigstens Leo Löwenthals Kritik an der Kulturindustrie berücksichtigen können, die Micheal Schwandt gut zusammenfasst: „Nach den Worten Leo Löwenthals funktioniert Kulturindustrie in der Gestalt der Werbung, die ihr Struktur gebendes Moment ist, als eine *‚umgekehrte Psychoanalyse'*. Die psychoanalytische Behandlung hat nach Freud das Leitmotiv *‚Wo Es war, soll ich sein'*, also das Ziel, Unbewusstes bewusst werden..."[627] zu lassen. Während in der Kulturindustrie das Leitmotiv *Wo Ich war, ES wird,* also das Bewusste unbewusst werden soll, was einer Emanzipation von Freien und Gleichen diametral entgegen steht.

6. Ausblicke

„Unsere These lautet dabei, dass die "eigentliche Arbeit", diese Perspektive auch theoretisch zu verwirklichen, noch aussteht."[628] - so lautet eine Einschätzung von Sonja Buckel und Jens Wissel zum theoretischen Gehalt der (post-)operaistischen Theoriebildung.

Ich möchte mich dieser These anschliessen, gleichzeitig bin ich jedoch der Meinung, dass der (Post-)Operaismus nur dazu in der Lage ist, mit seiner Kritik wieder in der Gegenwart anzukommen, wenn er sich der Aufgabe der Ausbesserung seiner theoretischen Unsauberkeiten in der Vergangenheit stellt.

Der Schlüssel zur Erweiterung des Operaismus liegt folglich in seiner theoretischen Vergangenheit. Die starke Anbindung an die Marxsche Kritik der Politischen Ökonomie lieferte dort den Zugang zu einer kritischen Analyse konkreter Veränderungen im Arbeitsprozess selbst, die aber stets im Kontext anderer gesellschaftlicher Bewegungen betrachtet wurden. Die Revidierung der verkürzten Technikkritik und eine vermehrte Rückbindung an eine Marxrezeption, deren Analyse eben nicht nur auf eine Kritik der Fabrik reduzierbar ist, könnten eine Möglichkeit

---

626 Vgl.: Virno, S. 73 bis S.79, 2005.

627 Schwandt, S.94, 2009.

628 http://www.links-netz.de/K_texte/K_wissel_empire.html, rev. 4.06.2009.

darstellen, die Schwächen in der (post-) operaistischen Konzeption wieder einzuholen.

Die Möglichkeit zu dieser Neubestimmung liegt mithin in den theoretischen Anfängen dieser Theorie selbst begründet. Wie ich zeigen konnte, finden sich viele Denkfiguren des (Post-) Operaismus in gleicher und ähnlicher Form bereits in den Arbeiten von Hans-Jürgen Krahl. Dieser ging davon aus, dass das gesellschaftlich produzierte Wissen vom Kapital subsumiert und damit zu einem Arbeitsprozess des Gesamtarbeiters wird. Dadurch wandelt sich nicht nur der Produktionsprozess selbst, sondern auch die geistige Arbeit und das Wissen werden durch die Anpassung an die abstrakte Arbeit verändert. Krahl bemerkt dazu: die „Technologisierung der Wissenschaften bedeutet: die qualitative Zeit bildungsgeschichtlicher Reflexion [...] wird zugunsten der Anpassung geistiger Arbeit an die quantitativen und enthistorisierten Normen des Wertmaßstabes der Arbeitszeit eliminiert. Damit kann geistige Arbeit reibungslos dem Verwertungsprozess des Kapitals einverleibt werden."[629] Wissen bleibt damit immer an die technische Umsetzbarkeit und damit gleichzeitig mit der produktiven Arbeit verbunden, was bedeutet, dass es nicht völlig autonom von der Wertform existieren kann.[630] Dieser Ansatz ist in die Thesen des Postoperaisten Christian Marazzi integrierbar, der seinerseits die Verbindung des Produktionsprozesses und des Wissens konstatiert: „Dienstleistungen müssen produziert und Gebäude, in denen die entsprechenden Beschäftigten tätig sind, müssen gebaut und gereinigt werden."[631]

Folgt man also der Einsicht, dass Wissen an die Wertform gebunden ist, kann es in der bürgerlich kapitalistischen Gesellschaft nicht in neutraler Form existieren. Schon begriffslogisch liegt es damit nur in entfremdeter, ausgebeuteter und fetischisierter Form vor, weshalb auch die Produktivkräfte nicht kommunistisch sein können und Hart/Negri mit ihrer gegenteiligen Ansicht immer wider ins Fahrwasser einer „bürgerlich-fetischistischen Evolutionstheorie" geraten. Schließlich trifft auch auf Wissen zu, was für jede andere Produktivkraft im Kapitalismus gilt: Gebrauchswerte können in dieser Art der Vergesellschaftung nicht neutral sein, weil sich ihre Entwicklung und ihre Anwendung unter dem Zwang der Verwertung des Werts vollziehen. Diese Koppelung stellt die Ursache dafür dar, dass die Gebrauchswerte unbrauchbar für eine Emanzipation innerhalb der Warenproduktion werden, eben weil sie nicht kontrolliert werden können, Hoffnung wie Zerstörung verbreiten

---

629 Krahl, 2008 S.347 f.

630 Vgl.: S.348.

631 Marazzi, 1999, S.145.

und dabei einem irrationalen Ziel folgen. Ein Beispiel für diesen Umstand ist die von Postone analysierte Anpassung an die abstrakte Zeit und Herrschaft.[632] Allerdings muss betont werden, dass Gebrauchswerte nicht identisch sind mit der Wertform und immer auch eine relative Autonomie behalten, weshalb sie auch die Möglichkeit einer Emanzipation jenseits kapitalistischer Vergesellschaftung offen halten. Ingo Elbe bemerkt, dass Stoff und Form trotz Verschränkungen nicht identisch sind [633] und referiert Postones Analyse wie folgt: „Festgestellt wird, dass nicht nur die Zwecksetzung (Anwendung) der Maschinerie im industriellen Kapitalismus formbestimmt ist, sondern diese selbst. Dennoch wird jede Behauptung einer Identität von Form- und Stoffdimension zurückgewiesen. Es gehe um den „Formbestimmten, aber nicht gänzlich in dieser Formbestimmtheit aufgehenden Gebrauchswert (Postone/Reinicke)."[634]

Die verkürzte Gebrauchswert- bzw. Technikkritik des Operaismus liegt mithin darin begründet, dass diese „Nicht-Neutralität" der Produktivkräfte theoretisch einseitig aufgelöst werden, womit zwar deren Potenzial für eine mögliche Klassenspaltung analysiert werden kann, ihre Wertförmigkeit jedoch vollkommen aus dem Blick gerät. Diese ist jedoch verantwortlich dafür, dass jede Produktivkraft nicht zur Klassenspaltung, sondern auch zur Ideologie wird. Herbert Marcuse bemerkt dazu, dass das Wissen deshalb eben nicht dem Wohl der Menschen dienen kann, weil sein Ziel mithin in der Warenproduktion begründet ist, womit „Wissen zur Unterwerfung der Natur, als Wissen zur Unterwerfung des Menschen"[635] dient.

Mit der Erkenntnis, dass Wissen an die Wertform gebunden bleibt, wird es möglich, die von den (Post-)Operaisten so geschätzte immaterielle Arbeit als ein Moment von Herrschaft zu rekonstruieren, die wie jede andere Form der Arbeit in der kapitalistischen Vergesellschaftung zu Ausbeutung, Entfremdung und Unterdrückung führt.

Allerdings stellt sich hier die Frage, ob die operaistische Theorie trotz ihrer großen analytischen Schwächen überhaupt gerettet werden kann.

Aus meiner Sicht kann das theoretische Projekt des Operaismus erweitert werden, wenn es gelingt, die Produktionsverhältnisse und Produktivkräfte (und damit immaterielle Arbeit) gleichermassen als Herrschaftsverhältnisse zu analysieren. Die Frage lässt sich aber auch

632 Vgl.: Postone, 2003, S. S.287 bis S.345.

633 Vgl.: Elbe, 2008, S.270, S.248, S.580, S.585.

634 Elbe, 2008, S.580.

635 Marcuse , 2008, S.18.

umdrehen: Wäre eine Erweiterung der bisher analytisch viel genaueren Theorien durch eine Interventionstheorie nicht vielleicht sinnvoller?

Vielleicht stellt der adäquateste Zugang zur operaistischen Theorie derjenige dar, der diese als eine Theorie begreift, die notwendige Fragen aufgeworfen hat, deren Beantwortung jedoch nur mit einer Erweiterung der jeweiligen Theorien zu verwirklichen ist.

Die Fragen nach dem Verhältnis von Struktur und Handlung, bzw. nach der Einschätzung von konkreten Veränderungen in der Arbeitswelt (wie z.B. das Aufkommen affektiver Arbeit) könnten schließlich dazu beitragen, die Leerstellen der Theorie der Wertkritik und der monetären Werttheorie oder der neuen Marx-Lektüre[636] im Allgemeinen zu allererst zu benennen und sie dann im Nachgang auch aufzulösen.

Die Operaisten Carlo Vercellone und Christian Marazzi hatten bereits angekündigt, dass sie eine neue These vorstellen werden, in der sie Wissen unter der Perspektive von „Rente" analysieren werden.[637] Auch wenn man nur mutmaßen kann, könnte dadurch vielleicht eine theoretische Verbindung zu Sabine Nuss möglich werden, da auch sie schließlich diesen theoretischen Zugang von Wissen als „Rente" bereits analysiert hat.[638]

Möglicherweise gibt es hier bereits eine erste Schnittstelle, in der die monetäre Werttheorie von den Interventionskonzepten des Operaismus beeinflusst werden könnten und der Operaismus dazu bereit, ist das Wertgesetz wieder in seine Theorie zu integrieren. Wie oder ob sich die Wertkritik mit diesen Erkenntnissen erweitern lässt und ob sie damit in der Lage ist, an die konkreten Fragestellungen anzuknüpfen, bleibt abzuwarten.

Gezeigt hat sich aber aus der Perspektive der Neuen Marx-Lektüre, dass die Marxsche Werttheorie nicht aufgehoben werden muss und sie in der Lage ist, soziale Formen und ihre historischen Dynamiken analytisch zufassen.

---

636 Auch wenn die neue Marx-Lektüre diese schon benannt hat, kann sie für sich noch nicht in Anspruch nehmen, diese gelöst zu haben auch (Vgl.: Reichelt, 2008).

637 Der Operaist Sandro Mezzadra, der mit Carlo Vercellone und Christian Marazzi zusammenarbeitet hat, hat mir dies geschrieben (am 9. Februar 2009) und einen Essay von Carlo Vercellone, der in Zusammenarbeit mit Christian Marazzi entstanden ist, zugeschickt.

638 Hardt/Negri jedenfalls greifen im neusten Band der *Empire* Reihe *Common Wealth* auch das Konzept der Rente auf, aber trotzdem ändert dies nichts an ihren Analysen zum Wertgesetz. Dieses wird weiterhin für obsolet gehalten. Vgl.: Hardt/Negri, 2010.

7. Weitere sozialwissenschaftliche Aspekte

In der Auseinandersetzung mit den theoretischen Entwürfen der Empire-Autoren wurde deutlich, welche weiterreichende Bedeutung die Aufgabe des Wertgesetz für sozialwissenschaftliche Fragestellungen hat.

Historischen Dynamiken können nicht mehr als Prozesse innerhalb von Sozialerformen rekonstruiert werden. Dass die Wertform für obsolet erklärt wird, hat folgen nicht nur für eine theoretische Einordnung von Wissen und immaterieller Arbeit sondern berührt notwendigerweise alle Verhältnisse in der kapitalistischen Vergesellschaftung. Daher war es nur folgerichtig das Hardt/Negri diese immer streiften wenn, sie die Aufgabe des Wertgesetzes und die Bedeutung der immateriellen Arbeit begründeten. Daher ist es notwendig zum Abschluss die allgemeine Bedeutungsdimension des Wertgesetzes für darüber weitergehende Fragen zu erwähnen.

So wurde deutlich, dass es durch die fehlende Formanalyse zu einer einseitig optimistischen handlungstheoretischen Auflösungen von Herrschaftsformen, die dialektisch mit der Wertform verbunden sind wie beispielweise Klasse, Staat und Geschlecht, kommt. Historische Prozesse werden deshalb in der (post-)operaistischen Theorieströmung nur aus der Warte von sozialen Kämpfen heraus und nicht etwa auch aus der inneren Dynamik des Werts erklärt. Dadurch gehen die historischen Besonderheiten des Kapitalismus verloren. Denn der Kernpunkt an den spezifischen Herrschaftsverhältnissen im Kapitalismus ist ja gerade, dass sie im Gegensatz zu vergangen Gesellschaften über soziale Formen vermittelt werden - zu der auch die Wertform gehört.

Die weit reichenden Implikationen sind das beispielsweise der „Staat des Kapitals" (Johannes Agnoli) nicht mehr als vermittelnde Form sondern als quasi undynamische Pingpongwand, die nur auf die sozialen Kämpfe regieren kann, analysiert wird.[639]

Im Gegensatz zu Sven Ellmers und anderen Vertretenen und Vertreterinnen der neuen Marx-Lektüre kann auch Klasse nicht mehr als eine Form-Kategorie, die logisch mit Wertform verschränkt ist, entschlüsselt werden. Deshalb wird Klasse im (Post-)Operaismus auch nicht als eine Form die sich innerhalb des Kapitalismus bewegt analysiert, sondern als ausserhalb des Kapitalverhältnisses liegende. Und die erleine schon deshalb automatisch gehen das Kapital gerichtet sein soll. So erscheint auch hier das Kapital nur als Pingpongwand, die nur durch das Reagieren auf die sozialen Kämpfe ihre Dynamik gewinnt.

---

639 Zur analyse des Staates als einer dynamischen Form vgl.: auch Schlemermeyer, 2009.

So können Hardt/Negri auch nicht das warenproduzierende hierarchische Geschlechterverhältnis als solches analysieren, sondern es nur als sozialen Konflikt wahrnehmen und subsumieren es deshalb in den Klassenkampf. Dies mündet in einer Haupt- und Nebenwiderspruchs-Theorie, indem sie nur die Kategorie der Klasse erweiterten statt der Spezifika von unterschiedlichen Herrschaftsverhältnissen -innerhalb es Kapitalismus- analytisch Rechnung zutragen. Bei der Kategorie der immateriellen Arbeit im Allgemeinen wie der affektiven Arbeit bzw. der *„Feminisierung der Arbeit" (Hardt/Negri)* im Besondern fällt der unterschied von bezahlter und unbezahlter und die damit einhergehende Hierarchisierungen unter den Tisch. Dagegen verweist der Ansatz von Roswitha Scholz darauf, dass Geschlecht und Wert dialektisch miteinander verbunden sind, ohne dabei das eine aus dem anderen abzuleiten. Denn die Wert-Abspaltung will sie als eine Formtheorie verstanden wissen, die Geschlecht und Wert als Spiegelbilder und damit die qualitativ verschiedene Herrschaft im Kapitalismus analysiert - was ihr gelingt mit Hilfe der differenzierten Marxschen Kategorien.

Im Unterschied zu Scholz wäre dies auch mit einer Theorie von Produktion und Reproduktion möglich.

Aber auch eine Totalitätsanalyse bzw. Formanalyse ist trotzdem keine totale Erklärung. Es bedarf, wie bereits Elbe insistierte[640], stets einer intermediäre Ebene, um sozialwissenschaftlichen Fragestellungen angemessen Rechnung zu tragen. Das ignoriert (nicht nur) Scholz leider, weswegen sie nicht mal nach möglichen Verbindungen zu Hardt/Negri fragt. Aber gerade als sinnvoller Ansatz für solche eine intermediäre Theorie Ergänzung hätte die (Post-)operaistische Theorie einiges beizutragen.[641] Nicht zuletzt, da sich Hardt/Negris Analyse gerade auch auf einer *„phänomenologischen Ebene" (Scholz)* bewegt.

---

640 Vgl.: Elbe, 2008.

641 Bzw. die Auseindersetzung mit ihr. Siehe dazu auch die Kritik im vorangegangen Kapitel an Scholz.

VI. Literaturverzeichnis

Adorno, Theodor W. (1997): »Thesen über Bedürfnis« in: *Gesammelte Schriften*, Band 8, Soziologische Schriften I, Frankfurt am Main. 392-396.

Backhaus, Hans-Georg/Reichelt, Helmut (1995): Wie ist der Wertbegriff in der Ökonomie zu konzipieren? Zu Michael Heinrich: „Die Wissenschaft vom Wert". In: *Beiträge zur Marx-Engels Forschung Neue Folge 1995. Engels` Druckfassung versus Marx` Manuskripte zum III. Buch des „Kapital"*. Hamburg, 60-94.

Backhaus, Hans-Georg (1997): Dialektik der Wertform: Untersuchungen zur Marxschen Ökonomiekritik. Freiburg.

Bierwirth, Julian (2010): Streifzüge im Postfordismus. Anmerkungen zu immaterieller Arbeit und General Intellect. In: *Krisis Nr.33, 85-121.*

Buckel, Sonja/Wissel, Jens (2001): Age of Empire? in: http://www.links-netz.de/K_texte/K_wissel_empire.html, 4.06.2009.

Buckel, Sonja (2007): Subjektivierung und Kohäsion: Zur Rekonstruk*tion einer materialistischen Theorie des Rechts.* Velbrück.

Breuer, Stefan (1985): *Aspekte totaler Vergesellschaftung*. Freiburg

Demirovic, Alex (2008) : Das Wahr-Sagen des Marxismus: Foucault und Marx. in: *Prokla, 151,179-201.*

Benl, Andreas (2006): *Empire, Multitude und die Biopolitik,* in: Das Leben lebt nicht. Hrsg. v. die Röteln. Berlin, 35-58.

Behrens, Roger Europäische (2002):*Kritische Theorie, Europäische Verlagsanstalt.* Hamburg.

Birkner, Martin/Foltin, Robert (2006): *(Post-)Operaismus. Von der Arbeiterautonomie zur Multitude. Geschichte & Gegenwart, Theorie & Praxis.* Stuttgart.

Castells, Manuel (2003): *Das Informationszeitalter. Wirtschaft. Gesellschaft. Kultur. Teil 3: Jahrtausendwende.* Opladen.

Corsani, Antonella (2004): Wissen und Arbeit im kognitiven Kapitalismus. Die Sackgassen der politischen Ökonomie, in: *Immaterielle Arbeit und imperiale Souveränität. Analysen und Diskussionen zu Empire.* Hrsg. v. Thomas Atzert; Jost Müller. Münster, 156-175.

Debord, Guy (1996): *Die Gesellschaft des Spektakels.* Berlin.

Elbe, Ingo (2006):Holloways `Open Marxism`. Bemerkungen zur Formanalyse als Handlungstheorie und Revolutionsromantik. *In:* http://www.rote-ruhr-uni.com/cms/Holloways-Open-Marxism.html, rev.21.01.2010.

Elbe, Ingo (2008): Marx im Westen. Die neue Marx-Lektüre in der Bundesrepublik seit 1965. Berlin.

Ellmers, Sven (2007): Die formanalytische Klassentheorie von Karl Marx. Ein Beitrag zur ‚neuen Marx-Lektüre'. Duisburg.

Foltin, Robert (2008): Reelle Subsumtion des Lebens unter Kapital, in: Grundrisse, 25,15- 21.

Foucault, Michel (2005): Analytik der Macht. Frankfurt a. Main.

Fukuyama, Francis (1992): Das Ende der Geschichte. Wo stehen wir? München.

Gorz, André (2004): Wissen, Wert und Kapital. Zur Kritik der Wissensökonomie. Zürich.

Hardt, Michael; Negri, Antonio (1997): Die Arbeit des Dionysos. Materialistische Staatskritik in der Postmoderne. Berlin.

Hardt, Michael (2004): Affektive Arbeit, in: Immaterielle Arbeit und Souveränität. Analysen und Diskussionen zu Empire. Hrsg. v. Thomas Atzert; Jost Müller. Münster, 175-189.

Hardt, Michael; Negri, Antonio (2002): Empire. Die neue Weltordnung. Frankfurt a. Main, New York.

Hardt, Michael; Negri, Antonio (2004): Multitude. Krieg und Demokratie im Empire. Frankfurt a. Main, New York.

Hardt, Michael; Negri, Antonio (2010): *Common Wealth. Das Ende des Eigentums.* Frankfurt a. Main, New York.

Hanloser, Gerhard/Reitter, Karl (2008): Der bewegte Marx. Eine einführende Kritik des Zirkulationsmarxismus. Münster.

Hauf, Felix (2006): Regulation und Geschlecht: zur feministischen Erweiterung der Regulationstheorie bei Kohlmorgen. Diplomarbeit am Fachbereich Gesellschaftswissenschaften der Johann Wolfgang Goethe-Universität. Frankfurt a. Main.

Haug, Wolfgang Fritz (2003): High-Tech-Kapitalismus. Analysen zu Produktionsweise-Arbeit-Sexualität-Krieg & Hegemonie. Hamburg.

Haug, Wolfgang-Fritz (2009): Kritik der Warenästhetik. Frankfurt am Main.

Heinrich, Michael (2004): Kritik der politischen Ökonomie. Eine Einführung. 2. Auflage, Stuttgart.

Heinrich, Michael (2006): Die Wissenschaft vom Wert. Die Marxsche Kritik der politischen Ökonomie zwischen wissenschaftlicher Revolution und klassischer Tradition.4. Auflage, Münster.

Heinrich, Michael (2009): Matthias Bohlender: Metamorphosen des liberalen Regierungsdenkens. Politische Ökonomie, Polizei und Pauperismus. Rezensiert von Michael Heinrich. In: Marx-Engels Jahrbuch 2008. Berlin, 145-149.

Henniger, Max (2008): Abschreibung des Wertgesetzes? Kritische Anmerkungen zur Marx-Interpretation Antonio Negri, in: Grundrisse, 28, 23-34.

Hilferding, Rudolf (1971 {1904}): Böhm-Bawerks Marx-Kritik. Glashütten (I. österreichische Aufl. 1904).

Hirsch, Joachim (2005): Materialistische Staatstheorie. Hamburg.

Hirsch, Joachim/Kannankulam, John/Wissel, Jens (2008): Die Staatstheorie des „westlichen Marxismus". Gramsci, Althusser, Poulantzas und die so genannte Staatsableitung. In: Der Staat der bürgerlichen Gesellschaft. Zum Staatsverständnis von Karl Marx. Baden-Baden, 92-116.

Kirchhoff, Christine/Meyer, Lars/ Phal, Hanno/ Heckel, Judith/ Engemann, Christoph (2004): Vorwort: Perspektiven der Neuen Marx-Lektüre. in: http://www.caira.net/verlag/leseproben/pdf/kirchhoff.et.al-gesellschaft_lp1.pdf, 6.03.2010.

Kern, Anna (2009): Die Produktion von (Un-)Sicherheit- Zur Funktion von Sicherheit in der kapitalistischen Vergesellschaftung. Diplomarbeit am Fachbereich Gesellschaftswissenschaften der Johann Wolfgang Goethe-Universität. Frankfurt a. Main.

Krisis (2006). Nr. 30.

Krahl, Hans-Jürgen (2008): Thesen zum allgemeinen Verhältnis von wissenschaftlicher Intelligenz und proletarischen Klassenbewusstsein. In: Konstitution und Klassenkampf. Zur historischen Dialektik von bürgerlicher Emanzipation, Schriften, Reden und Entwürfe 1966-1970. Frankfurt, 5. Auflage, 336-354.

Krahl, Hans-Jürgen (2008): Zur Wesenslogik der Marxschen Warenanalyse. In: Konstitution und Klassenkampf. Zur historischen Dialektik von bürgerlicher Emanzipation, Schriften, Reden und Entwürfe 1966-1970. Frankfurt, 5. Auflage, 31-84.

Kößler, Reinhart/Wienold, Hanns (2001): Gesellschaft bei Marx. Münster.

Lazzarato, Maurizio (1998): Immaterielle Arbeit. Gesellschaftliche Tätigkeit unter den Bedingungen des Postfordismus. In: Ders./Antonio Negri/Paolo Virno (Hg.), Umherschweifende Produzenten. Immaterielle Arbeit und Subversion. Hrsg. v. Thomas Atzert. Berlin, 39-53.

Lohoff, Ernst (2006): Der Wert des Wissens. Grundlagen einer Politischen Ökonomie des Informationskapitalismus. In: Krisis, 31, 13-52.

Lohoff, Ernst/ Trenkle, Norbert/ Lewed,Karl- Heinz/ Wölflingseder, Maria (Hg.) (2004): Dead Men Working. Gebrauchsanweisungen zur Arbeits- und Sozialkritik in Zeiten kapitalistischen Amoklaufs. Münster.

Luc Boltanski/Ève Chiapell (2006): Der neue Geist des Kapitalismus. Konstanz.

Luxemburg, Rosa (1970 {1923}): Die Akkumulation des Kapitals. Frankfurt. (4. Deutsche Aufl. 1923).

Löhnberg, Erhart (1975): Das Kapital zum Selbststudium. Eine Einführung in das Hauptwerk von Karl Marx. Band 1. Frankfurt a. Main.

Marazzi, Christian (1999): Fetisch Geld. Wirtschaft, Staat, Gesellschaft im monetaristischen Zeitalter. Zürich.

Marcuse, Herbert (2008): Der eindimensionale Mensch. Studien zur Ideologie der fortgeschrittenen Industriegesellschaft. München.

Marx, Karl/Engels, Friedrich (1958): Marx-Engels-Werke. Bd. 1-40 (zit. MEW). Berlin.

Marx, Kral (2004): Manifest der Kommunistischen Partei. Stuttgart.

Marx, Karl (1970): Resultate des unmittelbaren Produktionsprozesses, in: *http://marx.blogsport.de/images/resultate_02.pdf*, 18.03.2009.

Meretz, Stefan (2006): Der Kampf um die Warenform. Wie Knappheit bei Universalgütern hergestellt wird, in: Krisis, 31, 52-90.

Negri, Antonio (1991): Marx beyond Marx. Lessons on the Grundrisse. Brooklyn.

Negri, Antonio (2007): Zur gesellschaftlichen Ontologie, Materielle Arbeit, immaterielle Arbeit und Biopolitik, in: Empire und die biopolitische Wende. Die internationale Diskussion im Anschluss an Hardt und Negri. Hrsg. v. Marianne Pieper; Thomas Atzert; Serhat Karakayli, Vassilis Tsianos. Frankfurt a. Main,17-35.

Nuss, Sabine (2006): Copyright & Copyriot. Aneigungskonflikte um geistiges Eigentum im informationellen Kapitalismus. Münster.

Nuss, Sabine (2002): Download ist Diebstahl? Eigentum in einer digitalen Welt. in: Prokla, 126, 11 - 35.

Panzieri, Raniero (1985): Über die kapitalistische Anwendung der Maschinerie im Spätkapitalismus, in: http://www.wildcat-www.de/thekla/07/t07panzi.htm, 18.03.2009.

Postone, Moishe (2003): Zeit, Arbeit und gesellschaftliche Herrschaft. Eine neue Interpretation der kritischen Theorie von Marx. Freiburg.

Postone, Moishe (2008): Kritische Kapitalismustheorie heute: Brenner, Arrighi, Harvey und antikapitalistische Strategien. Hamburg.

Rakowitz, Nadja (2003): Einfache Warenproduktion. Ideal und Ideologie. 2. Auflage, Freiburg.

Reichelt, Helmut (2006): Zur logischen Struktur des Kapitalbegriffs bei Karl Marx. 2. Auflage, Freiburg.

Reichelt, Helmut (2008): Kapital als Handlung und System Fragen an Helmut Reichelt zu den Intentionen und Ergebnissen seiner „neuen Marx-Lektüre". in: http://www.rote-ruhr-uni.com/cms/IMG/pdf/Kapital_als_Handlung_und_System.pdf, 6.03.2010.

Reichelt, Helmut (2008): Neue Marx-Lektüre: zur Kritik sozialwissenschaftlicher Logik. Hamburg.

Reuschling, Felicita (2010): Taking care of grandfather marx? Unveröffentlichter Aufsatz. Berlin.

Samol, Peter (2006): Arbeit ohne Wert, Über das Scheitern der „Dienstleistungsgesellschaft" und wie es mit der Unterscheidung von produktiver und unproduktiver Arbeit zusammenhängt, in: Krisis, 31, 90-124.

Sandleben, Guenther (2008): Monetäre Werttheorie als Preistheorie. Geld und Wert bei Michael Heinrich. In: Sozialismus, H.10, 39-46.

Schlemermeyer, Jan (2009): Die strukturelle Transformation der Demokratie. Zum Zusammenhang von Reproduktion und Veränderung in der materialistischen Staatstheorie. Diplomarbeit am Fachbereich Gesellschaftswissenschaften der Johann Wolfgang Goethe-Universität. Frankfurt a. Main.

Scholz, Roswitha (2000): Das Geschlecht des Kapitalismus. Feministische Theorien und die postmoderne Metamorphose des Patriarchats. Bad Honnef.

Scholz, Roswitha (2005): Differenzen der Krise - Krise der Differenzen. Die neue Gesellschaftskritik im globalen Zeitalter und der Zusammenhang von „Rasse“, Klasse, Geschlecht und postmoderner Individualisierung. Bad Honnef.

Schwandt, Michael (2009): Kritische Theoire. Eine Einführung. Stuttgart.

Tronti, Mario (1974): Arbeiter und Kapital. Frankfurt a. Main.

Weber, Beat/Karlhuber, Petra (2002): Ursprüngliche Akkumulation im Postfordismus, in: Grundrisse, 2, 21-27.

Wright, Steve (2005): Den Himmel Stürmen. Eine Theoriegeschichte des Operaismus. Berlin/Hamburg.

Virno, Paolo (2005): Grammatik der Multitude. Öffentlichkeit, Intellekt und Arbeit als Lebensformen. Wien.

Anhang

Liste von „Empire"-Rezensionen:

Adolphs, Stephan et al : Der Begriff des politischen Subjekts hat seinen Gehalt verändert, Subtropen 16, Aug. 2002
Albrecht, Christoph.: Die neue Religion der philosophischen Seminare, FAZ 19.6.2002
Ansaldi, Saverio: The multitude in Empire: Biopolitical alternatives, Rethinking Marxism 13, 3/4 (2001)
Anne: Empire: die neue Weltordnung?, http://www.nadir.org/nadir/initiativ/ci/nf/88/15.html
Arrighi, Giovanni: Lineages of Empire, Philosophia Africana 5/2 (2002)
Balakrishnan, Gopal: Hardt and Negris Empire, New Left Review 5/2000
Bamyeh, Mohammed: Life and vision under globalization, Rethinking Marxism 13, 3/4 (2001)
Bard, Alexander: Critique of Empire, Multitudes Mailinglist 31.1.2001
Beasley-Murray, Jon: Lenin in America, Rethinking Marxism 13, 3/4 (2001)
Bedggood, David: Empire and the Multitude: The case of Argentina, Generation Online Mailinglist 14.12.2002
Bell, Duncan: Empire, http://www.theglobalsite.ac.uk/
Benl, Andreas: Ein Reich komme, Jungle World 4.9.2002
Bensaid, Daniel: Antonio Negri et le pouvoir constituant, http://www.espaimarx.org/3_19.htm
Bernhard, Claudia: Das junge, harte Denken, Alaska Mai 2002
Beverly, John: Who are the Christians today?, Rethinking Marxism 13, 3/4 (2001)
Bischoff, Joachim et al: Von der Masse zur Menge, Sozialismus 5/2002
Bisky, Jens: Das Empire nimmt seinen Lauf, Süddeutsche Zeitung 29.12.2001
Bonnet, Alberto R.: Supiendo a Neptuno. Una lectura critica de Imperio, Cuadernos del Sur 32, http://www.iade.org.ar/imperio
Boron, Atilio: Imperio Imperialismo, Vorwort auf http://www.iade.org.ar/imperio
Brand, Ulrich: Die Revolution der globalisierungsfreundlichen Multitude, Das Argument 245/2002
Bull, Malcolm: You can't build a new society with a Stanley knife, London Review of Books 4.10.2001
Burgio, Alberto: L'impero del capitale communista, La rivista del manifesto 15/2001
Buttinger, Klaus: Daheim im neuen Reich, OÖN 3.8.2002
Callinicos, Alex: Toni Negri in perspective, International Socialism Journal 92/2001
Castronovo, Davide: Antinegri: né moltitudine, né Impero, http://www.s8suono.com/
Celani, Claudio: Toni Negri, profile of a terrorist ideologue, Executive Intelligence Review 24.8.2001
Chingo, Juan et al: Empire or imperialism, Estrategia Internacional 17/2001
Coates, Andrew: Struggles for freedom, Weekly Worker 21.2.2002
Cohen, Mitchell: An Empire of Cant, Dissent, Summer 2002
Conert, Hansgeorg: Neues Manifest oder Mystifikationen, Z Juni 2002
Cox, Laurence: Barbarian reistance and rebel alliances: Social movements and Empire, Rethinking Marxism 13, 3/4 (2001)
Diefenbach, Katja: Klassenkampf der Engel, Jungle World 12.6.2002
Diefenbach, Katja: Diskontinuität und Terror, Blätter des iz3w April 2002
Diefenbach, Katja: Ecstasy. Empire. Immanenz, MALMOE 4/2002

Dyer-Witheford, Nick: Empire, immaterial labour, the new combinations and the global worker, Rethinking Marxism 13, 3/4 (2001)
Eakin, Emily: What is the next big idea?, NY Times 7.7.2001
Ehrke, Michael: Empire, Internationale Politik und Gesellschaft 4/2002
Engelmann, Jan: Die Geister, die sie riefen, taz 23.3.2002
Fang: Graswurzelrevolution oder Empire?, Graswurzelrevolution 270/2002
Fanizadeh, Andreas: Kommunistisches Manifest, Cyberpunk, Bluff?, Subtropen Juli 2002
Fischbach, Rainer: Tausend Splitter tief, Freitag 5.4.2002
Flood, Andrew: Is the emperor wearing clothes?, www.struggle.ws/, 2002
Foltin, Robert: Immaterielle Arbeit, Empire, Multitude - neue Begrifflichkeiten in der linken Diskussion, Grundrisse 2/2002
Foster, John Bellamy: Imperialism and "Empire", Monthly Review December 2001
Fülberth, Georg: Bluff, Kitsch und Affirmation, Konkret 6/2002
Galagher, Tom: Empire, http://www.zmag.org/
Galloway, Alex: Protocol or, how control exists after decentralization, Rethinking Marxism 13, 3/4 (2001)
Grundrisse-Redaktion: "Empire" in Wien. Bericht vom Grundrisse Seminar, Grundrisse 2/2002
Hartman, Detlef: Empire: Einladung der Linken in eine neue konservative Revolution, Alaska Mai 2002 (Langfassung als Buch soeben erschienen: Empire -Linkes Ticket für die Reise nach rechts, Assoziation A)
Hartmann, Martin: Die Ruhe vor dem Sturm, Frankfurter Rundschau 18.10.2001
Hauer, Dirk: Auch große Würfe gehen mal daneben, analyse und kritik 28.9.2000
Hauer, Dirk: Alle Unklarheiten beseitigt, Fantomas 2/2002
Heinrich, Michael: Radikale Kurzschlüsse, Jungle World 10.4.2002
Hengstler, Willi: Total, global, kapital, Die Presse 20.4.2002
Henwood, Doug: Blows against Empire, Left Business Observer 96/2001
Hirsch, Joachim: Tote Hunde wecken (Interview), Arranca! 24/2002
Holert, Tom: Mehr von der Welt, Jungle World, 30.4.2002
Holloway, John: Going in the wrong direction, Historical Materialism 10/1(2002)
Holloway, John: Die Welt verändern ohne die Macht zu übernehmen, Verlag Westfälisches Dampfboot 2002
Holmes, Amy: The Empire strikes back, Sozialismus 12/2000
Hutnyk, John: Tales from the Raj, Rethinking Marxism 13, 3/4 (2001)
Ichida, Yoshihiko: Questions d'Empire, Multitudes 7/2001
Jahnke, Eli: Toni Negris "Empire", "Multitude" und Marxismus, Marxismus 21/2002
Jappe, Anselm: Des Proletariats neue Kleider, Krisis 25/2002
Kittsteiner, H.D.: Das "Empire" und die "Wobblies", NZZ 6.4.2002
Klas, Gerhard: "Empire" - statt Elend der Macht Freude am Sein, Volksstimme 10.5.2002
Kraniauskas, John: Empire, or multitude, Radical Philosophy 103/2000
Kurz, Felix: Multitude aller Länder, Jungle World 24.4.2002
Lau, Jörg: Biomacht und Kommunismus, Die Zeit 23.5.2002
Lemke, Thomas: Biopolitik im Empire, Prokla 4/2002
Levinson, Brett: Empire, or the limit of our political choices, Rethinking Marxism 13, 3/4 (2001)
Ludmer, Josefina: An agenda for the multitudes, Rethinking Marxism 13, 3/4 (2001)
Maniglier, Patrice et al: Quelle politique?, Magazine literaire Feb.2002
Mezzadra, Sandro: L'impero è sovrano, Il Manifesto 26.1.2002
Mishra, Pramod K.: The fall of the Empire or the rise of the global south? Rethinking Marxism 13, 3/4 (2001)
Mokre, Monika: Die neuen Leiden des CW, in: Raunig, Gerald (Hg.), TRANSVERSAL. Kunst

und Globalisierungskritik, Wien: Turia+Kant 2003
Moore, David: Africa: The black hole at the middle of Empire?, Rethinking Marxism 13, 3/4 (2001)
Moreiras, Alberto: A line of shadow: Metaphysics in Counter-Empire, Rethinking Marxism 13, 3/4 (2001)
Mudede, Charles et al: Empire: A user's guide, http://thestranger.com, 10/48, 16.8.2001
Müller, Elfriede: Die Revolution neu denken, Jungle World 30.4.2002
Munck, Ronaldo: Empire, Cultural logic 3/2 (2000)
Munro, Ian: Empire: The coming of control society, ephemera 2/2 (2002)
Murphy, Timothy: Ontology, deconstruction and Empire, Rethinking Marxism 13, 3/4 (2001)
Mutman, Mahmut: On Empire, Rethinking Marxism 13, 3/4 (2001)
N.N.: Review of Empire, http://web.mit.edu/ar25801/www/empreac.htm
No Spoon: Interdependence Day, http://www.copyriot.com/unefarce/no5/
No Spoon: Die Empire-Anomalie, Arranca! 24/2002
Olma, Sebastian: Globalization, the pudding and the question of power; Theory, Culture and Society 18/4 (2001)
Otte, Carsten: Nervöse Stellungnahmen, junge Welt 29.4.2002
Panitch, Leo et al: Gems and baubles in Empire, Historical Materialism 10/2 (2002)
Petras, James: Empire with imperialism, http://www.rebellion.org/
Post, Charlie: Review: Empire and Revolution, Marxism Mailinglist 12.6.2002
Proyect, Louis: Hard-Negri's "Empire": a critique, Marxism Mailinglist Juni 2001
Rabasa, Jose: For Empire, Rethinking Marxism 13, 3/4 (2001)
Rapp, Tobias: Hier kommt der Masterplan, Jungle World 20.3.2002
Read, Jason: The hidden abode of biopolitical production, Rethinking Marxism 13, 3/4 (2001)
Resnick, Stephen and Richard Wolff: Empire and class analysis, Rethinking Marxism 13, 3/4 (2001)
Ricos, Rob los: Empire for beginners, Multitudes Mailinglist 20.8.2002
Rohmann, Gabriele: Schöne neue Welt, ATTAC Berlin Rundbriefe 3/2002
Röllecke, Gerd: Das Empire schlägt nicht zurück, FAZ 16.8.2001
Schultz, Susanne: Aufgelöste Grenzen und "affektive Arbeit", Fantomas 2/2002
Sengupta, Shuddhabrata: Das Rädchen überprüft, ob das Rad sich noch dreht, Subtropen April 2002
Siepen, Nicolas: Multitude, rüste dich!, Jungle World 7.8.2002
Surin, Kenneth: Dossier on Empire, Rethinking Marxism 13, 3/4 (2001)
Szeman, Imre: Plundering the Empire: Globalization, mediation and cultural studies, Rethinking Marxism 13, 3/4 (2001)
Varsave. Jerry: Empire, Canadian Review of American Studies 31/1(2001)
Villalobos-Ruminott, Sergio: Empire, a picture of the world, Rethinking Marxism 13, 3/4 (2001)
Vulliamy, Ed: Empire hits back, The Observer 15.7.2001
Wassmer, Simone: Empire - ein Buch für alle, Risse 2/2002
Wissel, Jens und Buckel, Sonja: Age of Empire, http://www.links-netz.de/
Walker: La longue Mache, Umanita nova Juillet 2002
Walther, Rudolf: Gut gemeint und voll daneben, http://www.links-netz.de/
Wark, McKenzie: on Empire, Multitudes Mailinglist 29.5.2002
Wildcat Editorial Nr. 64, Juli 2002
Wolf, Frieder Otto: Empire und die Linke, Widerspruch 43/2002
Zizek, Slavoj: Have Michael Hardt and Antonio Negri rewritten the Communist Manifesto for the 21st century?, Rethinking Marxism 13, 3/4 (2001)

Kolibri 360 GmbH
Ferdinand-Jühlke-Straße 7
99095 Erfurt, Deutschland
produktsicherheit@kolibri360.de